论中国特色高水平高职学校建设

周建松 著

浙江工商大学出版社
ZHEJIANG GONGSHANG UNIVERSITY PRESS
·杭州·

图书在版编目（CIP）数据

论中国特色高水平高职学校建设 / 周建松著. — 杭
州：浙江工商大学出版社，2020.9
ISBN 978-7-5178-4110-4

Ⅰ. ①论… Ⅱ. ①周… Ⅲ. ①高等职业教育—学校管
理—研究—中国 Ⅳ. ①G718.5

中国版本图书馆 CIP 数据核字（2020）第 172510 号

论中国特色高水平高职学校建设
LUN ZHONGGUO TESE GAO SHUIPING GAOZHI XUEXIAO JIANSHE

周建松 著

责任编辑	张　玲	
封面设计	王妤驰	
责任印制	包建辉	
出版发行	浙江工商大学出版社	
	（杭州市教工路 198 号　邮政编码 310012）	
	（E-mail：zjgsupress@163.com）	
	（网址：http：//www.zjgsupress.com）	
	电话：0571-88904980，88831806（传真）	
排　　版	杭州朝曦图文设计有限公司	
印　　刷	杭州宏雅印刷有限公司	
开　　本	787mm×1092mm　1/16	
印　　张	17	
字　　数	362 千	
版 印 次	2020 年 9 月第 1 版　2020 年 9 月第 1 次印刷	
书　　号	ISBN 978-7-5178-4110-4	
定　　价	68.00 元	

目 录

第三编　研与思

第四编　鼓与呼

附　录

绪　论

精准把握中国特色高水平高职学校建设的要义

国务院于 2019 年发布了《国家职业教育改革实施方案》(国发〔2019〕4 号)，教育部、财政部发布了《关于实施中国特色高水平高职学校和专业建设计划的意见》(教职成〔2019〕5 号)，明确了指导思想、主要目标、基本原则和改革发展的十大任务，并就运行保障机制提出了明确要求，中国特色高水平高职学校和专业建设计划(以下简称"双高计划")正式启动实施。当前，第一轮 56 所高职学校和 253 个专业群名单已经正式公布，中央财政第一批资金已经下拨到位，并对项目建设按下了快进键。正确理解项目建设的重大意义，精准把握项目实施的核心要义，认真落实改革发展的十大任务，对于确保项目建设朝着高质量、高水平、高绩效的方向发展至关重要。

一、精准把握世界一流的建设制高点

作为我国高等教育的新类型，高等职业教育自 20 世纪 80 年代初以后得到了较快发展，尤其在世纪之交，作为推进高等教育大众化的重要举措，在党和国家大力发展、加快发展等多方面的政策推动下，其发展更为迅速，占据了高等教育的"半壁江山"。在此过程中，国家出台了一系列由中央财政拉动、地方政府为主体、行业企业参与的质量工程计划，包括 2000 年的新世纪高等职业教育教学改革工程、2006 年的国家示范性高职院校建设计划、2010 年的国家骨干高职院校建设计划和 2015 年的高等职业教育创新发展行动计划，有力地推动了高等职业教育类型特色的逐步形成和人才培养质量及院校办学水平的不断提高，也为我国高等职业教育的可持续发展打下了坚实基础。中国特色社会主义进入新时代，各方面工作要有新气象，我国高等职业教育要围绕打造特色鲜明的办学类型、政府统筹下的多元办学格局和高职教育质量提升全面实施新一轮改革发展战略，"双高计划"作为适应教育现代化建设要求，与高等教育"双一流"理念相匹配的国家战略应运而生。《教育部、财政部关于实施中国特色高水平高职学校和专业建设计划的意见》(以下简称《意见》)明确提出了集中力量建设一批引领改革、支撑发展、中国特色、世界水平的高职学校和专业群的目标任务，并明确要求：到 2022 年，列入计划的高职学校和专业群办学水平、服务能力、国际影响显著提升，形成一批有效支撑国家职业教育高质量发展的政策、制度、标准；到 2035 年，一批高职学校和专业群达到国际先进水平，引领职业教育实现现代化，职业教育高质量发展的政策、制度、标准体系更加成熟完善，形成中国特色职业教育发展模式。笔者认为，作为我国新时代职业教育下一盘大棋的关键一着,"双高计划"与以往的高职教育质量工程既有相同点,也有不同点。就相同点而言,主要是围绕类型特色、提升质量、深化改革;就不同点而言,主要是本轮质量工程要求更高,目标指向不仅要在国内打造样板,更要形成中国高等职业教育的制度、标准和范式,形成中国高等职业教育的话语体系。换句话说,就是要形成高等职业教育发展的中国方案,提供高等职业教育高质量发展的中国样本,达到世界先进乃至一流水平,这就是我们需要精准把握的"双高计划"新要求。如果说,21世纪之初的新世纪高等教育教学改革项目是探索高等职业教育初步合格的规范样本,国家示范性高等职业院校建设计划主要是探索工学结合的专业人才培养方案,国家骨干院校建设计划是为了探索校企合作体制机制并引导地方政府形成良好的投入政策环境,创新发展行动计划是探索形成中央教育行政部门指导、地方政府自主投入和院校自主发展高职教育的体制机制的话,那么,"双高计划"则目标更高、要求更明。第一,"双高计划"是党中央、国务院的重大战略,被纳入《中国教育现代化2035》,是《国家职业教育改革实施方案》的重头戏;第二,"双高计划"是由中央财政直接拉动的高等职业教育内涵建设项目和质量工程,同时希望形成聚力多方投入的氛围和机制;第三,"双高计划"的建设目标是形成一批引领改革、支撑发展、中国特色、世界水平的高等职业学校和专业群;第四,中国特色、世界水平的高职学校和专业群的标志是中国自主的职业教育标准、制度和话语体系;第五,形成中国特色职业教育制度标准的原则是博采众长、融合提炼、以我为主、自成一家。可以明确地说,经过两轮乃至更长期的建设,到2035年,我国高等职业教育要真正形成具有世界一流水平与中国特色的标准、制度、话语体系。

二、精准把握加强党的建设的着眼点

习近平总书记在党的十九大报告中明确指出,党政军民学,东西南北中,党是领导一切的。党的十八大以来,以习近平同志为核心的党中央高度重视党的建设,强调党要管党、从严治党,强调要加强党的领导,党的领导是全面领导,并发表了一系列重要讲话,制定和出台了一系列制度、条例和办法,并就高等学校党的建设做出了重要指示,为我国高等教育发展指明了方向。"双高计划"作为新时代发展中国特色高职学校的重大质量工程,与以往的质量工程不同,文件在提出改革发展十大任务时,不仅把加强党的建设列在其中,还把它放在首位,足见其重要性。把加强党的建设作为"双高"建设的关键点,首先必须深入推进习近平新时代中国特色社会主义思想进教材、进课堂、进头脑。习近平新时代中国特色社会主义思想,是党的十九大确立的全党的指导思想,我们一定要加强学习、深刻理解,以实际行动,牢固树立"四个意识"、坚定"四个自信"、做到"两个维护",同以习近平同志为核心的党中央保持高度一致,在"双高"建设学校过程中,切实落实好为人民服务、为中国共产党治国理政服务、为巩固和发展中国特色社会主义制度服务、为改革开放和社会主义现代化服务的要求,努力培养德智体美劳全面发展的中国特色社会主义建设者和接班人。把加强党的建设作为"双高"

建设的关键点，必须认真落实党中央、中央组织部和教育部党组提出的高校党建工作目标任务，尤其是要具体落实教育部党组提出的新时代高校党建争先创优工作的要求，在发挥好高校各级党组织作用上下功夫，形成党建工作层层传导和体系化建设机制，学校党委要做到"六个过硬"，即把方向过硬、管大局过硬、做决策过硬、抓班子过硬、带队伍过硬、保落实过硬；院（系）党总支要做到"五个到位"，即党组织领导和运行机制到位、政治把关作用到位、思想政治工作到位、基层组织制度执行到位、推动改革发展到位；基层党支部要做到"七个有力"，即教育党员有力、管理党员有力、监督党员有力、组织师生有力、宣传师生有力、凝聚师生有力、服务师生有力，从而形成由上至下层层推动机制，形成自下而上层层落实机制，形成以全体共产党员先锋模范作用为基础的党建工作正能量；把加强党的建设作为"双高"建设的关键点，必须认真抓好双带头人培养工程。"双高计划"采用高水平学校和高水平专业群两类布局和模式。因此，专业群建设就成为高水平高职教育的重要基石。也正因为这样，高水平专业群建设才显得格外重要，而专业群带头人作为高水平专业群建设的领导者、组织者和具体实施者，对专业群建设的目标定位、课程体系建设、人才培养、科研和社会服务等具有重要作用，乃至产生着决定性影响。因此，必须切实加强专业群带头人党建培养，使其成为双带头人，即专业群带头人成为总支书记（支部书记），总支书记（支部书记）成为专业群带头人。把加强党的建设作为"双高"建设的关键点，必须坚持加强和不断完善党委领导下的校长负责制。强化党委集中统一领导，在党委统一领导下形成党委领导、校长负责、教授治学、民主管理的治理结构，并积极探索产教融合、校企合作办学机制和工学结合、知行合一人才培养机制的高职治理结构创新。在此基础上发挥统一战线作用，并带动好工会、共青团、妇联等群团组织积极发挥作用。

三、精准把握"四个打造"的建设着力点

"双高计划"在总体目标中明确要求，围绕办好新时代职业教育的新要求，集中力量建设50所左右高水平高职学校和250个左右高水平专业群，打造技术技能人才培养高地和技术技能创新服务平台。据此要求，"双高计划"在明确加强党的建设重点任务之后，提出了"四个打造"的要求，即打造技术技能人才培养高地、打造技术技能创新服务平台、打造高水平专业群、打造高水平双师队伍，"四个打造"也成为落实人才培养的工作任务和推动创新服务的重要抓手。培养服务区域发展的高素质技术技能人才，是国家赋予高职教育的基本职责。在历年国务院的文件、决定、意见中都有明确要求，"双高"建设以打造技术技能人才培养高地为重要目标任务，也是履行这一职责的基本途径。按照国家高等教育结构布局和现代职业教育体系建设的要求，高等职业教育的主要任务就是培养社会主义现代化生产建设管理服务第一线需要的下得去、用得上、留得住的技术技能人才，并在努力使城乡新增劳动力更多接受高职教育的基础上，培养更多的大国工匠和能工巧匠，高水平高职学校和专业群建设必须紧紧围绕这一目标要求，以立德树人为己任，自觉培育和践行社会主义核心价值观，坚持产教融合、校企

合作、工学结合、知行合一，积极探索教师教材教法改革，积极推进毕业证书＋若干职业技能等级证书试点，培养好高素质复合型技术技能人才，以此彰显高职教育水平之高。服务企业特别是中小微企业的技术研发和产品升级，是《国家职业教育改革实施方案》赋予高职学校的另一项重要职能，这与"双高"建设打造技术技能创新服务平台的要求是一致的。实际上，"双高"建设要对接科技发展趋势，以技术技能积累为纽带，在加强人才培养工作的同时，充分利用产教融合、校企合作制度优势和学校人才优势，为企业技术进步、新产品研发和产品升级换代提供帮助，促进中小企业增效增长和发展。技术技能人才高地和技术技能创新服务平台建设，需要以高水平专业群为依托，以高水平双师队伍为支撑。因为只有高水平的双师队伍才能促进人才培养和技术创新工作的开展，也只有高水平专业群的建设，才能凝聚起高水平教师和人才队伍，从而实现高素质复合型技术技能人才培养和企业技术创新目标。我们必须凝心聚力、精准发力、确保达标。"四个打造"既是四项具体的工作任务，也是一个相互联系的有机整体，人才培养是根本任务，技术创新是重要的衍生成果，高水平专业群是基点，高水平师资和人才队伍是关键，也是持久推动力。

四、精准把握"五个提升"的建设发力点

高水平高职学校建设是一个整体，高水平人才培养是基本标志，高水平人才队伍是支撑，高水平专业群和高水平技术创新平台是推动人才培养的重要力量。与此同时，为推动人才培养和科技创新，必须抓好办学治校整体建设，"双高计划"在明确"一加强、四打造"的同时，进一步提出了"五提升"的目标任务，旨在强化办学治校整体建设，构建完善的学校治理体系，提升办学治校水平，真正走出一条中国特色高水平高职教育发展之路。提升校企合作水平是高水平高职学校和专业建设的重要基础，也是高等职业教育类型特色的重要彰显点，列入高水平高职学校和专业建设计划的单位，要与行业领先的企业在人才培养、技术创新、社会服务、就业创业、文化传承等方面深度合作，尤其是充分利用校友力量和职业教育集团办学体制优势，主动按照专业对接产业、课程对接岗位、教学过程对接生产（经营）过程的思路，构建校企命运共同体，实质性推动协同育人，通过校企共建产业学院、建立混合所有制二级学院等途径，构建校政行企协同育人长效机制，把校企合作落到实处。提升服务发展水平是高水平高职学校和专业建设的重要彰显点，"双高"建设学校和专业群，要围绕国家重点产业、区域支柱产业和战略新兴产业，围绕产业高端和高端专业，在提高生产效率、产品质量和服务品质上下功夫，促进企业产品升级、技术革新和管理升级，赢得市场、增加收益、实现发展。与此同时，要为国家重点战略，如脱贫攻坚、乡村振兴等提供智力和财力支持，使高水平高职学校和专业建设计划成为全面建成小康社会的重要推动力。提升学校治理水平是"双高计划"的重要内涵，也是提升办学治校水平的重要任务，适应依法治国新要求。结合高职教育特点，要完善章程并构建以章程为核心的学校制度体系，建立完善学校、政府、行业、企业、校友等共同参加的校企合作理事会，完善好校级学术委员

会、专业建设委员会、教材建设委员会等组织,尤其是发挥好教职工代表大会和工会等组织作用,形成科学的治理结构和体系,在党的领导下形成办学治校、科学发展的最大公约数。提升信息化水平既是学校治理水平提升的重要基础,也是教育教学改革的决定性因素。在"云物大智"时代,高职院校既要用信息条件构建学校大脑,促进决策科学化,更要通过信息技术改革改造专业和课程体系建设,把信息技术和专业教育内容有机结合,打造高质量教学资源,切实提高教育教学水平和质量。提升国际化水平是高等职业教育创新发展,是形成中国特色高水平高职教育的新亮点。随着对外开放的不断深入,职业教育国际化是一个不可逆转的大趋势,我们既要学习借鉴发达国家的经验,更要在博采众长的基础上融合提炼、自成一家,形成中国职业教育特点和标准制度体系,并充分发挥职业教育在"一带一路"建设和国际化高端技术技能人才培养方面的作用,配合中国企业"走出去",积极发挥人才培养和文化传承等方面的作用。应该说,提升国际化水平,既是中国特色高职教育的必由之路,也是世界一流职业教育新的生长点。

第一编

学 与 悟

历史发展进程中的中国特色高水平高职学校建设

摘　要：自 20 世纪 80 年代短期职业大学诞生以来，中国特色高等职业教育经历着十分曲折的发展过程。同时，这也是我们不断提高认识、不断由党和政府推动发展、不断由项目建设引领发展的过程。本文从历史发展的宏观视角，回顾了我国高职教育 40 年来的发展轨迹，并基于若干重要文件与会议，剖析了中国高职教育的发展逻辑。在此基础上，本文就学习贯彻《国家职业教育改革实施方案》、推进中国特色高水平高职学校建设提出了分析思考。

关键词：历史进程；高职教育；发展逻辑；"双高"建设

2019 年开春，国务院《国家职业教育改革实施方案》（国发〔2019〕4 号）拉开了新时代中国职业教育改革发展的大幕，其中的开篇语"职业教育与普通教育是两种不同教育类型，具有同等重要地位"激荡了全国几千万职教人的心。教育部、财政部《关于实施中国特色高水平高职学校和专业建设计划的意见》（教职成〔2019〕5 号），吹响了集中力量建设一批引领改革、支撑发展、中国特色、世界水平的高职学校和专业群的进军号，激活了高职战线争先创优、勇创一流的斗志。中国特色高水平高职学校建设项目，既意味着基于"双一流"的类型比照，也意味着职业教育推进内涵建设历史发展的必然，抑或是国家重视职业教育的强烈信号，我们需要回顾历史，从历史发展进程中进一步找到答案，从而确立更明确的目标，寻求更好的建设方案。

一、中国高职教育在改革创新中砥砺前行

中国现代职业教育的发展有着悠久的历史，如果从 1866 年创办的福建船政学校算起，已经有 150 多年的历史；如果从 1918 年创办的中华职业学校算起，则也有 100 余年的历史，这都可以理解为中国现代职业教育的开始。而高等职业教育的发展则比较复杂，清末民初有学堂，民国有一些专科学校，中华人民共和国成立前夕也有专科学校，中华人民共和国成立后保留改造了一批专科层次的学校，但总体而言，其发展很不稳定，规模也不大，作用也不明显。从改革开放开始至"双高计划"推出前，中国高职教育大体经历了以下三大时期。

（一）需求导向探索期（1978—1989 年）

1978 年 12 月召开的中国共产党十一届三中全会，在中华人民共和国建设史上具

有划时代的意义,我国的教育事业也由此进入一个崭新的历史阶段。伴随着产业的发展、多种所有制经济的萌发,对各级各类专门人才和技术技能人才的需要空前增加,为适应拨乱反正、百业待举的新要求,一些由地方自主创办、命名为"职业"的大学由此产生,其中最早的应当是 1980 年 8 月 27 日,江苏省人民政府发文批复南京市革命委员会"同意你市创办金陵职业大学"的文件,此后,各地陆续创办了一批职业大学,最多的时候达到 128 所,此类职业大学大多采用走读、不包分配的形式,也就是后来人们总结的"三不一高"(即不发统一内芯的毕业证书、不包分配、不迁户粮关系,并采用收取较高学费的形式)。其间,国务院和教育部等有关部门也给予了积极的支持措施,包括争取世界银行贷款支持。[1] 在此过程中,在教育部同意和支持下,1984 年成立了全国职业大学第一个校际协作会(后改革定名为高等职业技术教育研究会),也就是今天中国高等教育学会职业教育分会的前身,其主要任务是沟通情况、交流经验、组织协作、建立网络。当然,在随后的发展进程中,高等职业技术教育研究会不仅是一个交流情况、探讨问题、达成共识、组织协作的良好平台,更是高职教育改革发展的得力推动者,在职业大学艰难前行的过程中,发挥了十分重要的作用。与此同时,伴随改革开放的深入,我国的教育体制改革也在不断深入,高等专科学校在发展中改革,在改革中发展,特别是 1985 年《中共中央关于教育体制改革的决定》中进一步强调"要改变专科、本科比例不合理的状况,着重加快高等专科教育的发展"。至 1989 年,我国高等专科学校的招生数曾经达到 50% 左右。在这一过程中,我们也没有停止过对专科教育发展的探索,也曾经有更多的升格为普通本科的呼吁和实践,更有学习借鉴德国高等专科学校办成技术学院的理想,其间也召开了多次专题会议进行研究讨论。总体而言,专科教育改革发展一直不太稳定。[2]

(二)规模发展适应期(1990—2002 年)

进入 20 世纪 90 年代后,在兴办职业大学、改革专科教育的同时,成人高等教育的改革一直在推进,民办高职院校也在不断放宽的政策中崛起,由中专起点的五年制高职也在试办之中,特别是 1994 年提出的"三改一补"(即改革高等专科教育、改革职业大学、改革成人高等专科教育和允许符合条件的中专学校试办高职教育),1996 年颁布的《中华人民共和国职业教育法》,更是把高等职业学校教育和高等职业学校以法律的形式固定下来,使我国的高等职业教育初步走上正规化轨道。[3]

1998 年初,教育部实施"三教统筹"(即普通教育、成人教育、职业教育)的教育管理体制,并将它统称为高职高专,其管理统筹职能也相应划归教育部高教司统一管理。伴随着国家实施高等教育大众化发展方针,作为三大重点抓手之一的高等职业教育又有了更大的发展。1999 年 6 月 15 日召开的第三次全国教育工作会议,再次强调要大力发展高职教育。不仅如此,还将高职院校的设置权、专业审批权和招生权全都下放到省区市人民政府和省级教育管理部门,极大地调动了地方政府发展高等职业教育的积极性,高等职业教育虽然仍坚持了一段时间的"三改一补"政策,实际上中专升格、社会力量新办成为主旋律,高职教育规模扩张的潜力得到了前所未有的大释放并迅速成为我国高等教育的"半壁江山"。[4]

伴随着高等职业教育规模上的大发展,教育部也开始把高等职业教育教学管理规范化纳入重要日程。1999年5月,全国高等专科教育人才培养工作委员会成立大会在北京举行,会议决定将该委员会定名为"全国高职高专人才培养工作委员会"。1999年11月,第一次全国高职高专教学工作会议在北京举行,会议明确了今后高职高专教学改革和建设工作的思路和主要任务,启动了教学改革和建设项目,高教司提出了高职高专教育的主要特征,明确了它的基本培养目标:培养拥护党的基本路线,适应生产、建设、管理、服务第一线需要的,德、智、体、美等方面全面发展的高等技术应用性专门人才[5]。2000年3月,教育部发布《高等职业学校设置标准(暂行)》,对高等职业学校校系两级领导的配备,专兼职教师队伍建设,土地和校舍面积,实习实训场所,教学仪器设备和图书资料,专业与课程设置,以及基本建设投资和经常性经费等做了基本规定。同年,教育部高教司下发了一系列教学管理规定和指导意见,启动了"新世纪教改项目",设立了师资培训基地,这基本标志着我国对发展高等职业教育的政策已经明确,对教育管理规范也有了具体要求。

(三)深化改革提升期(2003—2018年)

进入新世纪后,党中央、国务院高度重视职业教育,尤其是高等职业教育的发展,国务院先后于2002年、2005年、2014年三次召开全国职业教育工作会议,以国务院的名义先后印发了《国务院关于大力推进职业教育改革与发展的决定》《国务院关于大力发展职业教育的决定》《国务院关于加快发展现代职业教育的决定》等三个重要决定。在此过程中,教育部为推动高等职业教育内涵建设,先后印发了《关于以就业为导向深化高等职业教育改革的若干意见》《关于全面提高高等职业教育教学质量的若干意见》等文件。为适应高等职业教育改革发展的需要,推动现代职业教育体系建设,教育部也于2011年把高职高专处从高教司划至职成司管理,职成司先后又把高职高专处更名为高职发展处。从教育部规范管理的角度看,从2004年开始,"三教统筹"在名称上得到了实现,并在2016年教育部机构名称上得到了统一。其间,教育部等六部委还制订了《现代职业教育体系建设规划(2014—2020年)》,相关的指导文件与时俱进,不断印发。特别值得赞许的是,在推动高职教育整体改革发展和内涵建设的同时,教育部积极争取财政部门的支持,先后于2006年启动了国家示范性高职院校建设计划,于2010年继续启动国家骨干高职院校建设计划,于2015年推动地方实施了高等职业教育创新发展行动计划,通过项目驱动、计划引领等方式建设一批高水平高职学校和专业,带动高职教育深化改革、提高质量并不断迈向世界水平。其间,在有关方面的推动下,伴随着我国教育的对外开放,我们在学习借鉴方面也做了大量工作,通过学习考察、开展中外合作项目、师资培训及领导干部培训等,尤其重视对德国双元制、加拿大"能力为本"、美国社区学院、英国现代学徒制、澳大利亚TAFE、新加坡教学工厂模式等的学习,为探索中国特色高职教育发展道路,让中国高职教育走向世界、争创世界水平,奠定了扎实的基础。[6]

二、政策演进中的中国高职教育发展逻辑

在 40 年高等职业教育的发展进程中,我们一直在推进高等职业教育的建设、改革和发展,其中,党中央、国务院的重大决策部署是关键点。对此,我们必须首先加以肯定,如前所述的新世纪以来的三次会议和四个决定;但从高职教育内涵建设和改革发展看,教育部与财政部推动的项目建设尤为直接和具体。在此,我们试图从官方政策的演进中分析中国高职教育的发展逻辑。

(一)主席令(八届第 69 号):法律地位正式确立

1996 年 5 月 15 日,《中华人民共和国职业教育法》(以下简称《职业教育法》)由第八届全国人大常委会通过;随后,时任国家主席江泽民签署了第 69 号主席令,《职业教育法》自 1996 年 9 月 1 日起实施。《职业教育法》分总则、体系、实施、保障条件、附则共 5 章 40 条。该法正式确立了职业教育的法律地位,明确了职业教育的根本任务、办学体制和管理体制,提出了发展职业教育的方法和路径,规定了政府、社会、企业、学校和个人的权利和义务,制定了职业学校的设置标准和准入条件,尤其把高等职业学校明确作为职业教育的一个层次。据专家评析,这是世界上第一部由国家层面明确高等职业教育法律地位的法律。

《职业教育法》的颁布和实施,不仅标志着我国职业教育开始走向法制化轨道,而且明确了国务院教育行政部门负责职业教育工作的统筹规划、综合协调、宏观管理之职,为我国职业教育管理制度建设奠定了基础。随后,1998 年全国人大常委会又通过了《中华人民共和国高等教育法》,明确高职教育是高等教育的重要组成部分。应该说,上述两部法律,从法律上明确了我国高等职业教育的双重属性和双重地位,为我们立足职教性、坚持高教性提供了法律依据。

(二)国办发〔2000〕3 号文件:审批权限下放地方

对于高等职业教育发展而言,2000 年也是一个重要的节点,其标志是《国务院办公厅关于国务院授权省、自治区、直辖市人民政府审批设立高等职业学校有关问题的通知》(国办发〔2000〕3 号,以下简称《通知》)的印发。《通知》明确省、自治区、直辖市人民政府有权审批在本地区范围内实施职业技术教育的专科层次的高等学校,其名称一般为"××职业技术学院"或"××职业学院",并强调要坚持既积极又审慎的方针,做好发展布局规划,切实落实经费筹措、师资队伍建设、改善办学条件等,并积极探索高职招生、经费、管理多方面的新机制。

从目前高职教育发展态势分析,我们有理由认为,2000 年国办《通知》的下发,极大地调动了省、自治区、直辖市党委政府的热情,并为这种热情转化成为现实提供了更大可能性,也有利于更快实现其愿望,"三改一补"中的"补"也从此成为主角,高等职业教育规模迅速扩大,并成为高等教育中的"半壁江山"。

(三)教高〔2000〕2号文件:人才培养理论与实际相结合

2000年1月,在全国高等职业教育有了较大发展、已形成规模气候的背景下,教育部发布了具体指导高等职业教育发展的纲领性文件,即《教育部关于加强高职高专教育人才培养工作的意见》(教高〔2000〕2号,以下简称"2号文件")。"2号文件"明确指出,我国高职高专教育以培养高等技术应用型专门人才为根本任务,以适应社会需要为目标,以培养技术应用能力为主线设计学生的知识能力、素质结构和培养方案,毕业生应具有基础理论知识适度、技术应用能力强、知识面较宽、素质高等特点;学校与社会用人部门结合、师生与实际劳动者结合、理论与实践结合是人才培养的基本途径。教育部同时提倡各院校相互学习、共同提高、协作攻关、各创特色。"2号文件"还对高职高专人才培养目标以及教学改革、师资队伍等13个方面提出了专门性的政策和指导意见。教育部随后颁布了《高等职业学校设置标准(暂行)》,新世纪高职高专教育人才培养模式和教学内容体系改革与建设项目计划启动,"三教统筹"概念确立。

因此,在我国高等职业教育发展史上,"2号文件"具有极其重要的里程碑意义,对促进高职人才培养目标和规格,以及教学基本建设的规范化进程功不可没。

(四)教高〔2004〕1号文件:办学目标就业为本

2号文件颁布后,我国的高等职业教育不仅进入了大发展阶段,同时也进入了规范化发展阶段。国务院相继召开了规范职业教育发展的多次重要会议,出台了《国务院关于大力推进职业教育改革与发展的决定》,教育部分三次召开了全国高职高专教育产学研结合经验交流会,在规范基础上办出高等职业教育特色具备了一定条件。在此背景下,《教育部关于以就业为导向,深化高等职业教育改革的若干意见》(教高〔2004〕1号,以下简称"1号文件")应运而生。"1号文件"首次统一了"高等职业教育"概念,并由此代替了以前的高职高专教育,这说明政府对高等职业教育的认识进入了一个新阶段。

"1号文件"明确了高等职业教育办学方向,即高职教育应以服务为宗旨,以就业为导向,走产学研结合的发展道路。与此同时,"1号文件"对就业率、双师型教师队伍、双证书制度、订单式培养、灵活的教学管理制度和引导学生自主创业、推进高等职业教育两年制改革等方面提出了明确要求,其中特别提出了要按照就业需求和就业状况灵活设置专业,双师型教师是培养高技能人才的支撑条件等。"1号文件"具有的重大意义还在于,明确国家将实行五年一轮的评估制度,评估工作坚持以就业为导向,要求学校执行《教育部关于进一步深化教育改革,促进高校毕业生就业工作的若干意见》,坚持学校办学"三个适度挂钩",即将就业工作与院校的事业发展、专业设置、评估结论相挂钩。有理由认为,"1号文件"对强化高等职业教育的特色、明确办学的就业导向具有重要指导和方向性意义。

(五)教高〔2006〕16号文件:教学质量全面提高

"1号文件"下发后,全国高等职业教育进入大规模发展基础上的探索特色阶段,高等职业院校在数量上已大大超过本科院校,占比 60% 左右,在校学生数已达 50% 左右,高等职业教育呈现出"半壁江山"的大好局面。为了推动职业教育更好地发展,国务院召开了高规格、高层次的全国职业教育工作会议,时任国务院总理温家宝发表了大力发展具有中国特色的职业教育的重要讲话;国务院颁布了《关于大力发展职业教育的决定》,围绕贯彻国务院决定和全国职业教育工作会议精神,教育部和财政部实施了国家示范性高等职业院校建设计划,旨在打造一批在办学实力、教学质量、管理水平、办学效益和辐射能力等方面的领头学校,并按照"领导能力领先、综合水平领先、教育教学改革领先、专业建设领先、社会服务领先"的规则进行遴选。

与此同时,为了指导 1100 余所高职院校强化特色,提高教育教学质量,推动高等职业教育全面发展,2006 年 12 月,《教育部关于全面提高高等职业教育教学质量的若干意见》(教高〔2006〕16 号,以下简称"16 号文件")正式颁布,这在我国高职院校数量和学生规模上占据"半壁江山",整个国家进入构建社会主义和谐社会新阶段,全国上下学习贯彻全国职业教育工作会议精神的形势下出台的文件。在前期,教育部高教司会集各方专家,进行了大量调研工作,并广泛征求各方面意见,集中了行政主管部门、专家学者和一大批有志有智院(校)长的智慧。"16 号文件"坚持以科学发展观为指导,文件宗旨概括如下:全面提高高职教学质量是重要与紧迫的;要加大课程改革力度,增强学生的职业能力;大力推行工学结合,突出实践能力的培养;加强专兼结合的专业教学团队建设;加强教学评估,完善教学质量保障体系。

"16 号文件"的重要性还在于,它对高等职业教育的学生培养目标、专业建设、课程建设、人才培养模式、教师队伍建设、实训基地建设评价和质量保障体系建设等七个重要方面都进行了比较确切的定位,并强调了学生的诚信品格、敬业精神、团队精神、责任意识、法制意识、社会意识、就业能力、实践能力、学习能力、创业能力、创造能力、沟通能力;强调了以专业建设为龙头,重点专业带动特色专业群,专业带头人带动教学团队;强调了课程体系改革处于核心地位及其参照职业资格标准,突出职业能力的要求,强调了要工学结合,生产劳动与社会实践相结合;强调了要专兼结合建设师资队伍,并采用"请进来、走出去"的路径等。应该说,这个文件至今仍有十分重要的指导意义。

(六)教高〔2006〕14 号文件:专业建设工学结合

2005 年,国务院召开了新世纪以来的第二次全国职业教育工作会议,会议同时印发了《国务院关于大力发展职业教育的决定》(以下简称《决定》)。《决定》在强调改革、发展的同时,特别强调了质量和建设,其中明确提出要建设 100 所示范性高等职业院校和 1000 所示范性中等职业学校。据此,教育部、财政部在广泛调研的基础上,起草出台了《教育部、财政部关于实施国家示范性高等职业院校建设计划 加快高等职业教育改革与发展的意见》(教高〔2006〕14 号,以下简称"14 号文件")。应该说,示范计划是我国高等职业教育规模发展到一定阶段之后的重大的质量工程,由此掀起了长达10 年的高等职业教育大重视、大改革、大发展、大提高。根据"14 号文件"精神及实施方案的相关办法要求,示范计划突出了以下重点。

一是以人才培养模式改革为主线,培养千百万高素质技能型专门人才;二是以专业建设为龙头,打造校企合作、工学结合平台;三是以双师建设为抓手,优化师资队伍建设;四是积极为社会提供技术,与社会大力开展职业培训,增强学生社会服务能力;五是通过示范院校基本建设和教学基础设施建设,带动我国整体建设水平。应该说,从2006年28所、2007年42所到2008年30所,示范计划不仅打造了一批高职教育的领头羊,而且确实实现了改革的示范、管理的示范、发展的示范的目标。示范计划端正指导思想,坚持改革创新,紧紧抓住重点专业,努力带动特色专业群一道改革,探索工学结合、校企合作,取得了卓越成效,具有里程碑意义。

(七)教高〔2010〕8号文件:校企合作体制创新

从严格意义上说,国家骨干高职院校建设计划并不是一个独立的项目,而是一个国家示范计划项目的延续,这既是因为国家示范建设的绩效和成效,也可能是为了更好地调动和保护地方和院校的积极性。为此,教育部、财政部启动了国家骨干高职院校建设计划,《教育部、财政部关于进一步推进"国家示范性高等职业院校建设计划"实施工作的通知》(教高〔2010〕8号)指出,新增100所左右骨干高职院校,推进地方政府完善政策,加大投入,创新办学体制机制,推进合作办学、合作育人、合作就业、合作发展,增强办学活力。

应该说,国家骨干高职院校建设计划沿袭了示范计划以专业建设为龙头及推进校企合作与工学结合等要求外,特别强调了地方政府投入机制与政策保障及学校与地方互动发展,从2010年立项、2015年前验收的近100所学校成效看,专业建设成效显著,地方支持大有改进,高职影响力和社会吸引力有了新的扩大。

(八)习总书记417个字重要指示:一个论断五项任务要求

在我国高等职业教育发展进程中,具有决定和影响效率的自然也不能忘记2010年召开的全国教育工作会议。同时,印发了《国家中长期教育改革和发展规划纲要(2010—2020年)》,明确提出了要构建职业教育体系。尔后,教育部党组决定把原属高教司的高职高专划入职成司管理。此次调整就是一个风向标。我们理解,其核心意义是从高等教育大众化视角看,高等职业教育正在向建立职业教育体系方向转变。应该说,这是高等职业教育发展的重点导向之转变。

全国教育工作会议召开之后,国务院及时筹备全国职业教育工作会议。2014年6月,经过较长时间的筹备,改革开放后第六次、新世纪以来第三次全国职业教育工作会议如期召开。会前,中共中央总书记习近平就职业教育发展做出417个字的重要指示,明确强调:职业教育是国民教育体系和人力资源开发的重要组成部分,是广大青年打开通往成功成才大门的重要途径。我们要坚持服务发展、促进就业的方向,要坚持产教融合、校企合作、工学结合、知行合一,要营造劳动光荣、技能宝贵、创造伟大的良好风尚,努力推进人人皆可成才、人人尽展其才的目标,为"两个一百年"的中国梦和中华民族的伟大复兴提供坚强保障。

总书记对职业教育这高度浓缩的 417 个字可概括为"一个论断五项任务要求"。一个论断即必须高度重视、加快发展职业教育,五项任务要求分别关于职业教育的三大战略地位、五大时代任务、两大发展方向、三大支持重点以及各级党委、政府的职责。

随后《国务院关于加快发展现代职业教育的决定》(国发〔2014〕19 号)发布,教育部等六部委《现代职业教育体系建设规划(2014—2020 年)》(以下简称《规划》)印发,现代职业教育体系建设被提到新的高度,创新发展高等职业教育方向明确。《规划》对 2020 年高等职业教育的规模设立了 1480 万的目标。可见,国家对高等职业教育发展更加重视,尤其是习近平总书记的重要指示,这是中华人民共和国成立以来,党和国家最高领导人第一次对职业教育做出具体指示,具有里程碑意义。

(九)教职成〔2015〕9 号文件:院校发展推动引导

2014 年,全国职业教育工作会议召开后,教育部积极行动,着手谋划高等职业教育的发展,经过反复调研和论证,教育部关于《高等职业教育创新发展行动计划(2015—2018 年)》(以下简称《行动计划》)正式印发实施。作为教育部首个针对高职教育全面系统规划改革发展的指导文件,《行动计划》聚焦整体提升高等职业教育实力,顶层设计了落实现代职业教育体系的各项举措。与以往内涵建设和质量工程项目相比,《行动计划》在发展质量、综合改革、创新发展、保障体系、省级统筹等 5 个方面给予了特别强调。[7] 此外,教育部本身对《行动计划》的实施也十分重视,《行动计划》提出了 32 项主要举措,并进一步以表格化的形式细分了 65 项任务,设计了 22 个项目,鼓励各地方、各行业积极申报。作为综合性要求,《行动计划》提出了建设 200 所优质高职学校、3000 个骨干专业等重点项目任务,可谓点多量大,并强调不讲身份、不设门槛。所谓执行重视,教育部为此专门设计了平台,建立了实施进程和绩效监测报告制度,在随后的工作中,各个省区市积极响应,分别以一流校、重点校、卓越校、优质校、现代化学校等名义推动建设、投入资金,促进了高等职业教育新一轮大发展,而且在这过程中,也确实实现了部分学校弯道超车、变道超车。2019 年 7 月 1 日,教育部正式认定《行动计划》建设结果。

与《行动计划》几乎同时出现的情形是,国务院于 2015 年印发了《关于统筹推进世界一流大学和一流学科建设总体方案》(国发〔2015〕64 号),教育部、国家发改委、财政部联合印发了《关于引导部分地方普通本科高校向应用型转变的指导意见》(教发〔2015〕7 号)。从三个文件对比中,我们看到了差距。也就是说,作为高等教育的一个类型,《行动计划》似乎没有把高职教育上升到国家战略层面和中央财政局面,而是引导地方建设,于是,关于如何推动高等职业教育更好发展的呼声一直存在。

三、中国特色高水平高职学校建设拉开序幕

(一)序曲:《国家职业教育改革实施方案》

要研究中国特色高水平高职学校建设,必须把握其时代背景。在党的十九大上,习近平总书记明确提出,中国特色社会主义进入新时代。党中央、国务院明确提出,新时代职业教育要下一盘大棋。2019年1月,国务院印发了《国家职业教育改革实施方案》(国发〔2019〕4号,以下简称《方案》)。《方案》明确提出,职业教育与普通教育是两种不同的类型,具有同等重要的地位。经过5—10年的努力要实现由政府举办为主,向政府统筹管理、社会多元办学格局的转变,实现由追求规模扩张向提高质量转变,实现由参照普通教育办学模式向企业社会参与、专业特色鲜明的类型教育转变。

在总的指导思想下,《方案》分7大部分共20条,分别阐述了我国职业教育的制度、政策和改革要求,又称"职教二十条"。其明确提出了我国职业教育的基本原则:"管好两端、规范中间、书证融通、办学多元",同时对提高中等职业教育发展水平,推进高等职业教育高质量发展,完善高层次应用型人才培养体系,及其国家职业发展保障,尤其是加强党对职业教育工作的领导等做了详细的制度安排。在第三条"推进高等职业教育高质量发展"条目中,在阐述高等职业教育的职责和使命、高等职业院校的定位和任务的同时,明确提出启动实施中国特色高水平高职学校和专业建设计划,集中力量建设一批引领改革、支撑发展、中国特色、世界水平的高职学校和专业群,带动职业教育持续加强内涵建设,实现高质量发展。《方案》还对我国职业教育开展校企合作双元育人、实施"1+X"证书制度和学分银行等,提出了具体意见。

《方案》印发后,教育部等各部门迅速行动。国家发改委等出台了《建立产教融合型企业实施办法》,教育部等部门出台了《关于在院校实施"学历证书+若干职业技能等级证书"制度试点方案》,教育部、财政部印发了《关于实施中国特色高水平高职学校和专业建设计划的意见》,教育部还出台了《关于职业院校专业人才培养方案制订与实施工作的指导意见》《深化新时代职业教育"双师型"教师队伍建设改革实施方案》等,推动职业教育整体改革发展的政策措施基本落地,高等职业教育发展进入一个新的境界。

(二)主体:《关于实施中国特色高水平高职学校和专业建设计划的意见》

就高等职业教育发展而言,中国特色高水平高职学校和专业建设计划是一个新的里程碑,它包含着党中央、国务院面向2035年实现中国教育现代化的坚强决心,包含着新时代党中央、国务院对我国职业教育尤其是高等职业教育的高度重视,也包含着专家学者和高职战线教师和同志们对中央财政支持高职教育发展的热切期盼。《关于实施中国特色高水平高职学校和专业建设计划的意见》围绕贯彻党中央、国务院决策部署,就"双高"建设的重大意义、总体目标、具体任务都进行了系统阐述,是指导中国

特色高水平高职学校和专业建设计划的行动纲领和指导文件。

"双高计划"明确了指导思想。坚持以习近平新时代中国特色社会主义思想为指导，把高等职业教育摆在教育改革创新和经济社会发展更加重要的位置，坚决贯彻新发展理念，扎根中国、放眼世界、面向未来，深化产教融合、校企合作。完善职业教育和培训体系，扩大优质高等职业教育供给，提升高等职业教育的吸引力和影响力，引领职业教育下一盘大改革、大发展的大棋，致力于把职业教育发展的龙头舞起来，为实现纵向贯通、横向融通，中国特色、世界水平的现代职业教育体系和范式而努力。

"双高计划"明确了建设的基本原则。一是坚持中国特色，即坚持中国共产党领导，立足国情、省情、校情，遵循职业教育规律和技术技能人才规律，借鉴世界先进经验，发展中国特色、世界水平的职业教育，为促进中国经济社会发展做贡献。二是坚持产教融合，即围绕促进高职教育与产业联动发展，引导行业企业和用人单位深度参与人才培养，构建校政行企合作长效机制，提高高职教育服务行业企业和社会经济发展的附加值和贡献力，支持服务产业体系不断发展壮大。三是坚持扶优扶强，即以点带面，支持具有较好发展基础和条件的较高水平的学校和专业群率先发展，探索积累可以复制的改革发展建设经验和成功做法，推广引领职业教育发展方向，促进职业教育现代化。四是坚持持续推进，根据问题导向完善顶层设计，实行动态管理、过程监测、优胜劣汰、有进有出，真正实现项目高水平、高质量、高绩效。五是坚持省级统筹，主要是为进一步调动和发挥地方政策的积极性，形成中央、地方、行业企业支持合力，扩大有效投入，推动高职教育又好又专地发展。

"双高计划"明确了建设目标。明确集中力量建设50所左右高水平高职学校和150个左右高水平专业群（目前第一批为56所学校和141个专业群，共计253个专业群），打造技术技能人才培养高地和技术技能创新服务平台，支撑国家重点产业、区域支柱产业发展，引领新时代职业教育实现高质量发展。建设目标又可细分为两个时间节点：到2022年，列入计划的高职学校和专业群办学水平、服务能力、国际影响力显著提升……形成一批有效支撑职业教育高质量发展的政策、制度、标准；到2035年，一批高职学校和专业群达到国际先进水平，为促进经济社会发展和提高国际竞争力提供优质人才资源支撑，形成中国特色职业教育发展模式。

"双高计划"十分详细地阐述了改革发展的具体任务，即"一加强、四打造、五提升"，分别是加强党的建设、打造技术技能人才培养高地、打造技术技能创新服务平台、打造高水平专业群、打造高水平双师队伍、提升校企合作水平、提升服务发展水平、提升学校治理水平、提升信息化水平、提升国际化水平。应该说，十大任务涵盖了高职学校内涵建设的主要方面，尤其是把关于加强党的领导和建设放在第一条，体现了新时代中国特色社会主义制度的本质特征和基本要求，突出了推进习近平新时代中国特色社会主义思想进教材、进课堂、进头脑，关于核心价值观，关于三全育人，关于意识形态主动权，关于树牢"四个意识"，坚定"四个自信"，做到"两个维护"等内容，具有明确的方向性要求，与党中央一直强调的在中国共产党领导下扎根中国大地办学、培养中国特色社会主义建设者和接班人的要求完全一致。对于探索形成中国特色职业教育制度、标准、体系更有时代意义。至于"双高"建设如何站位和定位,十大任务如何具体落实,特色创新如何激励,我们另行研究。

【参考文献】

[1]杨金土.20世纪我国高职发展历程回顾[J].中国职业技术教育,2017(9):5-17.

[2]周建松,唐林伟.高职教育人才培养目标的历史演变与科学定位——兼论培养高适应性职业化专业人才[J].中国高教研究,2013(2):94-98.

[3]潘懋元.高等职业教育:体系、定位、发展与模式(笔谈)——建立高等职业教育独立体系刍议[J].教育研究,2005(5):26-29.

[4]潘懋元,朱乐平.高等职业教育政策变迁逻辑:历史制度主义视角[J].教育研究,2019(3):117-125.

[5]杨金土,孟广平,吕鑫祥,等.论高等职业教育的基本特征[J].教育研究,1999(4):57-62.

[6]姜大源.论中国高等职业教育对世界教育的独特贡献[J].中国职业技术教育,2015(36):10-18.

[7]林宇.准确把握和落实高等职业教育创新发展行动计划[J].中国职业技术教育,2016(4):10-14.

(本文原载于《武汉职业技术学院学报》2020年第2期)

正确把握"双高计划"的站位和定位

摘　要：中国特色高水平高职学校和专业建设计划，是当前全国高职教育战线的重大战略任务。为了认真落实好这一国家战略，实现中央财政支持的预期目标，高职院校须进一步提高站位，并进行科学合理的定位。在对我国高职教育发展历程以及党中央、国务院确定的中国教育现代化目标进行全面分析的基础上，高职院校应当提高政治站位，明确抓好自身内涵建设，推动高职文化建设，引领职业教育高质量发展，努力为世界职业教育提供中国方案。

关键词："双高计划"；职业教育；高职教育；发展战略；高质量发展

2019 年 4 月，教育部、财政部发布了"双高计划"，明确提出要集中力量建设 50 所左右高水平高职学校和 150 个左右高水平专业群，打造技术技能人才培养高地和技术技能创新服务平台，支撑国家重点产业、区域支柱产业发展，引领新时代职业教育实现高质量发展。[1]到目前为止，"双高计划"第一轮建设单位——56 所学校（包括 112 个专业群）和 141 个专业群已经公布，在中央财政专项资金的拉动下，"双高计划"建设大幕已经拉开，成绩令人欣喜。然而，令"双高"建设单位乃至整个高等职业教育战线感到困惑的是，"双高计划"的目标究竟是什么？到底需要多高的站位？应当确立什么样的定位？对此，我们需要立足更宽广的视野，对这些问题进行系统思考，进而引领我国高职教育向高质量发展。

一、正确认识和把握"双高计划"的使命

伴随着改革开放的深入和社会主义市场经济的发展，作为我国高等教育新类型的高等职业教育大约是从 20 世纪 80 年代开始起步，并日益受到党和国家的重视以及社会的认同。经过长期的探索与实践，在高等教育大众化的推动下，高职教育获得了空前的大发展。党和国家一直采用面上推动和点上带动的方法，通过学习借鉴外来与改革创新自我相结合的方式，致力于探索中国特色高职教育的发展道路，并实施了一系列阶段性质量工程，促进中国特色高职教育的发展。

（一）新世纪以来我国高职教育实施的质量工程及成效

世纪之交，我国明确将大力发展高等职业教育作为高等教育大众化的重要抓手，不断出台措施，鼓励、支持其发展，使高职教育规模迅速扩张，成为我国高等教育的"半

壁江山"。在这一形势下,党和国家及教育行政部门适应新形势和新要求,出台了一系列旨在推动内涵建设和特色发展的质量工程。其中比较瞩目的是,2006年实施的"国家示范性高等职业院校建设计划"、2010年实施的"国家骨干高职院校建设计划"以及2015年实施的《高等职业教育创新发展行动计划(2015—2018年)》。"国家示范性高等职业院校建设计划"明确指出:高职院校在办学方针上要坚持服务宗旨与就业导向,注重产学研的紧密结合,带动全国高等职业院校办出特色、提高水平。经过三年示范校建设,100所示范建设院校在办学实力、教学质量、管理水平、办学效益和辐射能力上有了较大提高,尤其在探索工学结合的人才培养模式和教育教学改革等方面取得了显著成效,有力地促进了高职教育社会吸引力的提升。在此基础上,"国家骨干高职院校建设计划"以中央财政引导下的专项投入形式,继续支持100所院校围绕校企合作体制建设、政策支持与投入环境建设、专业建设与人才培养改革、师资队伍与领导能力建设、社会服务能力建设,较好地实现了预期目标,取得了明显的质量提升成效。[2]2014年全国职业教育工作会议召开后,围绕学习贯彻习近平总书记关于职业教育的指示精神和党中央、国务院的决策部署,教育部制订了《高等职业教育创新发展行动计划(2015—2018年)》,该计划立足构建现代职业教育体系的视角,从综合改革、创新发展等维度,以200所优质学校和3000个骨干专业为抓手,对高等职业教育进一步提升办学质量和水平给予政策支持,声势宏大,举措不少,但由于该项目并没有被纳入中央财政的支持范围,主要鼓励地方建设,总体成效受到一定影响。

(二)"双高计划"担负着重大历史使命

中国特色社会主义进入新时代,各方面工作都要有新气象。党的十九大确定了我国新时代改革开放和社会主义现代化建设的雄伟战略,提出了建设富强、民主、文明、和谐、美丽的社会主义现代化强国发展新目标。这昭示着我国的经济社会发展,尤其是教育文化建设将主要从学习借鉴他国经验转向在学习借鉴基础上探索具有自身特色的发展道路和模式。在新的历史时代,国家职业教育发展要下一盘大棋,为此国务院印发了《国家职业教育改革实施方案》(简称"职教二十条"),而"双高计划"成为其中十分重要的关键一着。为此,教育部、财政部专门印发了《关于实施中国特色高水平高职学校和专业建设计划的意见》(以下简称《意见》),明确了在推动高等职业教育高质量发展和构建现代职业教育体系的大背景下,中国高职教育要在为国家重点产业、区域支撑产业、战略新兴产业提供人才支持的同时,着力在探索形成中国特色职业教育发展模式和发展道路,在建成覆盖大部分领域具有国际先进水平的职业教育标准制度体系上见成效,为我国加快实现教育现代化奠定基础。换言之,与以往的质量工程相比,"双高计划"不仅要使我国高等职业教育在内涵建设和质量提升上有明显进展,更重要的是在学习借鉴基础上,融合提炼、自成一家,为世界职业教育发展提供中国方案、展示中国模式、形成中国道路,充分体现中国特色高等职业教育的无限魅力和生机活力,让中国职业教育走向世界,成为中国职业教育高质量发展的样板和龙头,在整个国家教育体制改革和人才培养模式改革中率先突破、先行发展。正因为这样,我们既要理解"双高计划"与以往质量工程的相同点,更要登高望远,把握"双高计划"不同以往质量工程的新要求、新任务、新使命。

二、正确认识和把握"双高计划"的站位

作为新时代中国高职教育的一项重大质量工程,"双高计划"呼应了国务院的"双一流"建设方案,采用高水平学校和高水平专业两类布局模式,从指导思想、总体目标、建设任务、保障机制等方面提出了明确的指导意见和工作目标。对此,我们必须提高认识,从推进教育现代化、全面改革职业教育的高度精准把握文件精神。文件发布后,关于"双高"建设的文章和论述虽有不少,但普遍问题仍然是站位不够高、理解不够深,我们必须基于历史担当与政治高度,进一步分析"双高计划"站位的深刻内涵。

(一)推进新时代职业教育改革的顶层设计

从文件发布形式看,"双高计划"是由教育部、财政部直接发布的一个专门文件,也是新时代党中央、国务院"下好新时代职业教育改革发展先手棋"的关键一着。[3]"双高计划"是"职教二十条"的重头戏。2019年1月24日,"职教二十条"正式颁布施行,其中第三条第一款明确提出,"把发展高等职业教育作为优化高等教育结构和培养大国工匠、能工巧匠的重要方式"。同时强调,"启动实施'双高计划',建设一批引领改革、支撑发展、中国特色、世界水平的高等职业学校和骨干专业(群)"。更为重要的是,"双高计划"被纳入了党中央的工作重点。中共中央、国务院在2019年2月3日公布的《中国教育现代化2035》确定的十大战略任务中,其中第六项任务是:"加快发展现代职业教育,不断优化职业教育结构与布局……集中力量建成一批中国特色高水平职业院校和专业……"[4]这标志着"双高计划"已经被纳入了党中央、国务院的重大战略决策部署。此外,这一方案在印发实施前,经中央深改委专门讨论后通过,即"双高计划"也被纳入了中央深化改革战略决策部署。《中国教育现代化2035》提出,要建成一批中国特色高水平职业院校和专业。正是从这个意义上说,作为党中央、国务院的重大决策,"双高计划"的政治站位更高、目标要求更高、使命任务更重,广大高职院校也需要具备与之相匹配的高站位。

(二)引领高职教育高质量发展的重大举措

根据党中央、国务院的重大决策,教育部会同财政部及时制定了《意见》。《意见》明确了"双高计划"的指导思想,即以习近平新时代中国特色社会主义思想为指导,牢固树立新发展理念,服务建设现代化经济体系和更高质量更充分就业需要,扎根中国、放眼世界、面向未来,强力推进产教融合、校企合作,聚焦高端产业和产业高端,重点支持一批优质高职学校和专业群率先发展,引领职业教育服务国家战略,融入区域发展,促进产业升级。[5]教育部、财政部的《意见》明确了"双高计划"的使命,即通过集中力量重点建设,形成中国特色、世界水平的高职学校,以带动全国职教战线的创新发展。

"双高计划"通过中央财政的重点支持,凝聚地方财政、行业企业和学校自身的力量,建设一批引领改革、支撑发展、中国特色、世界水平的高职学校和专业群,带动中国职业教育持续深化改革,强化内涵建设,实现高质量发展。"双高计划"建设学校和专业仅仅是一个样板、一个龙头,我们要舞起龙头、建好样板、带动整体,推动中国高职教育高质量发展。[6]

三、正确认识和把握"双高计划"的定位

认识和把握"双高计划"的站位,能够更深刻地把握教育改革发展的全局和战略,国家鼓励各级各类职业院校从实际出发,提出安于定位、办出特色、办出水平、争创一流的发展目标。这要求我们全面贯彻党的教育方针,坚持走中国特色社会主义教育发展道路,在我国高等教育和职业教育发展大格局中研究和探索"双高计划"的意义和价值,从而明晰"双高计划"究竟要做什么、怎么做,使"双高计划"得以精准定位。

(一)基于类型特色抓实职业教育改革和建设

"职教二十条"开宗明义地指出:"职业教育与普通教育是两种不同的教育类型,具有同等重要地位。"同时指出,要经过5—10年的努力,实现"三个转变",其核心内容是质量提升、多元办学和类型特色。"类型特色"无论是从国家教育结构优化,还是从职教质量提升角度看,都是一项基本的任务。因此,首先必须在基于类型特色打造上下功夫,立足于基于类型特色的自身建设上见成效。俗话说"打铁还需自身硬",这个"自身硬"就是《意见》及其相关配套文件规定的"一加强、四打造、五提升"改革发展十大任务。从某种意义上说,"一加强、四打造、五提升"是"双高计划"建设单位的必修课,是交出一份合格答卷的必答题,是实现财政投入绩效的基本要求,也是"双高计划"建设单位提高自身办学水平,实现人才培养质量提升、职教类型特色打造的基本点。[7]这实际上是"双高计划"建设单位的自身内涵建设。关于职教类型特色打造的具体任务和要求,"双高计划"已经有较为详细的表述,各个建设单位应该按照党和国家的有关方针政策,遵循人才成长规律、高等教育规律、职业教育规律,全面详细地制订建设方案和任务书,并结合学校特点开展有特色的探索,一定能创造出各校经验,形成新时代中国高职教育的"百花园"。

(二)创新高职教育文化建设与文化育人

从广义上说,文化是一个社会所创造的物质和精神财富的总和;从狭义上说,文化是一个地区的生活要素形态的统称,即衣、冠、文、物、食、住、行等。[8]大学之所以成为大学,大学之所以能够成为人才的摇篮、社会的灯塔、创新的活水、真理的福地、知识的源泉、道德的高地、良心的堡垒,就是因为它是文化的酵母。[9]正因为如此,《统筹推进世界一流大学和一流学科建设总体方案》(以下简称《方案》)十分重视一流大学及学科的文化建设。《方案》建设任务的第四条就明确强调了"传承创新优秀文化"。[10]"双高

计划"在"加强党的建设"这一条中,强调了学习贯彻习近平新时代中国特色社会主义思想;在"打造技术技能人才培养高地"条目中,强调"要将社会主义核心价值观教育贯穿技术技能人才培养全过程"。然而,"双高计划"改革建设十大任务中没有列条款专门阐述文化建设,实属缺憾。我们应该再向前走一步,即重视和加强学校文化建设,探索建立高职教育类型特色文化,凝练形成中国特色高职教育文化,积极开展校园文化活动,结合重点专业(群)建设研究探索专业文化,培育高职精神和文化内涵,为推动社会主义文化建设做贡献,为引领社会主义文化风尚做贡献,为中国高职教育走向世界、引领发展提供中国方案。"双高计划"建设单位应该重视文化建设,强化文化育人,探索文化治理,切实提高办学治校水平。

(三)以引领高职教育高质量发展为己任

"双高计划"政策文本提出:"集中力量建设一批引领改革、支撑发展、中国特色、世界水平的高职学校和专业群,带动职业教育持续深化改革,强化内涵建设,实现高质量发展。"一花独放不是春,万紫千红春满园。作为党中央、国务院的一项重要决策,作为中央财政拉动的一个项目,必须提升建设单位的办学治校能力和专业建设水平,尤其是在十大任务上彰显业绩,体现绩效。然而,引领和带动是"双高计划"不可忽视且更为重要的责任,要明确"双高计划"的目标导向,实现目标引领;要明确"双高计划"的价值导向,实现价值引领。与此同时,要明确"双高计划"的问题导向,实现类型特色构建,要明确"双高计划"的发展责任,实现发展引领。

要实现引领和带动,就必须要求"双高计划"建设单位全面贯彻落实"职教二十条",因为"职教二十条"代表着党中央、国务院对新时代职业教育改革发展的方向性和目标性要求。"职教二十条"中提出的人才培养质量提升、多元办学格局形成、类型特色打造等都是明确的目标,提出的"管好两端、规范中间、书证融通、办学多元"十六字方针是我国职业教育制度建设的基本要求,提出的高等职业教育高质量发展的目标任务,提出的探索本科层次职业教育试点,完善高层次应用型人才培养体系,提出的启动"1+X"证书制度试点,推进以"教师、教材、教法"为主要内容的三教改革等,以及推动产教融合、校企合作、双元育人等任务都是需要认真践行的。[11] 从这种意义上说,"双高计划"建设单位要淡化身份意识,强化建设责任和引领担当。要实现引领和带动,就必须建立相应的建设机制。解决职业教育发展不平衡问题,既需要自身努力,也需要建立协同互帮机制。高等职业教育的主要任务是为区域经济社会发展培养技术技能人才,区域性十分明显,区域发展不平衡所带来的影响也更大。从目前情况看,三线及以下城市高职教育资源缺乏且质量不佳。因此,作为"双高计划"建设学校和专业群,应当主动履行责任,充分发挥东西结对、南北联合、全国互动的优势,在抓好自身工作目标和完成建设任务的同时,携手西部地区、民族地区、贫困地区的同类学校、同类专业一起发展,推动中国高职教育从百花绽放到千花盛开。

(四)努力为世界职业教育发展贡献中国方案

按照《意见》要求,"双高计划"建设分两步实施:第一步,到 2022 年,列入计划的高职学校和专业群办学水平、服务能力、国际影响显著提升……形成一批有效支撑职业教育高质量发展的政策、制度、标准;第二步,到 2035 年,一批高职学校和专业群达到国际先进水平,引领职业教育实现现代化……职业教育高质量发展的政策、制度、标准体系更加成熟完善,形成中国特色职业教育发展模式。[12]

回顾高职教育所走过的路,从 20 世纪 80 年代,特别是新世纪以来,高职教育一直以学习借鉴发达国家经验为基本路径。其中,澳大利亚的 TAFE、英国的现代学徒制、美国的社区学院、加拿大的能力本位培养模式、新加坡的教学工厂模式均是世界上较为成熟的职业教育发展模式,尤其是德国的双元制得到了特别推崇。[13]在推进中国职业教育现代化进程中,学习借鉴现代职业教育体系运行的国际经验是必要的[14],但作为具有五千年文明史的大国,我们确立了中国特色社会主义制度,明确了要坚持中国特色社会主义道路自信、理论自信、制度自信和文化自信,必须按照"博采众长、融合提炼、以我为主、自成一家、中国特色"的要求探索具有中国自身特色的高职教育发展道路,建设涵盖大部分领域具有国际先进水平的中国高职教育制度和标准,探索形成中国特色高职教育话语体系和理论范式。因此,作为"双高计划"的建设目标和要求,我国高职教育必须在探索形成中国特色高职教育发展道路,探索建立中国特色高职教育理论体系,探索建成高职教育高质量发展的制度标准上做出努力,不仅要引领中国高职教育,还要致力于引领世界职业教育,真正实现中国特色、世界水平的目标,这就是"双高计划"更新、更大、更高的使命和担当。

【参考文献】

[1][5][12]教育部、财政部关于实施中国特色高水平高职学校和专业建设计划的意见[EB/OL].(2019-04-01)[2020-03-02].http://www.moe.gov.cn/srcsite/A07/moe_737/s3876_qt/201904/t20190402_376471.html.

[2]郭岩.地方本科院校服务区域经济转型发展的路径与对策[J].现代教育管理,2018(2):56-60.

[3][11]谢俐.中国特色高职教育发展的方位、方向与方略[J].现代教育管理,2019(4):1-5.

[4]中共中央、国务院印发《中国教育现代化 2035》[EB/OL].(2019-02-23)[2020-03-02].http://www.gov.cn/zhengce/2019/02/23/content_5367987.htm.

[6]周建松.以"双高计划"引领高职教育高质量发展的思考[J].现代教育管理,2019(9):91-95.

[7]刘晶晶,和震."双高计划""背景下高等职业教育的建设预期与推进策略[J].现代教育管理,2020(1):115-122.

[8]文化[EB/OL].[2020-03-02].https://baike.baidu.com/item/％E6％96％87％E5％8C％96/23624？fr＝aladdin.

[9]徐显明.大学理念论纲[J].中国社会科学,2010(6):36-43.

[10]国务院关于印发统筹推进世界一流大学和一流学科建设总体方案的通知

[EB/OL]. (2015-11-05)[2020-03-02]. http://www.gov.cn/zhengce/con-tent/2015-11/05/content_10269.htm.

[13]周建松,陈正江.中国特色高等职业教育话语体系的构建[J].现代教育管理,2019(1):67-73.

[14]郝天聪.现代职业教育体系运行的国际经验与启示——教育转换的视角[J].教育科学,2018(2):67-73.

(本文原载于《现代教育管理》2020年第6期)

科学理解"双高计划"建设项目的实施要求

摘　要：《教育部、财政部关于实施中国特色高水平高职学校和专业建设计划意见》及其"遴选办法"和"申报通知"，明确了"双高计划"建设的指导思想、建设原则、遴选条件及项目管理办法。对这些问题，如何正确认识、科学把握是关系到建设能否成功有效的关键，也关系到中国特色高职教育的发展方向和前景。本文从端正指导思想、把握指导原则、掌握遴选重点、落实实施机制四个方面进行阐述，目的是为高职战线尤其是"双高"学校提供一个指导方案。

关键词："双高"；项目建设；机理

当前，中国特色高水平高职学校和专业建设计划正在全国范围内正式实施，作为新时代职业教育改革发展大棋中的重要一着，我们要科学理解其时代背景和重大意义，把握其与以往质量工程的相同点与不同点，实质性推进高水平高职学校建设，实现打造一批引领改革、支撑发展、中国特色、世界水平的高职学校和专业群的目标，并以此带动职业教育持续强化内涵建设，实现高质量发展，为打造类型特点突出、中国特色、中国风格、世界水平的高职院校和骨干专业，为培养中国特色社会主义合格建设者和可靠接班人奠定基础，为中国产业转型升级、质量提升、持续发展，为中华民族的伟大复兴提供坚强技术技能人才保障。对此，我们不仅要从历史发展角度认识"双高"，从政治站位定位"双高"，更要用科学的逻辑把握"双高"，尤其是把建设机制理清楚、建设策略高端化。

一、全面贯彻指导思想

《教育部、财政部关于实施中国特色高水平高职学校和专业建设计划的意见》[1]（以下简称《意见》）开宗明义，以习近平新时代中国特色社会主义思想为指导，并据此明确提出了建设要求。对此，绝不能将其当作一般性的政治口号和政治要求，而要把政治性、时代性、科学性结合起来，把理论性、政策性、实践性融合起来。

（一）习近平新时代中国特色社会主义思想博大精深

党的十八大以来，习近平总书记围绕改革、稳定、发展、治党、治国、治军发表了一系列重要讲话，推进了马克思主义中国化，形成了习近平新时代中国特色社会主义思想。习近平新时代中国特色社会主义思想是马克思主义中国化的最新成果，是当代的马克思主义,党的十九大修改的《中国共产党章程》明确其为中国共产党的指导思想,必须对其中"八个明确"和"十四个把握"有全面的理解和贯彻。

结合教育和"双高"建设的实际,必须认真学习习近平总书记关于教育工作的重要论述,主要体现在习近平在北京大学师生座谈会上的讲话(2014年5月4日、2018年5月2日),及在北师大师生座谈会上的讲话(2014年9月9日),尤其是2018年9月10日在全国教育大会上的重要讲话。习近平总书记明确指出了教育工作必须做到"九个坚持",即坚持党对教育事业的全面领导,坚持把立德树人作为根本任务,坚持优先发展教育事业,坚持社会主义办学方向,坚持扎根中国大地办教育,坚持以人民为中心发展教育,坚持深化教育改革创新,坚持把服务中华民族伟大复兴作为教育的重要使命,坚持把教师队伍建设作为基础工作。对于这"九个坚持"一定要深刻认识,精准理解,全面把握。

从高职教育作为高等教育的重要组成部分要求来看,习近平总书记在全国高校思想政治工作会议以及在北京大学师生座谈会上的讲话特别具有针对性,提出高等教育必须坚持为人民服务、为中国共产党治国理政服务、为巩固和发展中国特色社会主义制度服务、为改革开放和社会主义现代化建设服务。他对当代大学生提出的"四个正确认识"(正确认识世界和中国发展大势、正确认识中国特色和国际比较、正确认识时代责任和历史使命、正确认识远大抱负和脚踏实地)的要求,以及对广大教师提出的四个相统一(教书和育人相统一、言传和身教相统一、潜心问道和关注社会相统一、学术自由和学术观规范相统一)的要求。他反复强调一定在中国共产党领导下扎根中国大地办教育、坚持社会主义办学方向、牢牢把握意识形态主导权的要求,必须狠抓落实。

就高职教育作为现代职业教育体系的一个重要层次而言,学习贯彻习近平新时代中国特色社会主义思想,必须把习近平总书记关于职业教育的一系列重要指示贯彻落实到位,尤其是习近平总书记2014年6月23日在全国职业教育工作会议上所做的指示,明确提出了"职业教育是国民教育体系和人力资源开发的重要组成部分,是广大青年打开通往成功成才大门的重要途径",要坚持服务发展、促进就业发展方向,要坚持产教融合、校企合作、工学结合、知行合一的要求,要营造"人人皆可成才、人人尽展其才""劳动光荣、技能宝贵、创造伟大"的氛围,对于职业教育要为中华民族伟大复兴提供坚强人才保障的要求,必须予以深刻理解和把握,并在"双高计划"中落到实处。

(二)习近平新时代中国特色社会主义思想是具体的实践的

以习近平新时代中国特色社会主义思想为指导,必须是具体的实践的。对此,文件扼要阐述了一些具体要求,主要体现在:第一,要贯彻新发展理念。也就是说,"双高计划"必须坚持创新发展、协调发展、绿色发展、开放发展、共享发展五大理念,对高职教育来说,要打造出中国特色、世界水平,要推进类型特色建设必须坚持创新发展,"双高"项目在培养人才等方面必须贯彻协调、特色、开放、共享的要求,以此制订建设方案,推动改革实践。第二,必须服务现代化经济体系和更高质量更充分就业。职业教育是跨界教育,其经济属性十分明显,要落实三个对接要求,职业教育必须面向经济建设主战线,服务新时代中国现代经济体系建设和发展要求,而在服务经济体系建设的进程中,必须坚持以就业为导向,突出高质量、高水平充分就业,要关注和重视高水平专业群建设中的就业率、就业质量。第三,必须实现扎根中国与面向世界、面向未来的统一。从总体和根本的要求来看,在中国共产党领导下,扎根中国大地是一个基本要求,在立足国情、厚植于中华优秀传统文化的同时,必须积极面对开放的世界,而且要面向一个更加开放的未来。面向世界、面向未来、面向现代化,有力推进中国特色、世界水平的现代职业教育体系建设。第四,必须在聚焦高端产业、产业高端和培养高端人才上下功夫。"双高"建设的内容是高水平学校和高水平专业,高水平建设的立足点本来就是那些办学基础比较好、改革创新意愿强的学校。因此,瞄准高端产业、产业高端是一个重要前提,而培养高端人才则是基本任务。所谓高端人才,是指既可以理解为大国工匠、能工巧匠,也可以理解为德才兼备的技术技能人才。为此,探索更长学制、更高学历层次的职业教育,为推进纵向贯通、横向融通的现代职业教育体系建设做贡献也是"双高"建设的重要内容,探索大众化背景下的精英教育之路也需要创新实践。第五,为建设教育强国、人才强国做贡献。"双高"建设要以率先发展和引领带动为目标,必须抢占制高点、赢得新高度,这就必须在坚定围绕服务战略、融入区域发展、聚力促进产业升级培养人才,构建多元立体化培训体系,提升技术研发能力和服务经济发展能力等方面做贡献,在引领带动整个职业教育高质量发展等方面做表率,从而为建设人才强国和教育强国做出应有的贡献。

二、正确把握指导原则

把握项目建设的指导原则,对于更好地明确建设方向和目标、把握项目运行机制具有十分重要的作用。为摆正方向、明确目标,教育部、财政部在"双高计划"文件第一部分用专门篇幅明确阐述了"双高"建设必须坚持的五项基本原则。

(一)坚持中国特色原则

习近平总书记指出,改革开放以来,我们全部工作的主题就是坚持和发展中国特色社会主义,必须坚持中国特色社会主义道路自信、理论自信、制度自信和文化自信。坚持中国特色,就必须坚持中国共产党的领导,加强党对教育工作的全面领导,坚持和完善党委领导下的校长负责制;坚持中国特色,就必须立足并扎根于中国大地办学,把培养适应社会主义现代化生产建设管理服务第一线需要的高素质技术技能人才为己任,培养中国特色社会主义的建设者和接班人;坚持中国特色,就必须坚持和贯彻党的教育方针,把培育和践行社会主义核心价值观贯穿教育教学始终和人才培养全过程,坚持德智体美劳五育并举,坚持德技并修;坚持中国特色,就必须确保办学的社会主义方向,牢牢把握意识形态主导权,牢牢占领舆论阵地,坚持马克思主义在学校的指导地位,弘扬中华优秀文化、先进的革命文化和建设文化,培养良好的教风、学风和校风;坚持中国特色,就必须从国情出发,着力完善职业教育与培训体系,在人才培养中坚持学历教育与岗位培训相结合,在履行学校职责时,坚持人才培养与多层次立体化培训和终身教育相结合;坚持中国特色,就必须服务中国特色社会主义和现代化建设总战略,推动和服务新时代现代化经济体系建设,实现经济高质量发展和高质量充分就业,为中国产业走向全球中高端,为实现"两个一百年"奋斗目标和中华民族伟大复兴提供技术技能人才支撑,真正实现"为党育人、为国育才"的目标。

(二)坚持产教融合原则

产教融合、校企合作是职业教育和应用型人才培养的一条基本原则,这既是学习借鉴发达国家和地区职业教育实践的一条经验,也是我国经过几十年探索才摸索出的一条规律。对此,习近平总书记早在2014年就做出过重要指示,明确了具体要求,在国务院《关于深化产教融合的若干意见》(国办发〔2017〕95号)中更是做了具体部署,与中国特色高水平高职学校和专业建设计划相呼应。国家发改委等部门也印发了《关于产教融合型企业建设办法(试行)》,为推进产教融合提供了机制和制度保证。对于"双高"建设而言,要正确理解和贯彻好这一原则,必须做到:一要创新高等职业教育与产业融合发展的运行模式,着力在融合上下功夫,真正把创新链—产业链—人才链—教育链协同融合起来,成为一个有机体。二要在对接和服务上下功夫,真正做到专业对接产业、课程对接岗位、教育教学过程对接生产经营过程,切实提升高职学校服务产业转型升级的能力,为增强产业核心竞争力提供有力支撑。三要在推动高职学校和行业企业形成命运共同体上下功夫,通过服务、对接,通过混合所有制、集团化办学,通过相互兼职、教师互聘等,真正建立一批校企双主体办学机构,构建校企命运共同体。把产教融合作为"双高"建设的一条原则,是有其特殊意义的,必须积极谋划、主动作为。

(三)坚持扶优扶强原则

扶优扶强作为一条原则,实际上明确了"双高"建设不是普及化的毛毛细雨,不是搞平均主义和大锅饭,而是要坚持质量优先、好中选优、优中选好,要首先考虑办学条件比较好、对应的产业有基础、办学治校水平比较高、内涵建设指标领先的学校。也就是说,"要支持基础条件优良、改革成效突出、办学特色鲜明的高职学校和专业群率先发展"。从这种意义上说,不分名额、不搞照顾、不搞平衡,以实际办学水平作为选择标准是正确的。

当然,中国是一个经济社会发展不平衡的国家,而高等职业教育又以服务区域经济社会发展为己任,因此高水平学校和高水平专业群在遴选上又不能完全等同于"双一流",兼顾区域和产业布局也是必要的,这里的"兼顾"两个字尤其具有特殊意义,在质量为先的大前提下,适当兼顾,既体现高等职业教育特点,又考虑了中国国情,有利于调动地方和行业的积极性。

坚持扶优扶强,实际上也给了建设学校和专业群一个任务,就是要"积累可复制、可借鉴的改革经验和模式,发挥示范引领作用"。这个原则内容实际上是说,"双高"建设单位必须抛弃自娱自乐和富人俱乐部观念,必须在先行先试、改革创新、创新发展的同时,在结对中西部,带动边远地区、民族地区、经济欠发达地区和同类高职学校协同发展上下功夫、尽责任,也意味着"双高"建设单位必须承担起社会责任。

(四)坚持持续推进原则

这实际上是"双高"建设机制问题,即按周期、分阶段推进建设,并实行动态管理、过程监测、有进有出、优胜劣汰,按照"双高计划"建设文件精神,集中力量建设50所左右高水平高职学校和150个左右高水平专业群。整个建设分两步走:第一步,到2022年,列入计划的高职学校和专业群办学水平、服务能力、国际影响显著提升,形成一批有效支撑职业教育高质量发展的政策、制度、标准;第二步,到2035年,一批高职学校和专业群达到国际先进水平,职业教育高质量发展的政策、制度、标准体系更加成熟完善,形成中国特色职业教育发展模式。

与两步走发展建设目标相适应,持续推进原则实际上创设了一个动态机制,要实行动态管理、过程监测、有进有出、优胜劣汰。这实际上也是为了防止"双高"建设单位出现大锅饭、出现重申报轻建设的情况,采用一年一监测、一周期再评定的办法,在制造压力的同时,激发建设动力、形成创新活力,促进"双高"建设可持续进行、可持续发展。

(五)坚持省级统筹原则

省级统筹作为一项建设原则,与中国特色高水平高职学校建设计划的决策初衷会有一定的矛盾和冲突。应该说,建设中国特色高水平高职学校作为党中央、国务院的重大决策,直接由党中央、国务院决策部署,并由中央财政拉动,与2015年启动的《国务院关于统筹推进世界一流大学和一流学科建设方案》相匹配。

为什么要把省级统筹作为一条原则呢?我们理解这与目前国家的财政管理体制相关。也就是说,根据事权与财权相一致原则,中央财政一般不再直接拨付职业院校建设经费,而改用综合奖补的形式。更为重要的是,这样做,既是为了调动地方政府支持职业教育改革发展的积极性,也是为了激发建设院校的活力,积极争取行业企业的支持,形成各方支持"双高"建设的合力。

把握国家提出的五大原则,是为了更好地理解建设管理的基本导向,从而有利于把"双高"建设工作抓得更实。

三、科学理解遴选机制

《教育部、财政部关于实施中国特色高水平高职学校和专业建设计划的意见》文件印发后,教育部、财政部随即又印发了《中国特色高水平高职学校和专业建设计划项目遴选管理办法(试行)》[2](以下简称《办法》)。《办法》共6章22条,明确了项目建设和管理当中的具体事项及其遴选条件。

(一)关于遴选的基本规则

《办法》明确项目资金包括中央财政资金、地方财政资金和学校自筹资金。《办法》明确"双高计划"每五年为一个支持周期,2019年启动第一轮建设,并遵循总量控制、动态管理、年度评价、期满考核、有进有出、优胜劣汰的原则。《办法》明确了教育部、财政部的职责,专家委员会的职责,省级教育财政部门的职责及项目举办方的职责。

(二)关于项目学校的遴选

《办法》第三章第十条至第十二条明确了项目遴选的具体办法和要求,主要思想是:"双高计划"遴选坚持质量为先、改革导向、扶优扶强,面向独立设置的专科高职学校(包括社会力量举办的专科高职学校),分高水平学校和高水平专业群两类布局。这一规定是对"双高计划"《意见》的进一步强调和明确,两者也是完全一致的,质量为先、改革导向、扶优扶强三大导向具体清晰明了。

"双高计划"遴选机制明确了一些前置条件。如学校办学条件高于专科高职学校设置标准,数字校园基础设施高于《职业院校数字校园建设规范》标准,并在内涵建设水平上达到一些基本要求。如省级及以上优质高职学校建设单位,章程完备,有职业教育集团并校企合作开展良好,理事会或学术委员会健全,内部质量保证体系健全,财务管理规范,内控制度健全,有应用技术协同创新中心、技能大师工作室,培训工作人数不低于在校生人数,近三年招生计划完成率不低于90%,毕业生半年后就业率不低于95%,有教育部备案的中外合作办学项目或招收学历教育留学生,等等。

"双高计划"遴选采用标志性成果"九选五"机制。《办法》列出了学校在九项标志性成果中不少于五项的要求,即在教育部、财政部明确的九项标志性内涵建设中必须有五项及以上标志性成果,否则,就没有资格参与申报和评选。九个项目包括国家级教学成果奖,主持国家级职业教育专业教学资源库立项项目,承担国家级教育教学改革试点,有国家级重点专业,取得国家级就业创业先进典型案例,学生在国家级以上技能竞赛中获奖,教师在技能竞赛及国家级评奖中获奖,承办过国家技能大赛等,同时还有两条值得关注的点,即建立校级质量年报制度和建立校级竞赛制度。总体上看,这是一个国家级项目导向,有资格起点(九个项目中必须有五项及以上),也有一定的灵活性(九选五)。

(三)关于专业群的遴选

《办法》从高水平学校和专业群两类布局的要求出发,对于专业群建设提出了明确具体的要求,并专设第三章第十二条进行了表述,主要为专业群的定位和组群逻辑。

专业群定位准确,对接国家和区域主导产业、支柱产业和战略新兴产业重点领域。[3]专业群组建逻辑清晰,群内专业教学资源共享、就业相关度高,能形成优势互补、协同发展的建设机制。专业特色鲜明,行业优势明显,有较强的社会影响力。

专业群有高水平专业带头人和教学创新团队,校外兼职教师素质优良。实践教学基地设施先进、管理规范,基地建设与实践教学项目设计相适应、相配套。校企共同设计科学规范的专业群课程体系,反映行业领域的新技术、新工艺、新规范等,同时要求信息技术深度融入教育教学,线上线下课程资源丰富。

专业群生源质量好,保持一定的办学规模。建立毕业生就业跟踪调查机制,学生就业对口率、用人单位满意度、学生就业满意度高。与行业企业深入合作开展科技研发应用,科研项目、专利数量多。

(四)关于遴选机制的启示

《办法》确定的内容、原则和运行机制,对发展中国特色高职教育、加强专业(群)建设应该有新的启示,对下一步做好"双高"工作也有明确指向。

一是基础条件必须合格。要求学校办学定位准确,坚持职业教育类型特色,遵循高职教育规律,能对照有关院校设置、信息化条件配置、校企合作体制机制、学校办学治校运行机制等方面充分达标,不留盲区、不留遗憾、不存死角。[4]

二是内涵建设必须到位。高等学校人才培养、科学研究、社会服务、文化传承与创新、国际交流与合作五大职能要求,围绕教育教学改革、校企合作、专业建设、师资队伍建设等方面积极开展工作,大力提高人才培养质量、科研和社会服务能力和国际化水平,尤其是在职业培训和技术协同创新等方面成效显著,招生就业工作成效明显。

三是标志性成果必须突出。也就是说,必须要有与项目相匹配的重大成绩。"双高计划"是一个顶级国家项目,在"九选五"机制中列出的都是国家级项目,如教学成果奖、资源库、技能大赛等,还有若干国家级教育教学荣誉。对此,我们应该有清醒的认识,而且"九选五"只是门槛,标志性成果应该越多越好,级次也应该越高越好,这应该也是今后发展的风向标。

四是专业群是重大基础条件。之所以采用"双高"模式和布局,是为了与"双一流"相对应,但更在于专业和专业群建设是职业教育的基石。只有拥有一批高水平专业,才有可能奠定高水平学校的基础,也才有可能办出学校的特色和水平,培养高质量人才。正因为如此,抓专业和专业群及其建设要素,是今后工作的重中之重。

四、有力落实实施保障

《意见》是推动"双高计划"的纲领性文件,其中分为总体要求、改革发展任务和组织实施三大部分,尤其是第三部分用专门篇幅提出了组织实施的具体要求。对此,必须认真加以研究和落实。

(一)把握项目建设的综合性

《意见》第十四条明确提出要建立项目协同推进机制,"国家有关部门负责宏观布局、统筹协调、经费管理等顶层设计,围绕经济社会发展和国家战略需要,适时调整建设重点,成立项目建设咨询专家委员会……",同时要求各地具体做到"加强政策支持和经费保障,动员各方力量支持项目建议,对接区域经济社会发展需求,构建以'双高计划'学校为引领,区域内高职学校协调发展的格局……"。同时,《意见》对"双高"学校也提出了具体要求,"'双高计划'学校要深化改革创新,聚焦建设任务,科学编制建设方案和任务书,健全责任机制,扎实推进建设,确保工作完成"。从宏观上该条款至少包括以下几层意思。

一是国家在宏观层面有一个相关部门参加的协同机制和专家委员会,定期研判动态,并根据形势发展需要进行重点建设内容等方面的调整。对此学校要高度关注,与时俱进,适应发展,改革创新。

二是各个地方会有相应的人财物和政策支持。"双高"学校要充分利用国家大政策、充分利用高水平建设有利契机,创造性地发展好高职教育,在争取区域政策制度创新、推动学校跨越式发展等方面寻求机会,真正在服务国家战略和区域经济社会发展中彰显高水平。

三是学校要积极参与具体建设。也就是说,无论是从内容上还是程序上,学校要积极工作。从内容上看,要对照改革发展任务,写好方案、落实相关工作,推动改革创新;从程序上看,学校要围绕上级要求,做好各阶段、各时点工作,并确保符合要求,真正把责任制落实到位。

(二)加强项目实施管理

《意见》第十五条以"加强项目实施管理"为题,对"双高计划"项目管理机制做了原则性规定,包括五年一轮支持周期,要有明确的程序和办法,要坚持质量优先和改革导向,要建立管理系统,开展第三方评价及社会监督等。对此,建设单位要适应以下这些要求。

一是克服一进定终身的错误观念。中国特色高水平高职学校和专业建设是一项长期的系统性工程,中央反复强调年度评价、五年一轮,到2023年是一个过程大考,要有进有出、优胜劣汰。对此,不可麻痹大意、不能掉以轻心,必须始终绷紧重在建设这根弦,并扎实开展好工作。

二是坚持重质量重改革。质量优先和改革导向是"双高计划"遴选重点、建设重点、关注重点,也是验收重点,当然也是学校工作重点,是学校办出特色、办出水平的关键点。要适应这一要求,就得坚持在工作中重质量、重改革,在布置安排具体任务、研究建设重点、采集建设信息等方面,既要程序规范,也要重点突出。

三是认真构建信息管理系统。提升学校信息化水平、提升学校治理水平等,本身就是"双高"建设的重点,也自然是学校运行的重点。结合建设要求和项目管理,一定要抓好信息系统建设,抓好绩效评价机制建设,注意用数字说话,用增量说话,用绩效说话,切实用最少的投入取得最大成果,并经得起历史的检验,经得起人民的评判,经得起社会的监督。

(三)积极争取多元投入

《意见》第十六条明确要求"健全多元投入机制",这无疑是十分必要的。多元投入机制的前提是,各地要落实生均拨款制度,在保障生均拨款足额到位的前提下,落实职业教育高质量发展所需经费支持的要求,对"双高计划"给予重点支持,其中包括中央财政、地方财政、行业和企业。作为"双高"建设学校,不仅要以自己的实力和水平争取中央财政专项奖补支持,争取地方政府投入支持,还要以服务求支持,以服务谋发展,增强造血功能,通过基金会、社会服务、科技研发等争取更多的建设资金来源,推动教育建设投入到位,产出绩效。

(四)营造良好的改革发展环境

《意见》最后一条即第十七条明确要"优化改革发展环境",主要是针对各地各行业提出的要求,要它们为"双高"建设学校创造条件营造环境,也包括人力、财物方面的政策倾斜、扩大办学自主权、鼓励改革创新以及容错机制等。从大环境出发,"双高"建设学校必须积极争取中央和地方的政策支持,争取更多的自主权或试点权,地方也可以争取组团式政策支持(如山东省与教育部共建职业教育创新高地建设)。同时,学校也要在营造内部环境上下功夫,要下放权限,调动基层积极性,鼓励基层创新,激发一线热情,尤其要在奖惩机制、容错机制等方面统一思想,达成共识,为担当者担当,形成制度,推动"双高"建设不断向纵深推进,努力把学校办好、办出特色、办出水平。

【参考文献】

[1]教育部,财政部.关于实施中国特色高水平高职学校和专业建设计划的意见[Z].2019.

[2]教育部,财政部.中国特色高水平高职学校和专业建设计划项目遴选管理办法(试行)[Z].2019.

[3]教育部办公厅,财政部办公厅.关于开展中国特色高水平高职学校和专业建设计划项目申报的通知[Z].2019.

[4]谢俐.中国特色高职教育发展的方位、方向与方略[J].现代教育管理,2019(4):1-5.

(本文原载于《高等职业教育》(天津职业大学学报)2020年第2期)

从"双高"项目遴选条件看中国高职学校的建设发展方向

摘　要:《中国特色高水平高职学校和专业建设计划项目遴选管理办法(试行)》作为"双高计划"项目评选的基本依据,已经发挥了决定性作用。如何从这些指标中找到应有的规律,推动高职学校建设和发展,这不仅关乎当前,更关乎长远和未来。本文从我国高职教育政策的历史和现状分析着手,结合对《办法》的理解,并从高职教育类型特色趋势分析,提出了中国高职学校建设发展的方向性思路:基础为底、质量为先、内涵为王、专业为基、改革为要,希望对中国高职教育的健康发展有所启迪。

关键词:高等职业院校;"双高计划";建设发展;方向

为贯彻《国家职业教育改革实施方案》(国发〔2019〕4号)精神,教育部、财政部及时启动了"中国特色高水平高职学校和专业建设计划"(以下简称"双高计划"),又制订了《中国特色高水平高职学校和专业建设项目遴选管理办法(试行)》(以下简称《办法》)。根据这两个文件,各学校积极申报,并经省级推荐,教育部、财政部组织专家评审,现在第一轮56所"双高计划"建设学校、197个高水平专业群单位已经成功入围,并已进入紧张有序的建设阶段。虽然评选工作总是几家欢乐几家愁,对遴选的条件也有不尽一致的认识,但对于每一个学校而言,我们确实需要研究和关注遴选条件和指标所蕴含的意义、内容,研究高等职业教育内涵发展的政策导向,尤其要关注微观领域高职教育教学工作该怎么抓、怎么做,透过现象看本质、立足今天看未来,从而找准找好学校改革发展的正确而科学的道路,为学校可持续健康发展奠定科学的思想基础、确定正确的行动方略。就这一点来说,整个战线的每一所学校都是需要重视和关注的。

一、基础为底

《办法》第十一条第一款明确强调,学校办学条件高于专科高职学校设置标准、数字校园基础设施高于《职业院校数字校园建设规范》标准,这两个"高于"道出了"双高"学校遴选的基础和"参赛"的资格。

(一)从什么是一所好学校说起

事实上,多少年来,对于什么是一所好学校的问题,理论界一直有着不同的争论,其中最为经典的表述是清华大学老校长梅贻琦先生的名言:"所谓大学者,非大楼之谓也,有大师之谓也。"梅先生强调了大师的重要性,这句话流传至今且仍十分盛行,直到现在许多人据此评判学校的优劣,并把抗战时期西南联大的办学条件与人才培养成效作为案例加以佐证,结果确实令人信服。之后,我国教育科技界又发出了"钱学森之问":我们为什么难以培养拔尖创新人才? 也就是说,我国的教育事业发展到今天,大楼林立,但为什么仍培养不出顶尖的技术创新人才? 于是,人们有了新的思考,仅有大楼是不够的,更需要有大爱。所谓大爱,就是要有一大批心无旁骛、潜心教书育人的教育教学工作者(教师),并有一定包容创新的体制机制和人文环境。当然,在当今条件下,无论是科学研究还是人才培养,没有现代化的技术设备和经费投入保障也是难为无米之炊的。正因为这样,人们有理由认为,一所好的大学应该是大楼、大师、大爱共存并有机统一的。这也是我们在推进学校高水平建设过程中必须充分认识和考虑的。

(二)高于"两个标准"意味着什么

《办法》明确建设学校的门槛要高于全国统一的专科高职学校设置标准,数字校园基础设施要高于《职业院校数字校园建设规范》标准。笔者以为,"双高"建设学校的硬件门槛必须要达标并超标是有道理的,也是必然的。

所谓硬件达标,因为专科高职院校设置标准是教育部和国家发改委等部门面向全国,就设置(举办)高等专科学校所必需的最低条件,包括土地面积、建筑面积、房屋建筑物、教学实训用房、体育文化设施、师资配备、图书资料等,是一个开门必需的"柴米油盐酱醋茶"。因此,申请"双高"学校是必须达标的,所有学校都应该达标。

数字校园基础设施达标,这是适应新时代的新要求。当今时代,科学技术日新月异、突飞猛进,我们已经进入"大智移云物"时代。在这一背景下,我们的教育要用今天的技术培养面向未来的人才,必须有先进的信息化技术作为支撑,要培养教师和学生的信息素养和能力,首先必须有相应的技术装备和设施,否则就不利于教育教学和人才培养工作的正常开展,甚至无法进入工作状态,更无从开展科学研究。

之所以要高于标准,这至少有两个原因:一是这个标准是国家规定的最低标准,而且有一定的时间限制,在实践中应有所提高;二是作为国家级层面的高水平学校,必须高于一般普通的学校。

(三)怎样才算一所达标的好学校

高等职业教育是高等教育的一个类型,当然,我们正在朝着类型特色的职业教育方向前进。因此,我们既要从高等教育角度看高度,也要从职业教育层面看厚度,从两者相结合有机协调出发,硬件基础是基本家底。

一是现代化校园(包括基本设施)与一大批理念认同的校企合作伙伴的有机统一。学校要有与办学规模规划、近期办学定位相匹配的校园占地面积、建筑面积、教学实训用房及文体图书及信息技术设施,让学校初具规格。同时,根据产教融合要求,遵循校企合作原则,学校应在本行业、本区域缔结形成一批紧密型校企合作伙伴,并形成长效机制,为校内教学生产化、校外教学真实化奠定基础。

二是素质精良、数量适当的专任教师与一大批行业企业兼职教师的有机统一。教师是学校的主人,在办学治校过程中起着基础性作用。要办一所好学校哪怕是合格的学校,没有素质优异、数量适当的专任教师是不可想象的。对此,我们一定要对照规模、对照标准考核落实。与此同时,高职教育的特点是校企合作,培养的学生要知行合一,也需要一批双师型教师,构建双师结构教学团队。正因为这样,无论是从基本要求还是积极发展看,师资队伍建设必须谋求校内专职适当和校外兼职充足的有机统一。

三是充分的经费投入保障与较强的自我筹资能力的有机统一。教育事业总体上是一个公益事业,作为一项培养人、造就人、开发人力、凝聚人心的工作,必须要投入大量人力、物力、财力,尤其必须有一个经费投入的保障机制。无论是社会力量办学、个人出资(捐资)办学,还是更多的公办学校,必须有基本办学经费保障。对于公办学校,国家明确人均12000元的标准,这是一个要素标准。与此同时,学校也不能简单地躺在拨款身上过日子,而要通过培训科研、社会服务等赢得资源、争取支持、创造收入,形成政府投入(举办者投入)与自我创收的有机统一。

关于办学的基本条件还会涉及很多,如领导班子、管理队伍,但上述三条应该是最为基本和基础的。基础不牢,地动山摇,必须确保。

二、质量为先

"双高计划"有关文件都突出强调了质量为先、改革导向、扶优扶强,这昭示着我们在高等职业教育建设中,需要密切关注质量的存在和意义。党的十九大明确,中国特色社会主义进入新时代,高质量发展成为新时代的主题,高质量发展这一时代主题逐渐从经济领域引入包括教育在内的各个领域、各个行业、各个方面。同时,我们从"双高"建设的有关文件中也可以明显感到,"双高计划"要强化内涵建设,带动职业教育高质量发展。更为重要的是,《国家职业教育改革实施方案》第三条又特别强调要"推进高等职业教育高质量发展"。正因为如此,高质量成为我们这个时代的主题。当然,关于质量问题,从宏观上看,我们国家正经历由急需质量观、适需质量观向结构质量观,特别是类型质量观、创新质量观的转变。对于一个学校来说,这就必须要求我们关注宏观,善于在结构中找到位置,并在创新中形成特色,彰显自己存在的价值和发展的生命力。

(一)人才培养是最大的质量

习近平总书记曾经在全国高校思想政治工作会议上提出,只有培养出一流人才的大学,才称得上世界一流大学。同时,总书记在多个场合反复强调,立德树人是学校的根本任务、中心环节,必须贯穿于学校各个方面、各个环节和全过程,并把它作为检验办学治校的根本标准。对于高等职业院校来说,人才培养工作尤其重要,如何培养出高素质技术技能人才成为衡量办学质量的根本性标志。为此,《办法》第十一条第四款在"九选五"机制中明确了如下质量性指标:近五年学校就业工作被评为全国就业创业典型（仅包括全国毕业生就业典型经验高校、创新创业典型经验高校、创新创业教育改革示范高校）；近五年学生在国家级及以上竞赛中获得过奖励（仅包括世界技能大赛、全国职业院校技能大赛、中国"互联网＋"大学生创新创业大赛、"挑战杯"全国大学生课外学术科技作品竞赛和中国大学生创业计划竞赛）。同时强调，学校要建立校级竞赛制度，近五年承办过全国职业院校技能大赛，特别是明确把建立校级质量年报制度，近五年连续发布《高等职业院校质量年度报告》且未有负面行为被通报作为专门一条，足见其对质量的重视。正因为这样，我们必须着力抓好立德树人的工作，致力于培养高素质技术技能人才，要注重研究大众化、普及化高等教育背景下的精英培养，并在实践中抓实抓好就业创业和技能大赛工作。

（二）毕业生就业状况是最大的质量标志

高等职业教育必须坚持以就业为导向的教育教学改革，这是它作为类型的重要特征。就业对于一个国家来说，是社会和谐的稳定器；对于个人来说，是人生的命根子；对于家庭来说，则是幸福与保障的源泉；对于学校来说，应该是衡量教育质量高低的试金石。正因为这样，《办法》第十一条第二款把近三年招生计划完成率不低于90％，毕业生半年后就业率不低于95％，作为基础质量八项重要条件之一，足见其对就业的重视。事实也是如此，党的十八大以来，以习近平同志为核心的党中央一直高度重视就业工作，在中央确定的"六稳"工作方针中，一直把稳就业放在"六稳"之首。作为高等职业学校，一定要高度重视招生就业工作，要构建全方位支持就业工作的体制机制，一定要构建一个"专业建设立足就业、教学工作面向就业、教师教育引导就业、职能部门专司就业、激发学生自主就业、调动家长支持就业、发动校友助力就业、党政领导重视就业、全校上下齐抓就业"的工作格局，不断完善就业工作市场开发机制，并加大对学生就业工作考核的奖励力度。

（三）树立向特色要质量的理念

质量是一个十分复杂的概念，站在不同视角、不同阶段会有不同的判断，也会有不同的呈现方式。从当前高等职业教育面临的情况看，人才培养存在结构性矛盾，复合型技术技能人才紧缺，大国工匠、能工巧匠严重不足；从每个行业情况看，也面临着同样的问题，大路货人才偏多，特色特长型人才奇缺。正因为这样，我们希望高职教育要办出特色、办出水平，对于每一所高职院校来说，一定要走出千校一面的窘境，积极打造学校自身的特色；而对于进入中国特色高水平建设的每一个专业群来说，就是要研究分析本专业群各专业在国内的地位、席位，尤其是找到自身科学合理的定位，找准自己的生长点和发展点，以特色求发展，以特色打造高质量和高水平。

三、内涵为王

高等职业教育经过近40年的发展，经过了摸索探索和规模扩张，尽管我们从优化高等教育结构和使城乡新增劳动力更多接受高等教育的角度,还是要大力提倡、积极发展高等职业教育并推动高职百万扩招。总体而言,高等职业教育已经进入内涵发展阶段,而其内涵本身也在发生重大变化。对此,《办法》适应新时代高等职业教育发展新要求,在遴选上突出了内涵指标,并从基础、标志及各个方面充分呈现出来。

(一)基础性内涵

关于基础性内涵,《办法》第十一条第二款有明确的表述。第二款开宗明义,"学校人才培养和治理水平高,在产教融合、校企合作方面成效显著,对区域发展贡献度高"。这是一个总括性要求。在此基础上,《办法》同时列出了具体的基础性内涵指标,一是被确定为《高等职业教育创新发展行动计划(2015—2018 年)》省级及以上优质高职学校建设单位。二是已制订学校章程并经省级备案,设有理事会或董事会机构,成立校级学术委员会,内部质量保证体系健全。三是学校财务管理规范,内部控制制度健全。四是牵头组建实体化运行的职业教育集团,合作企业对学校支持投入力度大。五是成立应用技术协同创新中心、技能大师工作室。六是非学历培训人数不低于全日制在校生数。七是近三年招生计划完成率不低于 90%,毕业生半年后就业率不低于 95%。八是配合"走出去"企业开展员工教育培训,有教育部备案的中外合作办学项目或招收学历教育留学生。我们分析认为,上述列出的八个方面,涵盖内部管理与制度建设、产教融合与校企合作、招生就业与职业培训、国际交流与中外合作等领域,是高职发展新阶段基础性内涵和基本内涵。虽然还不尽全面,但应该是每个迈向高水平学校必须关注的点,对于面上的学校或者新建设、发展中的学校,也必须对此要求查漏补缺,并切实加以重视。

(二)建设性内涵

学校发展的过程就是一个建设性过程。因此,抓住建设性内涵对于一所高职学校来说是十分重要的。建设性内涵有时与基础性内涵和标志性内涵比较难以区分,根据《办法》的分类,我们把第十一条第三款界定为建设性内涵,"学校坚持职业教育办学定位和方向,干事创业的积极性、主动性、创造性高,教育教学改革、校企合作和专业建设基础好,人才培养质量和师资队伍水平高,学生就业水平高,社会支持度高"。这些内容看起来比较抽象,难以量化,但这些内容的建设确实比较重要。如,学校坚持职业教育办学定位和方向,实际上就是一个办学定位和学校发展战略问题,在当前职业教育社会吸引力还不是很高的情况下,在"求本心切"专升本仍十分盛行的习惯思维中,这项建设还是需要有定力的。如,干事创业的积极性、主动性、创造性高,这更是一个管理机制和管理文化的问题,涉及学校的管理体制机制、干事创业氛围、收入分配与奖惩激励机制等,也是一个学校领导水平的表现,也需要久久为功。又如,三个基础好即教育教学改革基础好、校企合作基础好、专业建设基础好,三个高即人才培养质量高、师资队伍水平高、学生就业水平高,这些必须通过具体的指标来呈现,有时也需要一个较长的建设过程,它也反映了学校的综合管理能力和水平。关于社会支持度,这是一个学校能力和品质的表现,与学校贯彻产教融合、开放办学的理念有关,也与学校人才培养、科学研究、社会服务的能力呈正相关。

(三)标志性内涵

标志性内涵在这次"双高计划"建设单位遴选中起了十分重要的决定性作用。"九选五"机制在全国高职战线影响深刻,《办法》第十一条第四款进行了具体明确的列举。从列举的九项正向指标和若干负向表现情况看,有些指标既是人才质量表现,也是内涵建设积淀,其中1,2,3,4,7是比较典型的标志性内涵,5,6,8,9作为标志性内涵则主要通过质量呈现出来。

关于教学成果奖。教学成果奖是与国家自然科学奖、国家技术发明奖、国家科学技术进步奖等同的一个奖项,本来只有高等教育有,这几年为重视各级各类教育,分设为高等教育、职业教育和基础教育教学成果奖,其奖项级别高、社会关注度大,且四年才评一次,自然是反映学校教育教学和人才培养工作最重要的标志性内涵。

关于教学资源库。职业教育教学国家级资源库是从2006年国家示范建设时提出的一个内涵性项目,其列建项目少,竞争激烈,主持单位一般都代表了全国高职教育领域该专业的最高水平,既是主持学校专业建设水平的体现,也是我国高职教育专业建设水平的体现,自然也是十分重要的标志性内涵。

关于国家级教育教学改革试点,文件列举且明确仅指现代学徒制试点、"三全育人"综合改革试点、教学工作诊断与改进工作试点、定向培养士官试点。这些试点项目的内涵水平应该不是十分突出,放在如此高的地位,至少表明了三点:一是对教育行政部门工作导向的参与和响应力;二是体现学校干事创业的积极性、主动性和创造性(第十一条第三款有明确要求);三是表明学校对探索职业教育规律的勇气和努力。因此,各学校对此应予以足够重视。

关于教师能力和水平。第7点列出"万人计划"教学名师,全国高校黄大年式团队,全国职业院校教学能力比赛获奖。应该说,这是目前政策框架下体现国家意志和政府导向,反映学校教师队伍建设水平和质量的重要指标,也是学校发展最为重要的内涵。当然,如能把教书育人楷模、师德标兵、思政课影响力人物等一并纳入,则更有意义。

涉及学校标志性内涵怎样挖掘,统一有统一的好处,但留有空间也有利于学校特色建设和发展。

(四)创新性内涵

其实,反映学校内涵建设水平的还不止有这些,从中国国情出发,从高等职业教育打造类型特色和创新发展要求看,还有许多工作值得我们关注。

一是思想政治课建设水平。开设并建设好思想政治理论课是以习近平同志为核心的党中央着眼培养中国特色社会主义建设者和接班人的一项重要战略决策。2019年3月18日,习近平总书记亲自主持召开学校思想政治理论课教师座谈会,明确提出思想政治课是立德树人的关键课程,提出了办好思政课"八个相统一"的要求和对思政课教师的六点希望。最近,教育部专门颁发了加强思想政治理论课教师队伍建设的部长令。相应地,教育部社会科学司也在做一些积极的工作,也有可以表达的指标。对此,我们要切实加以重视。

二是学校文化建设水平。学校文化其实是最基础性的内涵,世界上凡是办得好的学校,都有优良的学校文化用来弘扬和传承。高职教育虽然发展时间不长,但至少已经有 40 年的历史,其实一部分学校也是从老校发展而来。因此,如何围绕大学精神、区域文化、职业文化,在物质性文化、精神性文化、制度性文化和行业性文化方面下功夫,我们确实需将之摆上议事日程。关于这一点,教育部思政司也有些项目在评审。应该说,也可以说明一些问题。对此,每个发展中的学校应该引起重视。

三是特长和拔尖人才培养。高等职业教育的主要任务是培养区域经济社会发展需要的技术技能人才,且主要面向生产建设管理服务第一线,但它同时担负着培养大国工匠和能工巧匠的使命。正因为这样,对于培养出各条战线领军式、拔尖人才和国家杰出人才的,应予以加分,这也是大众化教学中培养精英的重要成果。对此,我们也要重视。

四、专业为基

"双高计划"采用高水平高职学校和高水平专业群两类布局,充分证明了专业和专业群建设在高等职业教育发展中的重要性。这不仅与国家"双一流"(一流大学和一流学科)建设相协调,也与我国新世纪以来关于高等职业教育质量工程的做法相协调,也突出说明专业在高等职业教育发展中的基础性乃至基石性地位。

(一)专业是高职教育的龙头

基础教育讲课程、高等教育重学科、职业教育重专业,这是一个不争的事实,也说明了专业建设在高等职业教育这个类型教育中的重要地位。职业教育作为一个类型教育,它的重要任务是培养社会主义现代化生产建设管理服务第一线的技术技能人才,必须坚持以就业为导向,以服务为宗旨,走产学研相结合的发展道路,要坚持职业化改革发展导向,培养职业化专门人才,必须瞄准产业、职业和岗位。

正因为如此,如何对接区域经济社会发展设置相应的专业,并办好专业为区域经济社会发展服务,就成为高职教育最为重要的任务,办好专业、注重学业、强化职业、重视就业、鼓励创业、成就事业,便成为学校最为重要的使命。正因为如此,国家确立并大力发展职业教育以后,就一直把专业建设作为工作重点。2000 年率先实施的新世纪教改工程,2006 年开始的国家示范建设,2010 年开始实施的国家骨干学校建设,2015 年开始的高职教育创新发展行动计划,都在学校建设的同时把专业建设放在突出位置。国家示范建设重点建设 500 个左右特色专业,国家骨干学校建设也是 500 个左右重点专业,而创新发展行动计划则是 3000 个骨干专业。特别是在 2011 年,教育部、财政部还实施了"专业服务提升产业发展能力"专项,进一步强化了四个不同类型的专业建设工作,这些实际告诉我们,专业始终是高职教育的最爱,拥有若干招生受青睐、就业受欢迎的高水平专业,就是高水平高职学校的基础,学校必须紧紧抓住抓好专业建设这个龙头。

(二)专业建设是一项系统工程

高职教育必须坚持以专业建设为龙头,而专业建设也是一项系统工程。

科学合理设置专业。学校要从经济社会发展需要、从人才培养需求、从区域经济社会特点和自身条件出发,根据遵循需求和条件分析的方法,对照国家专业目录,科学设立专业,并建立专业建设动态调整机制。与此同时,要从知识体系、职业分类等统筹形成学校专业群结构。

认真落实专业建设保障。办专业是有要求的,也是有条件的。这些条件,包括教师(含校内专职和校外兼职)、校内实训实验基地设施和校外实践实习基地,当然还有规章制度及其他公共性必备条件。我们必须在强化保障的基础上抓好专业建设的相关工作,并根据市场需求和学校条件决定专业的存废和发展。

培养好高水平专业带头人。专业带头人是专业建设的灵魂人物,不仅承担着设计专业的任务,而且往往也是专业市场的开拓者、专业主体课程的承担者,在一定程度上决定着专业建设的方向和水平。因此,引育好高水平专业带头人始终是学校师资队伍建设和管理队伍建设共同的任务,也是一个学校最大的内涵建设,让专业带头人成为政治上最为鲜红、社会上最受尊重、经济上最为优厚的人,应该成为我们建设和管理的文化。

大力加强专业教学团队建设。建设高水平专业,不仅需要物质条件,更需要高水平师资队伍来引领和参与。在专业带头人的带领下,打造一支高水平团队,是我们的重点工作,围绕年龄结构、专兼结构、学缘结构、知识结构、性别结构,按照可持续发展要求,重视专业教学团队建设,我们必须有规划、有实践,尤其是要在打造专兼结合的双师型团队上下功夫。正是从这个意义上说,2019年教育部等印发的《深化新时代职业教育"双师型"教师队伍建设改革实施方案》(教师〔2019〕6号)是极为重要的,要认真贯彻,教育部启动360个结构化教学创新团队建设的举措是战略性的,要积极争取。

要形成专业建设支持体系。专业建设和发展与基地、市场、就业等密切相关,必须坚持理论联系实际,做到"三个对接"。为此,各学校都在尝试建立专业建设指导委员会制度,但专业建设指导委员会如何形成有效工作机制,我们认为必须尽力实现"六合一",即一个专业建设指导委员会,形成一批专业建设指导专家,一批行业企业兼职教师,一批学生就业基地,一批教师市场调研和社会服务基地,一批学生顶岗实习和社会调研基地,并真正发挥委员会的基础性作用。

专业建设是一项系统性工程,还会涉及一系列工作内容,应当重视并切实做好。

(三)从重视专业到加强专业群建设

专业并不是孤立的,而是相互联系、相互支撑的。在重点专业带动下进行若干组合,就形成了专业群,本轮"双高计划"明确要集中力量建设一批高水平高职学校和高水平专业群,再一次把专业群摆到了十分重要的位置。其实,早在 2006 年国家示范建设时,我们就有了重点专业带动特色专业群的概念,只不过当时没有引起重视罢了。当前,高职教育进入内涵建设新阶段,从专业到专业群是一个历史的必然和理性的选择。

1. 正确认识和把握专业群

关于什么是专业群,不同专家和学者也有不同的理解。一般认为,专业群应该是指具有相关的专业学科基础、相近的专业技术领域、相同的工程对象,由一个重点专业带动其他若干专业而组成的集群,它们可以在教学资源、基础课程等方面实现共享。组建专业群,既是为了发挥重点专业的带动作用,也是为了实现教师、课程及教学资源的综合共享,有利于更好地为学校优化教学管理,更好地为产业发展服务,更好地实现投入和产出,也有利于专业集群长期可持续发展。

2. 抓准专业群建设的关键点

专业群建设是一个十分复杂的系统工程,必须认真研究组群逻辑。在这一点上,必须注重外部适应性即紧贴产业结构发展变化,必须注重内部相关性即着力研究专业之间的相关性和共享性,必须注重内外协同性,努力促进人才培养供给侧和产业需求侧结构要素全方位融合,带动形成教育与产业、学校与企业、专业群与岗位群紧密对接协同的良好布局。

3. 抓牢专业群建设的核心点

专业群建设必然导致原有课程的解构和重构,课程体系的重构是专业群建设的核心所在。我们一定要站在"群"的角度对课程进行一体化设计、模块化改革,并整合项目化资源,使课程体系更加优化合理,为高职教育办出特色、办出水平、提高质量奠定基础。

4. 从建群到推进治理体系变革

提升学校治理水平也是"双高"建设的重点,而专业群建设和改革也有利于学校治理组织体系的变化和优化,专业群可打破壁垒,使组织体系更加开放,推动权责下沉,使基层活力释放更加充分,通过以群建制,使教育教学对接市场更为有效。也就是说,以教育教学变革推动管理发展变革。

五、改革为要

高等职业教育作为高等教育新的类型,担负着引领职业教育现代化、构建中国特色职业教育发展道路和模式的重任,在经历了较长时间的类型与层次之争,经受了较长时间"低水平低质量"打压之后,当前发展势头虽很好,但仍承受着社会吸引力不强、社会认可度不高的巨大压力。要提高高等职业教育质量,真正打造一批引领改革、支撑发展、中国特色、世界水平的高职学校和专业群,就必须坚持不懈地推进改革,真正把《国家职业教育改革实施方案》明确的各项任务和"双高计划"的要求落到实处。

(一)积极推进类型特色改革和建设

打造职业教育类型特色,构建中国特色现代职业教育体系,是《国家职业教育改革实施方案》明确的重要任务。也就是说,要有5—10年时间实现三个转变。其中之一,就是由参照普通教育办学模式向企业社会参与、专业特色鲜明的类型教育转变,这实际上明确肯定了职业教育是一个类型,我们的任务就是要把职业教育的类型特色打造好。

首先,必须建立完善的产教融合制度,建立责权相协调的校企合作制度,目的要改革完善实践教学制度,真正把国务院关于深化产教融合的一系列制度要求落到实处,在高职教育领域把创新链、产业链、人才链、教育链衔接好。

其次,必须认真抓好"1+X"证书试点深化。要在各专业逐步推广和完善"学历证书+若干职业技能等级证书"制度试点工作,既要完善充实和丰富优化学历证书教学内容,形成良好的课程体系,又要积极吸引产业发展前沿和行业职业实践前沿,通过开发X证书拓宽和深化教学内容改革,培养复合型技术技能人才,提高就业创业能力。

再次,必须着力解决好体系建设问题。要努力完善纵向贯通、横向融通的中国特色现代职业教育制度体系建设,构建起从中等职业教育到专科高等职业教育、本科职业教育的完整体系,积极探索职业教育本科试点,推进应用型本科转型,形成高层次应用型人才培养体系。

(二)积极推进高职教育人才培养模式改革

专业建设是职业教育建设和改革的龙头,这是毫无疑义的。要改革人才培养模式,必须从专业建设开始,尤其要在深化产教融合和校企合作上下功夫,这在前面已经论及。与此同时,我们仍需要明确强调的是,我们的教育也是高等教育,必须培养德智体美劳全面发展的人才。因此,专业建设必须处理好与各方面的关系。

要推进专业建设和素质教育的有机融合。重视素质教育是贯彻党的教育方针的重要内容,必须做到有目标、有载体、有科学的方法和途径,要创造条件构建起相对完整的素质教育体系,而素质教育既有一般性通识性的教育,更需要有结合专业深入进行的教育。如何构建与专业特点相适应的素质教育和创新创业教育体系,这是高职教育人才培养模式改革的重点。

要推进专业建设与信息技术的有机融合。现代社会科学技术日新月异,"云物大智"深刻改变着我们的世界,推动着我们的教育教学改革。如何把当代最新信息技术与教学内容有机融合,这是一个新的课题,既意味着设备更新,更意味着理念更新,当然也要求广大教师和教学工作者加强学习,更新知识。

要大力推进教师、教材、教法改革。"三教"改革是贯彻《国家职业教育改革实施方案》的重要内容,教育部还陆续专门印发了文件提出了具体要求,建设双师型结构化教学团队,推动工作手册式和活页式教材建设,充分利用现代技术更新教学方法,都将是改革的重点。对此,我们必须大力推进。

（三）积极推进治理体系和模式变革

提升院校治理水平本身也是改革发展的重大任务之一,而站在深化改革的角度看,"双高计划"确实有治理变革的众多元素,值得我们认真研究和落实。

专业群建设范式与组织变革。"双高计划"采用高水平学校和高水平专业群相结合的布局模式,大大提高了专业群在我国高职教育质量工程中的地位,更体现了与"双一流"相匹配的范式。而专业群的组建是有逻辑和原则的,专业群组建后既意味着院(系)组织的调整和优化,也需要建立跨院(系)的柔性管理组织,无论采用什么样的模式,院(系)扩大自主权是必然的,校院两级治理体系建设改变也是必然的。

国际化与治理模式变革。提升国际化水平是"双高计划"建设的重点,国际化形式多种多样,有中外合作的专业课程建设,有引进国外优质教育资源建设,有学专业或学语言的外国留学生,有走出去的境外办学机构。进一步的发展必然会对我们原有的条块管理模式产生冲击,我们要探索改进和努力优化提高。

重点与一般相结合的建设机制与治理变革。按照目前的规则,高水平学校同时重点建设两个专业群,高水平专业群建设单位则为一个重点建设专业群,这就形成了学校建设与专业群建设,重点建设专业群与非重点建设专业群以及专业群内跨院(系)专业在治理上的一系列矛盾,需要我们统筹优化,以切实提升治理机制改革和绩效。

六、小结

中国特色高水平高职学校和专业群建设计划第一轮遴选已经结束,建设工作也已经开始,但它对高职教育的影响是很大的,尤其是"九选五"对学校命运的影响和决定更让人刻骨铭心。我们认为,这对中国高职教育未来发展,尤其是内涵建设一定会产生巨大影响,前面只是从不同侧面进行了一些解析和思考。从具体的文本看,《中国特色高水平高职学校和专业建设计划项目遴选管理办法(试行)》第三章第十条、第十一条、第十二条都有了具体表述,可归纳理解为:

第一,办学必须有基本的条件,必须达标托底,对于追求高目标、高水平的学校尤其如此,基础条件是底线。

第二,产教融合、校企合作是高职教育作为一个类型的特征,必须建立起这个框架,并形成良性运行机制。

第三,师资队伍建设是办学治校的关键,必须千万重视,加大力度持续加以建设。

第四,制度和文化建设必须适应学校不同发展阶段,切实加以重视,加大建设力度,这也是办学治校的基本要素。

第五,内涵建设和标志性质量指标,始终是衡量办学水平的重要参照,我们要千方百计积极争取。

第六,改革创新和探索精神,往往决定着一个学校发展的高度和未来,必须高举旗帜大力弘扬。

【参考文献】

[1]国务院.国家职业教育改革实施方案[Z].2019.

[2]教育部,财政部.教育部、财政部关于实施中国特色水平高职学校和专业建设计划的意见[Z].2019.

[3]教育部,财政部.教育部财政部关于中国特色高水平高职学校和专业建设计划项目遴选管理办法(试行)[Z].2019.

[4]谢俐.中国特色高职教育的方向、方位与方略[J].现代教育管理,2019(4).

[5]陈子季.以大改革大发展推动我国职业教育全面振兴[J].中国职业技术教育,2020(1).

(本文原载于《武汉职业技术学院学报》2020年第3期)

以高水平党建引领"双高计划"行稳致远

摘　要:中国特色高水平高职学校和专业建设计划(简称"双高计划")的重要定位决定了必须切实加强党的领导,正确把握新时代党建工作的总要求,坚持和完善党委领导下的校长负责制,充分发挥高职院校各级党组织的功能作用,把党建工作着力点聚焦在立德树人上,把"双带头人"的培养作为党建工作重点,着力提升学校思想工作质量和效果,要高度重视、正确认识、精准把握,着力把党的建设落到实处,真正让共产党的旗帜在"双高"建设中高高飘扬。

关键词:高水平;党建;"双高计划"

《国家职业教育改革实施方案》明确指出,要"加强党对职业教育工作的全面领导","要充分发挥党组织在职业院校的领导核心和政治核心作用,牢牢把握学校意识形态工作领导权,将党建工作与学校事业发展同部署、同落实、同考评","加强基层党组织建设,有效发挥基层党组织的战斗堡垒作用和共产党员的先锋模范作用,带动学校工会、共青团等群团组织和学生会组织建设,汇聚每一位师生员工的积极性和主动性"。教育部、财政部印发的《关于实施中国特色高水平高职学校和专业建设计划的意见》对党的领导和建设做了具体的强调,并明确把加强党的领导作为中国特色高水平高职学校的首要责任和第一任务,列为十条建设内容的第一条,位列"一加强、四打造、五提升"之首。对此,必须高度重视、正确认识、精准把握,并着力把党的建设落到实处,真正让共产党的旗帜在"双高"建设中高高飘扬。

一、"双高计划"的重要定位决定了必须切实加强党的领导

为深入贯彻全国教育大会精神,落实《国家职业教育改革实施方案》,集中力量建设一批引领改革、支撑发展、中国特色、世界水平的高职学校和专业群,带动职业教育持续深化改革、强化内涵建设,实现高质量发展,教育部、财政部遵照党中央、国务院的决策部署和《中国教育现代化 2035》的工作安排,启动实施中国特色高水平高职学校和专业建设计划(简称"双高计划")。从"双高计划"的决策背景、实施要求及功能定位来看,其重要性和意义非同寻常。也正因为如此,党的领导和党的建设在其中的要求相当重要。

(一)充分认识"双高计划"的地位和重要性

从决策背景来看,这是党中央、国务院的重要决策。"双高计划"从学习贯彻党的十九大精神时开始酝酿,逐步纳入 2018 年工作要点,又经过反复酝酿,纳入了新成立的中央教育工作领导小组 2018 年工作要点,决策过程较长,酝酿程序周密,并在 2019 年初纳入《国家职业教育改革实施方案》《中国教育现代化 2035》,正式成为党中央、国务院的重大决策,由教育部、财政部组织实施。正因为如此,我们有理由认为,"双高计划"是继"双一流"以后国家的重大决策,关乎今天,关乎明天,关乎未来,也关乎高职类型特色打造,更关乎现代职业教育体系构建,关乎中国特色教育发展道路。

从实施要求看,"双高计划"的目标是引领改革、支撑发展、中国特色、世界水平。也就是说,它不同于示范建设时期的重点专业人才培养模式改革,也不同于骨干高职院校建设时期的重视校企合作体制机制和工学结合人才培养模式,而是把引领改革、支撑发展、中国特色、世界水平放在突出重要位置。其中,引领改革(即引领整个高职教育贯彻落实《国家职业教育改革实施方案》)是重大要求,支撑发展(即为现代化经济体系建设和全面小康社会建设,为"一带一路"倡议、精准扶贫等国家发展重大战略性工作提供人才乃至技术支撑)是重点要求,形成中国特色高等职业教育的话语和标准体系是重要内容。对此,必须有更高的认识。

从功能定位看,这是要推动类型教育的形成和作用的发挥。正如《国家职业教育改革实施方案》所指出的那样,"职业教育与普通教育是两种不同教育类型,具有同等重要地位"。"双高计划"的实施,就是要通过打造技术技能人才培养高地和技术技能创新服务平台,支撑国家重点产业、区域支柱产业发展,引领新时代职业教育实现高质量发展,并形成高等职业教育作为一个类型教育的政策、制度、标准体系,形成中国特色职业教育发展模式,为中国教育现代化和中国高等教育结构优化奠定扎实基础,实现高等职业教育可持续发展。

从这些意义上说,"双高计划"不同于以往,并不是简单的优中选优,而是通过项目计划实施,撬动改革、推动改革,铸就中国特色高等职业教育品牌学校和专业,形成中国职业教育制度、标准、体系和范式。正因为如此,方向和定位尤其重要,党的领导必须加强并贯穿其中。

(二)加强党的领导是"双高计划"建设的重大政治前提

党的十九大报告强调,中国共产党领导是中国特色社会主义最本质的特征和中国特色社会主义制度的最大优势。《中国共产党章程》规定:"党政军民学,东西南北中,党是领导一切的。"党章规定既明确了在中国特色社会主义建设进程中坚持和加强党的领导,又明确了党的领导是全方位的,是全面的领导,覆盖经济、政治、文化、社会、生态等各个领域,还明确了党的领导是全过程的和全方位的,既包括党政机关、企事业单位以及各种社会团体,又包括制定法律法规和规章制度及治国理政的各方面和全过程,主要体现在总揽全局、协调各方,以此来推动学校在各项工作中树牢"四个意识"、坚定"四个自信"、切实做到"两个维护",始终与以习近平同志为核心的党中央保持高度一致。就高等教育而言,更要认真学习习近平总书记在全国教育大会和全国高校思想政治工作会议等重要会议上的一系列重要讲话,努力做好"四个服务",在中国共产党领导下,扎根中国大地办学,培养中国特色社会主义建设者和接班人,确保社会主义办学方向不动摇不偏航,为中华民族伟大复兴提供坚强人才保证。

二、正确理解和把握"双高计划"建设中党建工作的要求和任务

(一)要正确把握新时代党建工作的总要求

习近平总书记在党的十九大报告中全面阐述了新时代党的建设总要求,这是做好新时代党建工作的根本遵循和行动指南;深刻阐明了新时代加强党的建设的重大意义和迫切要求,并明确指明了党的建设的总要求:坚持和加强党的全面领导,坚持党要管党、全面从严治党,以加强党的长期执政能力建设、先进性和纯洁性建设为主线,以党的政治建设为统领,以坚定理想信念宗旨为根基,以调动全党积极性、主动性、创造性为着力点,全面推进党的政治建设、思想建设、组织建设、作风建设、纪律建设,把制度建设贯穿其中,深入推进反腐败斗争,不断提高党的建设质量,把党建设成为始终走在时代前列、人民衷心拥护、勇于自我革命、经得起各种风浪考验、朝气蓬勃的马克思主义执政党。一定要认真学习好党的十九大精神,把党的建设特别是党的政治建设摆到突出位置,树牢"四个意识"、坚定"四个自信"、坚决做到"两个维护",坚持以习近平新时代中国特色社会主义思想武装自己,努力把党建工作做得更好,切实把党的领导在基层落到实处,以此带领学校各项工作全面开展,切实提高办学治校和教书育人水平。在具体工作中,要坚持在党的领导功能化、党建工作体系化、党风廉政建设常态化方面积极作为。

(二)要坚持和完善党委领导下的校长负责制

落实和加强"双高计划"建设学校的党建工作必须明确学校的领导体制,按照《中华人民共和国高等教育法》《中国共产党普通高等学校基层组织工作条例》的规定,高等职业学校实行党委领导下的校长负责制,"双高计划"是事关高职教育改革方向和发展长远的重大项目,其领导体制必须明确并不断丰富完善。

一要坚持党委领导下的校长负责制。突出党委抓大事、谋大局、做决策、保稳定的责任,明确要求党的领导首先是政治领导,确保党委成为学校的领导核心,要坚持党要管党、从严治党,党抓发展、科学和谐,党主育人、价值引领,党蓄队伍、凝心聚力,党谋幸福、师生至上的要求,在事关学校发展方向、党的建设、干部人才队伍、思想政治教育和立德树人、文化建设、意识形态等方面发挥党的领导作用,支持校长在教学、科学行政管理等方面依法行使职权。

二要建立健全各项议事规则和制度。制度建设是党的重要建设,也要贯穿于党的

领导和党的建设始终,在党的领导体系中,要规范党委会工作制度,规范校长办公会议工作制度,要建立党员代表大会制度,要建立健全"三重一大"重要决策和议事规则,确保权力在制度框架内、在阳光下运行。

三要充分发挥党委领导带动工青妇团学等群团组织的作用。学校要创建高水平学校,必须调动各方力量和积极因素,工会、青联、共青团、妇委会、学生会是重要组织,更是重要力量。一定要加强校党委对群团组织的领导,在党委领导下,围绕高水平学校和高水平专业建设,围绕学校改革发展要求,开展巾帼创优、岗位创业、青春奉献等多种活动,形成在党委领导下党政工团齐抓共促的良好氛围和局面,促进高水平建设按照既定目标要求不断前行。

(三)要充分发挥高职院校各级党组织的功能作用

关于党的建设,党中央、中共中央组织部、中共教育部党组提出过一系列要求,并有明确的部署。党的十九大以后,中共中央组织部和中共教育部党组认真学习贯彻习近平新时代中国特色社会主义思想,对高校党建工作做出了进一步的安排,并提出了明确的要求,集中体现在中共中央组织部、中共教育部党组《关于印发〈高校党建工作重点任务〉的通知》(组通字〔2018〕10号)等文件中。

一要加强校党委科学决策能力建设。高职院校的党委担负着党管治党、办学治校的主体责任,如何把上级党组织的方针政策落到实处,并创造性地执行好是一项重大任务;如何凝聚各类资源和智慧进行科学决策、民主决策、正确决策是根本要求;如何推进学校人才培养工作高质量发展是具体抓手;如何为师生高品质生活服务是重要工作。因此,高职院校党委必须努力提高政治站位,努力做到"四个过硬",即把方向过硬、管大局过硬、做决策过硬、保落实过硬。

二要加强对院校二级学院(系)党组织领导能力的培养。院(系)党组织的建设加强和作用发挥,是新时代高职院校党建工作的重点内容之一。院(系)党组织是高等职业院校办学治校的中坚力量,对加强党的建设起着承上启下的作用,对巩固党组织在学校的领导权具有十分重要的作用。按照我国高校现行的领导体制,院(系)实行党政共同负责制的领导体制,重大问题采用党政联席会议的制度;同时,要不断加强院(系)党组织建设,具体来说,要做到"五个到位",即党组织领导和运行机制到位、政治把关作用到位、思想政治工作到位、基层组织制度执行到位、推动改革发展到位。

三要抓好高职院校基层党支部建设。基层党支部在高职院校党建工作中处于基础地位,在相当长的一段时期内,存在着管好自己还是着眼大局的选择问题。按照新时代党建工作尤其是党的全面领导的总要求,基层党支部必须在管好自己、着眼全局上下功夫、求实效,具体要做到"七个有力",即教育党员有力、管理党员有力、监督党员有力、组织师生有力、宣传师生有力、凝聚师生有力、服务师生有力。

(四)要把党建工作着力点聚焦在立德树人上

一要深入推进习近平新时代中国特色社会主义思想进教材、进课堂、进头脑,培育和践行社会主义核心价值观,努力构建全员、全过程、全方位育人体系,以价值引领为前提,抓好知识传授、能力培养,切实把立德树人根本任务落到实处。

二要切实讲好思想政治理论课。认真贯彻全国高校思想政治工作会议精神和习近平总书记在学校思想政治理论课教师座谈会上的重要讲话精神,把思想政治理论课当作立德树人的关键课程来抓,努力按照"六项要求"建设高水平师资队伍,按"八个相统一"建设高质量思想政治理论课程,同时抓好课程思政的落实,各类课程与思想政治理论课同向同行,形成协同效应。

三要明晰高职学校服务国家战略和区域经济社会发展的定位。坚持高水平高职学校为人民服务、为中国共产党治国理政服务、为改革开放和社会主义现代化建设服务、为中国特色社会主义服务的方针,着力为区域经济社会发展培养高素质技术技能人才,发展高质量培训,服务区域经济和中小微企业转型升级,同时致力于服务制造强国建设、实体经济振兴、创新驱动发展、脱贫攻坚、乡村振兴、军民融合、区域协调发展等重大战略以及"一带一路"倡议。

(五)要把"双带头人"培养作为党建工作重点

"双高计划"采用高水平学校和高水平专业群相结合的"双高"模式。高水平专业群建设是"双高计划"的重要内容,并为高水平学校建设奠定基础。因此,高水平专业带头人队伍建设将成为重中之重。

一要充分认识高水平专业带头人建设的重要性。专业带头人是专业人才培养方案的制订者和实施者,也往往是专业重要课程的担纲者,更是专业教育的组织者、专业文化的培育者,还是学生就业和职业发展的引领者。因此,专业带头人影响乃至决定着专业建设的方向和内涵,专业带头人的地位十分重要。

二要切实贯彻"双带头人"队伍建设工作总要求。专业带头人的重要性决定了"双带头人"培养的必要性。中共教育部党组印发《关于高校教师党支部书记"双带头人"培育工程的实施意见》,明确要求在2020年底前基本实现"双带头人"全覆盖,使教师党支部书记普遍成为"双带头人",在承担党的建设和专业建设双重责任中彰显"头雁效应",这应当是"双高计划"对高水平专业带头人党建工作的基本要求。

三要培养和造就一批政治强、业务精的高水平专业带头人。要按照明确选任标准、规范选拔方式、聚焦重点任务、着力培养培育、加强示范引领的工作要求,通过高水平专业群的建设,在高职战线培育和打造一大批德技双馨的"双带头人",助推高职教育高质量发展。

(六)要着力提升学校思想工作质量和效果

思想政治工作是中国共产党的最大优势,探索形成"三全育人"格局是高等学校办学治校的宝贵经验。在"双高计划"的实施过程中,必须在聚焦立德树人根本任务的同时,着力在提升思想政治工作质量上下功夫、见成效。

一要坚持问题导向。要根据新时代、新形势和新对象,尤其是把"00后"大学生的特点和高等职业教育作为类型教育的特征,有针对性地开展思想政治教育和思想政治工作,既要抓住实践教育、劳动教育这些重点,也要抓住济危扶贫和心理健康这些敏感问题做好针对性工作,抓住就业创业、留学升学这些具体环节做好教育引导工作,做到有的放矢,有针对性地解决问题。

二要着力育人体系建设。围绕统筹推进课程育人,着力加强科研育人,扎实推动实践育人,深入推进文化育人,创新推动网络育人,大力促进心理育人,切实强化管理育人,不断深化服务育人,全力推进资助育人,积极优化组织育人,探索全方位立体化育人体系,切实提高育人质量和水平。

三要积极构建学校、家庭、社会互动育人格局。要主动构建学校与家庭互动协同育人机制,重视学校与家庭同心同行,积极发挥良好家风的育人作用,要主动关心社会形势和社会思潮,注意在社会动态发展变化中探索育人规律,创新育人动态,使学校思想政治工作适应时代和社会要求,做到有的放矢,形成良好效果。如何发挥校友在育人中的特殊功能,更是一个有待研究和开发的大课题,需要在高水平建设中突破。从某种意义上说,高水平建设实质上就是育人质量高水平、校友发展高水平。

三、强化党建工作在"双高计划"建设中的任务落实

(一)要把党建工作贯穿"双高计划"全过程

一要在"双高计划"项目方案设计时充分体现党的领导,各级教育行政部门和高职学校要认真学习习近平总书记关于教育工作的重要论述,并将其作为设计和制订项目建设计划与任务的根本遵循,把党的领导和党的建设作为项目建设的重要内容,以一流党建引领高水平建设。

二要切实做到党建工作与项目建设同部署、同落实。在项目实施过程中,要突出党的领导作用,坚持党的建设和专业建设、教育教学改革一起布置、一同落实,真正把党委领导作用、党支部战斗堡垒作用和党员先锋模范作用发挥在建设计划和项目实施全过程,根据工作需要,相关重大项目组可以成立临时党组织。

三要把党建工作成效作为衡量计划和项目成效的重要内容。考核评价"双高计划",必须把完成党建工作的重点任务、发挥党组织领导作用作为重要内容,真正做到党建和业务两手都要抓、两手都要硬,并落实好建设过程中的党风廉政建设责任制,确保"双高计划"建设和学校各项工作沿着正确方向行稳致远。

(二)切实把党建工作落到"双高"建设中

高校的党建工作是一项系统工程,科学设计难,落到实处更难,高校党组织必须切实把责任担在肩上,并努力把工作落到实处。

一要确保主体责任落到实处。要按照党委主体责任、党委书记第一责任、纪委监督责任、班子成员一岗双职责任、全校上下齐抓共管责任的要求,抓好党建主体责任的

落实,尤其是要强化学校党委的主体责任、党委书记的第一责任,把党的建设和全面从严治党工作抓实、抓到位。

二要着力加强校院(系)两级干部队伍建设。要按照忠诚、干净、担当的干部队伍总要求,贯穿德才兼备、以德为先理念,突出讲政治第一,坚持政治领导,站稳政治立场,严守政治纪律,加强政治历练,提高政治能力,强化政治担当,善于从政治上把握问题和大局,在各项工作上坚持从讲政治的高度奋发有为、奋发作为。

三要打造更加坚强有力的组织体系。要切实加强基层党组织建设,坚持和完善党委领导下的校长负责制,坚持"三重一大"党委决策制度,提高领导班子整体战斗能力;完善二级学院(系)党政联席会议决策制度,充分发挥二级学院(系)党组织的政治功能,加强教师党支部和学生党支部建设,充分发挥基层党支部在创新创业、创先争优中的战斗堡垒作用,使基层党组织的凝聚力、创造力和战斗力明显增强。

四要充分发挥党员先锋模范作用。要动员号召全体共产党员认真按照《中国共产党章程》对新时代共产党员的要求,讲党性、守规矩、做先锋、当模范、善带头,为党的旗帜增光添彩,为党的事业多做贡献。

五要切实带动工会、共青团组织充分发挥作用。工会和共青团是中国共产党领导下的群众组织,也是中国共产党发挥领导作用的桥梁。共青团组织还是党的后备军和助手。学校各级党组织要高举旗帜、善用抓手、加强领导、尊重自主、强化引领、形成合力,为学校事业发展和立德树人强化正能量。

(三)让共产党员的旗帜在"双高"建设中高高飘扬

从国家示范(骨干)校建设,到优质校建设,再到"双高计划"建设,并不是简单的优中选优,而是以持续的政策供给,有计划、有步骤、有重点地推动职业教育发展。作为党中央、国务院的重大决策,它站位更高、要求更多,需要政府主管部门的有力组织,需要学校的积极参与,更需要师生的努力参与;作为党建工作的重要内容和抓手,共产党员先锋模范作用的发挥十分重要,党建工作正能量更为关键。

一要坚持"三个为主体"导向。高职院校要按照"中青年学科(学术)带头人以共产党员为主线,中青年骨干教师以共产党员为优势,'三育人'及各类先进个人以共产党员为多数",充分发挥共产党员在"双高计划"建设中的主力军作用,并在建设计划实施中不断提升党组织和共产党员的凝聚力、向心力。

二要动员教师党员积极带头参与建设活动。按照"敬业爱校我带头、教书育人我带头、改革创新我带头、廉洁自律我带头、和谐建设我带头"的党员带头活动要求,在"双高计划"重大项目建设过程中,全体共产党员一定要提高政治站位,认真履行党员权利义务,充分发挥先锋模范作用,让共产党员的旗帜在"双高计划"中高高飘扬。同时,更要在"双高计划"中考验、考察、培养和使用党员,并通过项目建设,动员和召唤更多青年知识分子向党组织靠拢并发挥作用。

三要积极发挥学生党建的作用。在青年学生中加强党建工作是党的一项重要政策,它有利于优化党员结构,使我党继往开来,永葆生机和活力,要把"双高"项目建设当作引领学校各项工作发展的过程,更当作引领育人的过程,注重学生党建工作数量与质量、过程与结果,党建与育人的统一。在现有学生党员中,要积极开展尊师爱校、勤学苦练、社会实践、公益服务、创新创业等带头活动,让学生党员成为成长成才的榜样、立德树人的标杆。

【参考文献】

[1]谢俐.中国特色高职教育发展的方位、方向与方略[J].现代教育管理,2019(4):1-5.

[2]周建松.新时代高等职业院校党建工作的使命与担当[J].中国职业技术教育,2018(22):5-9.

[3]周建松.在"双高计划"建设中加强党的领导[N].中国教育报,2019-04-30(9).

(本文原载于《高等职业教育》(天津职业大学学报)2019年第5期)

以"双高计划"引领高职教育高质量发展的思考

摘　要:高质量发展是新时代我国高职教育发展的核心主题。相对于规模发展,高质量发展是基于优化高等教育结构和基于打造鲜明的类型特色而言的,是一项十分复杂的系统性工程,应明确其价值导向、问题导向、目标导向、改革导向和发展导向,以"双高计划"为引领,集中力量建设一批引领改革、支撑发展、中国特色、世界水平的高职学校和专业群,带动职业教育持续深化改革,推进高职教育高质量发展。

关键词:"双高计划";高职教育;高质量发展;类型特色

经过较长时间的酝酿、筹备和协调,教育部、财政部《关于实施中国特色高水平高职学校和专业建设计划的意见》(教职成〔2019〕5 号)(以下简称"双高计划"意见)已正式印发,"双高计划"从开始酝酿就受到了广泛关注,从文件发布之日起便引起各方的极大兴趣。"双高计划"意见明确指出:"要集中力量建设一批引领改革、支撑发展、中国特色、世界水平的高职学校和专业群,带动职业教育持续深化改革,加强内涵建设,实现高质量发展。"[1]高职院校将其作为改革发展的重要机遇和契机,省级教育行政部门作为重要抓手和推动力,相关的申报、评审等工作都在全方位展开,建设工作也已经启动。"双高计划"的实施就是要舞起职业教育的龙头,引领职业教育高质量发展。也就是说,引领高职教育高质量发展,带动职业教育改革创新,应该是"双高计划"的重要目标之一。而如何发挥"双高计划"的引领作用,正是决策部门和高职战线同行密切关注的大事。

一、高质量发展是新时代高职教育发展的时代主题

习近平总书记在党的十九大报告中明确指出,中国特色社会主义进入新时代,各项工作都要有新气象,各方面工作都要有新作为,在新的历史发展时代,经济增长方式将由规模扩张转向高质量发展。[2]对于职业教育尤其是高等职业教育而言,在新时代,由于其具有跨界的属性,高质量发展就显得尤为必要,而其重要性则更加突出,因为高职教育是与产业发展关系最密切的教育类型,它的发展对于我国经济转型和产业升级具有重大意义。

(一)高质量发展是相对于规模发展而言的

如果从 20 世纪 80 年代短期职业大学算起,高等职业教育作为一个新的类型已经

有近 40 年的发展历史,先后经历了 20 世纪的探索摸索阶段和世纪之交及其后的规模发展阶段,特别是近 20 年来,国务院先后就大力发展职业教育,加快发展职业教育颁发过若干重要决定,教育部、财政部、国家发改委等部门也出台过许多实质性支持措施。应该说,近 20 年来,我国高等职业院校数量逐年增加,在校学生规模不断扩大,基本达到了国家关于高中后教育中高职教育与本科教育同占"半壁江山"的目标要求;规模扩张十分迅速,已经形成了世界上规模最大的职业教育体系,这些成绩应予以充分肯定。同时也应看到,与快速扩张的规模相比,高等职业教育在质量提升、特色打造等方面还存在着不少问题,地区之间发展更是不均衡,人才培养质量也存在着参差不齐的情况。因此,为了适应经济社会发展进入新阶段,经济发展模式转入高质量发展的新要求,必须把高质量发展放在突出位置,引领新时代职业教育高质量发展。

(二)高质量发展是基于优化高等教育结构要求而言的

从事物发展的进程来看,我国的高等职业教育经历了急需的探索性扩张发展阶段、扩张性规模发展阶段和基于适需的内涵式发展阶段,它对我国教育和人才结构的优化、技术技能人才的供给、整个高等教育结构的改善均起到了十分重要的作用。但随着高等教育从大众化向普及化的深入,规模扩张已经不再成为我国高等教育的主要问题,而结构问题便成为新的突出问题。《国家职业教育改革实施方案》(以下简称"职教二十条")第三条明确指出,推进高等职业教育高质量发展,要把发展高等职业教育作为优化高等教育结构和培养大国工匠、能工巧匠的重要方式,使城乡新增劳动力更多接受高等教育。高等教育结构优化的任务历史性地落在了我国高等职业教育发展身上。在这种意义上,国务院做出高等职业教育大规模扩招 100 万的举措,在积极推动应届高中毕业生、中职毕业生报考高职院校的同时,鼓励退役士兵、下岗工人和农民工等作为其他来源考生报考高职院校也是具有战略意义的,是一种新时代的质量观。

(三)高质量发展是基于打造鲜明的类型特色而言的

"职教二十条"开宗明义,"职业教育和普通教育是两种不同教育类型,具有同等重要地位",并同时指出,"经过 5—10 年时间,职业教育基本完成由政府举办为主向政府统筹管理、社会多元办学的格局转变,由追求规模扩张向提高质量转变,由参照普通教育办学模式向企业社会参与、专业特色鲜明的类型教育转变"[3],其中第三个转变很值得思考和研究。实际上,它也是高度的质量问题。也就是说,要从主要模仿高等专科教育,带有明显的"本科压缩饼干"形式,从借鉴高等专科教育的专业目录、课程体系、运行模式,探索构建自己的体系,包括产教融合、校企合作、社会和行业企业广泛参与等。正是从这种意义上说,要通过努力,建成覆盖大部分行业领域,具有国际先进水平的中国职业教育标准体系,使世界上第一个明确高等职业教育法律地位的中国高等职业教育真正具有鲜明的类型特色,形成具有知识产权和标准体系的高等教育类型和层次体系,从而形成真正有特色和高质量的高等职业教育。

二、高职教育高质量发展是一项十分复杂的系统工程

高质量发展中的"高"是一个程度副词,是相对于"低"而言的。作为一个与粗放型发展相对应的词,高质量发展是相对于规模发展而言的。同时,作为一个发展过程,它也是与发展阶段相协调的。如果说 20 世纪 80 年代初开始的摸索探索是 20 年,世纪之交的规模发展又是 20 年,那么 2019 年从全面贯彻"职教二十条"和"双高计划"意见开始,中国高职教育进入第三个 20 年,可理解为转型发展时期,也可称为高质量发展时期。这个时期高职教育的发展主要体现出以下三个特征。

(一)高质量发展要以规模发展为基础

规模与质量之间的关系是对立统一的,作为推进高等教育大众化的重要抓手,作为城乡新增劳动力更多接受高等教育的路径,作为优化高等教育结构的重要方式,高等职业教育高质量发展必然离不开规模。如果没有一定的数量和规模,就难以找到体现质量和水平的标尺,如果不重视高职教育的规模发展,高职教育还无资格来谈质量,更何况高质量。只有在规模发展到一定程度,才需要研究如此规模的教育特色在哪儿,生命力在哪里,应该有什么样的制度、标准和质量。正因为如此,今天谈高质量发展,千万不可否定过去的发展,更不能否定规模扩张对高等教育乃至整个教育的作用,更何况,质量在不同阶段有着不同的任务和要求:紧缺时,满足急需就是质量;广泛需要时,规模就是质量;结构需要优化时,才体现出质量特征,因为有了规模发展的基础,谈质量才更有意义。

(二)高质量发展要以类型特征为基点

事实上,从 20 世纪 80 年代发展短期职业大学开始,学者们就一直在研究高等职业教育究竟是什么,有没有存在的价值。先后经历了"肯定—否定—再肯定""存在—争论—再存在"的阶段,先后经历了"三不一高""三改一补""三教统筹"等探索阶段。到了世纪之交,国家做出实施高等教育大众化的战略决策时,才把大力发展和加快发展高等职业教育作为重要政策。此后,又提出了要形成"适应产业发展需求,产教深度融合,中职高职衔接,职业教育与普通教育相互沟通,体现终身教育理念,具有中国特色、世界水平的现代职业教育体系"的要求。直至今日,再一次明确提出深化职业教育改革,推动职业教育向鲜明的类型特色转变的要求。这实际上也更加明确,讲高等职业教育高质量发展必须要以类型为基点,而整个类型特征,实际上就是要贯彻习近平总书记在 2014 年关于职业教育所做的重要指示,即职业教育是国民教育体系的重要组成部分,是人力资源开发的重要组成部分,是打开青年走向成才成功大门的重要通道,必须坚持服务发展、促进就业的方向;必须坚持产教融合、校企合作;必须坚持工学结合,知行合一;必须在企业社会广泛参与下,面向市场,形成各方合力才可能办得更好。

(三)高质量发展应具有系统性特质

高质量发展作为我国高等职业教育发展的较高阶段,具有多层次、多样化且十分丰富的内涵。如果从直观上看,它必然与内涵发展、特色发展、创新发展、转型发展等密切相关,更具有高品质发展、高水平发展、可持续发展等含义。高质量一定要与内涵发展相联系,如果发展仍停留在铺摊子、扩外延,就一定谈不上质量,更谈不上高质量;如果高等职业教育和高等职业教育培养的人才没有特点,而是千校一面、千篇一律,也就谈不上高质量。高质量一定伴随着创新,创新已经成为这个时代的重要特征,成为我国新发展理念的首要理念。如果在发展过程中不走创新之路,就难以在体制机制、人才培养模式等方面创出新路子,也就谈不上高质量发展。在新的历史阶段,高质量发展更具有转型发展的新要求。也就是说,要从政府举办为主向政府统筹管理、社会多元办学的格局转变,由追求规模扩张向提高质量转变,由参照普通教育向企业社会参与、走进特色鲜明的类型教育转变,并探索形成书证融通的新机制,从而为建设新教育类型、推动高质量发展、实现可持续发展打下基础。

三、实施"双高计划",推进高职教育高质量发展

为落实"职教二十条",教育部、财政部发布"双高计划"意见,教育部等四部门印发《关于在院校实施"学历证书＋若干职业技能等级证书"制度试点方案》(教职成〔2019〕6号),国家发改委、教育部关于印发《建设产教融合型企业实施办法(试行)》(发改社会〔2019〕590号),教育部印发《关于职业院校专业人才培养方案制订与实施工作的指导意见》(教职成〔2019〕13号)等文件。这些政策措施和制度文件的出台,一方面是要在面上推进高职教育高质量发展,另一方面是希望通过实施"双高计划"对高职教育高质量发展起一个促进作用。而如何发挥"双高计划"的引领作用,笔者以为需要重点关注和研究以下路径。

(一)明确"双高计划"建设的目标导向,实现目标引领

从示范骨干校建设,到优质校建设,再到"双高计划"建设,并不是简单的优中选优,而是要以持续的政策供给,有计划、有步骤、有重点地推动职业教育发展,要通过"双高计划",明确一批优秀高职院校的发展方向,引导这些高职院校围绕服务国家战略,回应民众关切,在引领新时代职业教育改革创新,加快实现职业教育现代化等方面下功夫。也就是说,"双高计划"要为建设高水平学校和高水平专业群设立一个明确的目标,即达到引领改革、支持发展、中国特色、世界水平。引领高等职业教育打造类型特色,形成与类型特色相适应的体制机制是基本要求;支撑国家发展战略、区域经济社会发展战略和学生成长成才发展要求是直接目的;坚持在中国共产党领导下扎根中国大地办学,培养中国特色社会主义接班人的办学方向,经过持续改革创新和投入建设,达到世界一流水平是努力目标。明确了一流目标、改革目标、发展目标之后,就要打造

并树立起世界范围内具有中国特色、一流水准的高职教育,才会从目标导向对提高中国高等职业教育的整体质量和推动其可持续发展起到示范引领作用。

(二)明确"双高计划"建设的价值导向,实现价值引领

从本质上讲,"双高计划"是内含价值观的。也就是说,"双高计划"是有价值导向的。这个价值导向就是要适应中国特色社会主义进入新时代,我国经济社会发展进入高质量发展新阶段,各行各业对高素质技术技能人才的需求越来越紧迫的要求。"双高计划"建设学校和专业,要适应产业升级和经济结构调整要求,面向高端产业和产业高端,在打造技术技能人才培养高地、打造技术技能创新服务平台、打造高水平专业群、打造高水平"双师型"教师队伍上下功夫,从而更好地为中国经济社会转型服务。通过国际合作,提供中国标准等为"一带一路"倡议的实施和推进服务。这就是说,通过"双高计划"建设,深化产教融合、校企合作,推动学校和行业企业形成紧密型合作机制,在支持国家战略、融入区域发展、服务产业升级,在实现业内都认同、地方离不开、国际能交流上取得高职教育的新进展,使高职院校在人才培养、科学研究、社会服务、国际交流、文化传承创新与技术技能积累等方面发挥重要作用和重大影响,成为真正具有不可替代性的高等教育。通过践行这一明确要求,实现对高质量发展的价值追求。

(三)明确"双高计划"的问题导向,实现类型教育构建

高等职业教育是我国高等教育的一个类型,已经存在了几十年,经过长期发展,我国高等职业教育规模增长很快,院校数量增加很大,高等教育"半壁江山"格局基本形成。但不容忽视的问题是,我国高等职业教育主要被当作专科的"翻版"和本科的"压缩饼干"。从政策层面上看,高职高专仍同属一个概念;从具体运行上看,在运行机制、治理体系等方面仍然参照高等专科学校的管理办法,虽然规模发展快,作用、贡献也不小,但体量大而不强、校企合而不深、质量参差不齐等问题仍比较突出,尤其是充分体现自主知识产权,具有鲜明类型特色的专业教学标准、课程标准、制度体系、资格证书等尚未形成可复制、可推广、可借鉴的经验。在学习德国、澳大利亚、加拿大、新加坡、美国等发达国家职业教育经验时也仍然有较多不适应情况。因此,"双高计划"一定要坚持以我为主、融合提炼、博采众长、自成一家、中国特色、校本样式的要求,积极自主地在制度、标准、规范等方面下功夫,真正把高职教育类型特征不鲜明的问题解决好,探索形成中国特色的高职教育话语体系和标准体系,为中国教育走向世界创造经验。[4]

(四)明确"双高计划"的改革导向,实现改革引领

改革开放以来,我国高等职业教育在适切的政治经济制度支持下,创造性地探索出以校企合作为基础的办学模式和以实践能力为核心的人才培养模式,逐步建立起主动回应经济社会发展需求的机制。高等职业教育创造性地回应了我国高等教育和职业教育的双重发展需求,极大地推动了我国高等教育大众化进程,并引领了职业教育

整体质量提升,成为高等教育体系和职业技术教育体系中发展最快并相对独立的部分,实现了从无到有、从有到大、从大到强的快速发展,取得了历史性成就,实现了历史性突破,为改革开放历史背景下中国特色教育生成与发展提供了一个重要案例。在这个过程中,政策是塑造高等职业教育类型特色和推动高等职业教育发展的重要力量,并逐步形成了鲜明的历史特征和深刻的制度烙印。新世纪以来,高职教育无论是示范校建设、骨干校建设还是优质校建设,其中最明确的政策导向就是突出改革,以改革促发展。"双高计划"牢固树立新发展理念,服务建设现代化经济体系和更高质量更充分就业需要,扎根中国、放眼世界、面向未来,强力推进产教融合、校企合作,聚焦高端产业和产业高端,重点支持一批优质高职院校和专业群率先发展,引领职业教育服务国家战略、融入区域发展、促进产业升级,为建设教育强国、人才强国做出重要贡献,突出地体现了改革导向,以改革推动形成引领高职教育高质量发展的强大动力。

(五)明确"双高计划"的发展导向,实现支撑发展

2006年,国家实施示范性高等职业院校建设计划,重点建设100所高等职业院校,着力在专业人才培养模式改革上创新突破,并推动学校领导和服务能力的提升。根据当时的情况,笔者曾经就示范校建设提出三条建议:一是示范建设的真谛应是机制创新和文化引领;二是百所示范校要成为高职教育的"百花园";三是高职教育要从"百花绽放"走向"千花盛开"。在高等职业教育高质量发展的新时代,我们更需要进一步明确"双高计划"学校和专业群在建设过程中和建设后的责任,那就是对高职教育战线推动发展和引领服务的责任。具体而言,一要强调"双高计划"担负引领战线、服务战线的责任,在结对帮扶贫困地区、欠发达地区、民族地区、边疆地区方面有要求;二要建立"双高"建设院校面向上述地区招生比例的要求,让这些学校为上述地区做贡献;三要明确"双高"建设的重点是在探索形成办学机制、建立健全制度、建设形成标准、开发利用教学资源等方面发挥作用,不仅让其走向世界,还要服务引领战线,如"1+X"证书制度试点,教师、教材、教法三教改革等;四要督促各地区在投入"双高"专项资金的同时,要确保高职院校生均经费和学生资助等基本保障落实到位,促进各学校在基本保障条件下提高质量。

2019年,我国高等职业教育发展又站在一个新的起点上,随着《中国教育现代化2035》《国家职业教育改革实施方案》等重要政策文件的颁布实施,推进高职教育高质量发展成为时代主题,相关的制度供给正在生成。高职教育高质量发展是一项系统工程,必须既重视"双高计划"的撬动、带动和引领,又注意面上高职教育整体的改革和发展,并通过彰显高等职业教育的类型特色和时代贡献来加以实现。这要求我们扎根中国大地办中国特色高等职业教育,在实践中科学设计、合理确定高等职业教育发展的规模、结构、效益和强度,采取政府推动与引导社会力量参与、顶层设计与支持地方先行先试、扶优扶强与提升整体保障水平、教学改革与提升院校治理能力等结合的方式[5],从而真正形成我国高职教育千花盛开的繁荣景象和良好局面,持续推进高职教育高质量发展。

【参考文献】

[1]教育部,财政部.关于实施中国特色高水平高职学校和专业建设计划的意见[EB/OL].(2019-04-02)[2019-06-20].http://www.moe.gov.cn/srcsite/A07/moe_737/s3876_qt/201904/t20190402_376471.html.

[2]习近平.决胜全面建成小康社会 夺取新时代中国特色社会主义伟大胜利——在中国共产党第十九次全国代表大会上的报告[EB/OL].(2017-10-18)[2019-06-20].http://www.xinhuanet.com/2017-10/27/c_1121867529.htm.

[3]国务院.国家职业教育改革实施方案[EB/OL].(2019-01-24)[2019-06-20].http://www.moe.gov.cn/jyb_xxgk/moe_1777/moe_1778/201904/t20190404_376701.html.

[4]周建松,陈正江.中国特色高等职业教育话语体系的构建[J].现代教育管理,2019(1):67-73.

[5]周建松.基于类型特色的高等职业教育高水平建设方略[J].现代教育管理,2018(4):72-76.

(本文原载于《现代教育管理》2019 年第 9 期)

以创新性研究引领中国特色高水平高职学校建设

摘 要： 从中国特色高水平高职学校所要完成的引领改革、支撑发展、中国特色、世界水平等建设内涵来看，研究尤其是创新性研究工作必须加强。当前，高职教育发展存在三大研究掣肘：未能有效回答为什么发展高等职业教育，未能深入研究高等职业教育究竟是什么，未能形成专注于高职教育的系统研究力量。全面引领高水平高职院校建设需扎实开展关于高职类型特色研究、关于高职多元办学研究、关于高职内涵建设研究、关于高职制度标准研究、关于高职提质增效研究等五类创新性研究，进而形成具有中国特色的高职教育范式。如此，才能为我国高职教育真正实现办学格局转变、类型特色打造、制度标准建设、话语体系构建奠定基础，推动中国高等职业教育走向世界。

关键词： 创新性研究；高职教育；中国特色高水平高职学校；话语体系

《教育部、财政部关于实施中国特色高水平高职学校和专业建设计划的意见》（以下简称《意见》），作为中共中央、国务院的重大决策，作为教育部、财政部部署确定的中央财政重点支持建设项目已经正式启动。《意见》明确，要集中力量建设一批引领改革、支撑发展、中国特色、世界水平的高职学校和专业群，带动职业教育持续深化改革，强化内涵建设，实现高质量发展。《意见》明确要求，到 2022 年，列入计划的高职学校和专业群办学水平、服务能力、国际影响显著提升，为职业教育改革发展和培养数以千万计的高素质技术技能人才发挥示范引领作用，使职业教育成为支撑国家战略和地方经济社会发展的重要力量；形成一批有效支撑职业教育高质量发展的政策、制度、标准。到 2035 年，一批高职学校和专业群达到国际先进水平，引领职业教育实现现代化，为促进经济社会发展和提高国家竞争力提供优质人才资源支撑；职业教育高质量发展的政策、制度、标准体系更加成熟完善，形成中国特色职业教育发展模式。

一、创新性研究不足是高职教育发展的重大掣肘

众所周知，我国高等职业教育从 20 世纪 80 年代开始由民间、地方和基层自发探索形成。从官方层面来看，是否采用高职教育这种模式，是类型还是层次，要不要大力发展高等职业教育，怎样举办高等职业教育，谁来办高等职业教育等根本问题都曾存在较大争论；从重大时间节点来看，我国高职教育经历了 20 世纪 80 年代以来近 40 年的摸索探索阶段，又经历了世纪之交以来近 20 年的规模发展阶段。目前，高职教育早

已成为高等教育的"半壁江山",但由于创新性研究寥寥无几,关于高职教育"为了谁""是什么""向何处去"等一系列根本问题迄今还没有搞清,即类型特色不鲜明、发展定位未把准。

(一)未能有效回答"为什么发展高等职业教育"的问题

40年来,相关研究对"发展高职教育为了谁"这一问题做出过一些描述和表达,尤其对为什么要推进高等教育大众化,为什么要推进发展、大力发展、加快发展高等职业教育等问题,已有不少政策文件和学术探讨。20世纪80年代,一些地方和基层在进行自主探索时明确强调,基于国家改革开放、大力发展城镇集体经济等需要,迫切需要一大批实用技术人才,而当时高等教育办学场地和师资等条件不足,无法满足经济社会发展的需要,于是产生了对发展高等职业教育的探索,但初始的高等职业教育采用的是"三补一高"的方式。随着社会经济发展对高等职业教育需求的进一步上升,国家先后出台"三教统筹""三改一补"等方式,以此来扩大高等职业教育的办学规模,但条件好的中专通过升格办高职始终是作为"补充"地位,因而当时的高职教育未能取得实质性进展。进入世纪之交,国家提出推进高等教育大众化,并实施了高校扩招、建立独立学院及发展高等职业教育等三大举措,国务院教育行政主管部门也下放了高职院校审批设置权限。随后,我国高等职业教育得到了较大发展,院校数量不断增加,学生规模不断扩大。然而,到目前为止,无论是政策层面、学术层面,还是实践层面,都未能对"发展高等职业教育为了谁"这一根本性问题做出系统研究与顶层设计。

(二)未能深入研究"高等职业教育究竟是什么"的问题

无论是从宏观上还是从微观上看,这几十年来,我们一直未能深入研究"高等职业教育究竟是什么"这一问题,即高等职业教育的内涵。高职高专处作为教育部主管战线的业务处室,虽然经历了从高教司到职成司的划转,但有相当长一段时间仍以高职高专处这样的名义存在,直到现在,沿用高职高专这个称谓的机构和单位还有不少,高职教育始终在类型论与层次论之间徘徊。[1]从应对社会层面看,虽然高等职业教育、高职院校作为教育体制内的概念似乎已形成共识,但对于其他政策部门,高职教育只能以相当于大专层次来表达。在管理体制机制、教育教学等诸多方面,均沿用了高等专科学校的模式。在管理体制上,学校职级及定岗定编等方面,都是参照高等专科学校;在教育教学上,虽然在招生专业的名称等方面做了一些探索,围绕产教融合、校企合作对办学模式、人才培养模式等方面也做过许多探索,甚至做过较大规模的诸如项目化课程、基于工作过程系统化课程等微观改革,但呈现的结果似乎还是专科层次、专科水准或近乎专科的要求。近几年学生专升本比例不断提高,再一次印证了关于"高等职业教育究竟是什么"的问题仍然没有得到有效界定与清晰梳理。

(三)未能形成专注于高等职业教育的系统研究力量

总体而言,我国学术界针对高等职业教育的研究力量并没有凝聚和集中。从全国范围看,国家层面没有专门的高等职业教育研究机构,部属的国家研究机构虽然涉及高职教育,但多数是从普通高等教育或中等职业教育转过来的,专门研究力量十分薄弱。作为举办高等职业教育的主体力量——高等职业学校,有些虽也设有研究机构,但其研究更多带有政策解读和校本宣传性质,真正能够客观理性、全面系统地研究高等职业教育的性质、定位、理念、模式、机理、行动、规律、方向的几乎很难找到。也就是说,以研究成果来定义、引领、规划高职教育的力量远未形成,距离打造引领改革、支撑发展、中国特色、世界水平的要求相差甚远。

二、扎实开展五类创新性研究全面引领"双高"建设

习近平总书记指出,中国特色社会主义进入新时代,各方面工作都要有新气象。[2]中国特色高水平高职学校和专业建设计划作为新时代中国职业教育要下一盘大棋的重要一着,如何有新的更大的作为,如何使"双高计划"取得更大的政策效应、实践成果,如何形成更大的投入产出绩效,并真正在模式探索和话语体系构建方面做出成绩。本文认为,全面引领"双高"建设需要扎实开展以下五类创新性研究。

(一)加强关于高职类型特色的开拓性研究

《国家职业教育改革实施方案》(以下简称《方案》)明确指出,职业教育与普通教育是两种不同教育类型,具有同等重要地位。同时,《方案》还明确指出,经过5—10年的努力,要实现三个根本转变,其中十分重要的是要实现职业教育向真正的类型特色转变。因此,必须明确什么是职业教育的类型特色。此外,"双高计划"还明确强调,要通过建设引领职业教育高质量发展,形成中国特色职业教育发展模式,更要在实施"双高计划"过程中加强研究,探索类型特色并起到积极的引领作用。《方案》提出,实行"1+X"(即学历证书+若干职业技能等级证书)制度。有学者提出,要建立"1+X"和"X+1"相结合的制度,还有学者和官员提出,中国特色职业教育制度是否可表述为"纵向贯通、横向融通"。凡此种种,都是探索性的思考,我们需要从规律和实际出发,认真加强关于高职类型特色的开拓性研究,求得理论上的统一性。对此,"双高"学校责任重大、任务艰巨。

(二)夯实关于高职多元办学的基础性研究

《方案》明确提出,经过5—10年的努力,职业教育基本完成由政府举办为主向政府统筹管理、社会多元办学的格局转变。事实也是如此,我国特殊的地域结构和人文结构,决定了我国发展高等教育的理念和模式应有自身的特点。我国要实现全面小康,要构建社会主义和谐社会,必须推进高等教育大众化并进而实现高等教育普及化,其中十分重要的途径是大力发展高等职业教育。因为高等职业教育主要生源是地处县域以下及农村子女,少数民族地区、西部地区、经济欠发达地区、贫困地区的学生,他们大多是家族和家庭第一代接受高等教育的人。正因为如此,发展高等职业教育便成

为实现中华民族伟大复兴的重大战略。作为中国特色高水平学校建设单位,必须为优化我国高等职业教育的办学格局做出贡献,研究如何推动和优化高等职业教育的具体举措。例如,如何在三线及以下城市办好高等职业教育,"双高"学校如何为三线及以下城市做贡献,如何通过自身的辐射示范和引领作用带动国家职业教育高质量发展。更为重要的是,应加强对"双高"学校办学体制机制的研究,在集团化办学、混合所有制办学等方面形成经验并付诸实践,为西部地区、边远地区、少数民族地区多培养培训人才做出贡献。

(三)深化关于高职内涵建设的引领性研究

关于"双高"建设的目标任务,在"双高计划"建设文件中已明确了总体框架,即加强党的建设、打造技术技能人才培养高地、打造技术技能创新服务平台、打造高水平专业群、打造高水平双师型队伍,提升校企合作水平、提升服务发展水平、提升学校治理水平、提升信息化水平、提升国际化水平,简称"一加强、四打造、五提升",在每一项任务中,又都有具体的内容和文字表达。怎样把握这些任务的要求,每一个学校都按照自己的理解,从自身实际情况出发,按照各自对问题和趋势的研判,做了回答。这其中包括许多需要研究的因子,尤其是对未来国家产业发展、技术更新及其职业教育范式的研究,都值得反复思考。

(四)促进关于高职制度标准的实践性研究

"双高计划"明确提出,"要集中力量建设一批引领改革、支撑发展,中国特色、世界水平的高职学校和专业群""要带动职业教育持续深化改革,强化内涵建设,实现高质量发展"。此外,在建设目标中明确,"到2022年……形成一批有效支撑职业教育高质量发展的政策、制度、标准""到2035年……职业教育高质量发展的政策、制度、标准体系更加成熟完善,形成中国特色职业教育发展模式"。这表明,"双高计划"不仅通过项目支持,使列入计划的高职学校和专业群办学水平、服务能力、国际影响力显著提升,而且要使一批高职学校和专业群达到国际先进水平,引领职业教育实现现代化,同时要探索形成中国特色职业教育政策、制度、标准、模式,形成走向世界乃至在世界舞台通行的话语体系。对此,唯有通过强化研究才有可能,如果说,从不达标到达标的路径可以摸着石头过河,那么,从合格迈向良好,从良好迈向优秀,从优秀迈向卓越的过程,一定是在高职改革与发展中不断进行实践性研究,从而提高并形成最佳实践的过程。[3]

(五)强化关于高职提质增效的应用性研究

徐国庆的研究结果表明,尽管经历了国家示范建设骨干院校建设的过程,又经历了创新发展行动计划的洗礼,我国高职教育发展中仍然存在着课程建设难以体现水平差异、校企合作难以进一步突破、师资队伍提升难以带来质的变化等问题,这些都与研究有关,而高职本身的研究也难以产生重要的影响成果。[4]在过去的十几年中,由于主客观的努力,高职院校教师开始撰写有关教研教改和高职改革发展的论文论著,一些重要期刊也开始发表关于高等职业教育的论文论著,一些比较高端的科研项目也列有高等职业教育的课题,但从所形成的结果来看,高职院校的研究成果虽然在数量上有明显提升,但质量总体不高,有重要研究贡献的成果极少。研究在高职院校内涵建设中应该处于什么位置,人们尚未获得清晰的认识。与徐国庆研究结果类似的实际情况是,我国高职院校不仅研究机构少,而且研究机构的力量很弱,学校领导班子对于研究重要性的认识和自身研究水平确需提升,必须强化应用性研究,并将之有效转化为对高等职业教育层次上、水平上的贡献。

三、通过创新性研究形成中国特色高职教育范式

中国的高等职业教育已经经历了40年的探索发展,目前已进入内涵建设和质量提升阶段。为促进内涵建设水平和办学质量的提升,许多高职院校都在提出并扩大一些支撑内涵建设的概念,或者对一些国外职业教育发展的概念加以改造和利用,这无疑是有意义的。但如果继续停留在引用和借鉴的层面,无疑不利于进一步提升中国高等职业教育的水平和质量,不利于打造中国特色、世界水平的高等职业教育,也不利于中国职业教育发展模式的探索和形成。在这一背景下,我国可以"双高计划"建设为契机,通过上述五类创新性研究,促进中国特色高等职业教育范式的形成。

(一)中国特色高职教育话语体系构建

习近平总书记强调指出:"要加强国际传播能力建设,精心构建对外话语体系,发挥好新兴媒体作用,增强对外话语的创造力、感召力、公信力,讲好中国故事,传播好中国声音,阐释好中国特色。"作为思维的外衣,话语体系是广泛存在于人类社会交往实践中的语言实践,是承载一个国家或民族思想状况、精神面貌和价值观念的符号化的复杂系统。所谓高等职业教育话语体系,是指在高等职业教育实践和理论发展过程中按照一定的逻辑与规划形成的一整套符号的有机话语机构整体,是指一定高等职业教育理念、内容、方法和实践的具体表征,传递着一定的价值体系和行为准则。要研究建构中国高等职业教育话语体系[5],首先,必须探索中国高等职业教育的价值体系、观念特征、理论范式、实践成效,这对形成中国特色职业教育高质量发展模式,提升中国在高职教育领域的国际影响力十分重要,也是增强文化软实力和坚定文化自信的内在要求。在过去的一段时间里,我国主要以学习借鉴为主,但现实生活中存在的食而不化、话语滞后、对照不准等情况比较明显,更何况就教育领域而言,各个国家的文化特征、政治制度、学制体系不尽相同,尤其是职业教育作为一种跨界的教育,更受到每个国家经济社会结构和产业发展阶段的影响,简单的拿来主义更是难上加难。目前,我国正在举办世界上最大规模的高等职业教育,正在举办适应中国经济社会发展需要和文化传统的高等职业教育,研究我国自己的话语体系更加重要。要遵循"博采众长、融合提炼、以我为主、自成一家、中国特色"的要求抓好研究,真正做到不忘过往,彰显中国特色,吸收外来、拓宽国际视野,面向未来、把握时代脉搏,真正构建起我们自己的高职教

育话语体系。

（二）中国特色高职教育发展经验总结

邬大光研究认为，近年来，跟跑、并跑、领跑已成为我国高等教育界一组流行的话语。跟跑是指我国高等教育在过去相当长的时期内，主要是模仿西方国家的脚步前行；并跑是指我国现在的高等教育水平与西方国家处于同一水平线上并肩前行；领跑即表明当下我国高等教育界对未来发展充满自信，也表明未来我国高等教育的发展要靠自己探索。是否也可以这样认为，跟跑是历史事实，差距尚需进一步分析，领跑既过于自信又有点盲目乐观。纵观我国高等职业教育发展实际，40年来，不仅在政策上举措不定，在实践中也不乏盲目参照，学习借鉴在相当长一段时期内是高职教育的主旋律。我国对美国、加拿大、德国、瑞士、澳大利亚乃至英国、日本、新加坡的职业教育推崇有加，直到现在，官方仍然把德国双元制摆在十分重要的位置，这无疑也是十分有益的，但中国特色高水平高职学校和专业建设计划项目的使命是要探索中国职业教育发展道路，形成中国职业教育发展模式，简单地依靠行政命令式的学习借鉴是否合适，应当是"双高"建设项目本身必须考虑的。实现这一目标的当下战略是努力探索高等职业教育的中国经验，中国经验从何着手，国务院和教育行政部门也在努力。2019年底，在深圳职业技术学院召开的推进全国职业教育高质量发展现场会上，把深圳职业技术学院的经验作为中国发展高等职业技术教育的经验加以总结和推广。在总结形成中国经验这一意义上，无疑是一个十分重要的开端，需要加大总结的强度、推广的力度。与此同时，我国是地域辽阔、经济社会发展不平衡的国家，尤其是大量三线城市的高等职业教育怎么发展，怎么与当地经济社会发展互动并形成良性循环，更需要在研究中探索和重视。为此，需要在更大范围总结经验，尤其是研究如何以较少的投入谋求最大的绩效，形成真正实现"业内都认可、地方离不开、国际可交流"目标上的总体经验，同时为形成中国话语体系奠定基础。

（三）中国特色高职教育类型特征归纳

关于中国高职教育的发展，总体而言，是高教性和职教性并重。《方案》开宗明义，指出职业教育与普通教育是两种不同教育类型，具有同等重要地位。《方案》指出，要把发展高等职业教育作为优化高等教育结构和培养大国工匠、能工巧匠的重要方式，使城乡新增劳动力更多接受高等教育。这两段话明确了高等职业教育的双重特性。此外，许多专家学者和高职同行也认为，高等职业教育还有地方性（区域性）的特征。也就是说，高等职业教育要服务于区域经济社会发展需要。对此，早在2014年《国务院关于加快发展现代职业教育的决定》中就有明确阐述，以后在《方案》中也有进一步强调，即高职院校要培养服务区域需要的技术技能人才并为小微企业技术研发和产品升级服务，为社区教育和终身教育服务。除此之外，也确实存在一部分为整个行业性服务的有特色的职业学校。在职业教育发展过程中，我国已经初步形成了产教融合、校企合作、集团化办学、现代学徒制人才培养（订单式人才培养）模式等，也强调了"双师型"教师队伍建设的重要性……

综上所述,是否已经构成中国特色高等职业教育的类型特征,需要反复研究。当然,中国高等职业教育的根本任务是立德树人,必须坚持在中国共产党领导下扎根中国大地,培养中国特色社会主义建设者和接班人,可具体细化为德才兼备的高素质技术技能人才。对上述问题,需要再总结、再归纳、再探索、再凝练。

(四)中国特色高职教育制度标准拟定

中国高等职业教育要走向世界,必须有自己的话语体系。从这个意义上说,有专家学者建议,德国有双元制、澳大利亚有 TAFE,而我国可否总结为"双通"(纵向贯通、横向融通),也有人建议为"1+X"和"X+1",这无疑是有益的。而中国高职教育要真正走向世界,一方面,会与我国整体文化实力和影响力、传播力有关;另一方面,也一定与我国的经济和产业发展水平相关。这几年,伴随着我国产业与企业走出去、文化传播及人才培养的需要,我国已开始在国外办学,但如何正确处理语言、文化和产业发展之间的关系,确需开展综合研究。相对而言,在国内的标准制定及传播比较容易,在国际范围则会更加困难一些。为此,需要分步立体推进。首先,要研究适合国情和发展需要的高等职业教育政策制度标准体系,包括国家层面、省级层面或者市县层面。当然,更鼓励像深圳职业技术学院这样的学校层面,内容包括专业标准、课程标准、教师职业标准、学生毕业标准、学校设施条件标准等。其次,要重点支持走出去设立鲁班工坊、设立海外学院的学校,在实践的基础上因地(国度)制宜建立相应的教育教学标准、专业标准、课程标准、教员标准、学生入学及毕业标准及学制体系,从局部慢慢走向整体。与此同时,要鼓励或明确要求列入中国特色高水平高职学校建设的 56 个学校,应从校本研究角度形成自身的标准并会同同行建立行业或区域乃至中国标准,为走向世界服务,对于列入中国特色高水平专业群建设的 253 个专业群,也应当结合专业特点进行探索和总结,逐步从学校走向全国、推向世界。

总之,我国要以"双高"建设为契机,通过研究凝练,抓紧在中国特色高等职业教育话语体系、发展经验、类型特征、制度标准等方面出成效,这也是"双高"建设的使命和职责所在。为此,要创造条件为相关高职院校设立研究机构,配备专兼职研究团队,真正为探索中国特色高职教育发展模式奠定基础,为全球高职教育科学有效发展提供中国方案,以不断增强中国教育的国际影响力和文化软实力。

【参考文献】

[1]周建松,陈正江.贯彻落实《实施方案》 着力推进高等职业教育特色类型建设[J].职教论坛,2019(7):73-78.

[2]徐俊峰.习近平教育思想体系及其理论品格[J].现代教育管理,2019(1):8-15.

[3]徐国平.高水平高职院校的范型及其建设路径[J].中国高教研究,2018(12):93-97.

[4]徐国庆."研究型"是建设高水平高职的突破口[N].中国青年报,2019-01-14(5).

[5]周建松,陈正江.中国特色高等职业教育话语体系的构建[J].现代教育管理,2019(1):67-73.

（本文原载于《职业技术教育》2020 年第 4 期）

"双高"建设要把准内涵、精准施策

摘　要：中国特色高水平高职学校和专业建设计划（简称"双高计划"）作为党中央、国务院的重大决策，是新时代职业教育大棋中的关键而重要的一着。我们必须正确把握"一加强、四打造、五提升"的改革发展任务，务必交出优秀答卷。同时，我们必须把握学校和专业群两类布局的重要意义，紧紧抓住专业群这个基础，力争在技术技能人才培养和技术服务创新上实现高水平。在此基础上，我们要鼓励创新，激励各学校从实际出发，树特树优，全面打造样板，形成"双高"建设百花园，调动各方力量，形成"双高"建设大格局。

关键词："双高"建设；内涵；策略

根据《国家职业教育改革实施方案》（国发〔2019〕4号）文件精神和要求，教育部、财政部印发了《关于实施中国特色高水平高职学校和专业建设计划的意见》（教职成〔2019〕5号，以下简称《意见》）。《意见》明确了"双高计划"的指导思想、主要目标、基本原则、主要任务和保障机制。经过层层筛选、对照办学内涵和主要业绩，第一轮已有56所学校纳入中国特色高水平高职学校建设，112个专业群入围，另有141所学校各有一个专业群入选中国特色高水平专业群建设计划。从2020年开始，建设计划全面进入实施阶段，按照《意见》的精神，将于2023年进入阶段性评价，并按"滚动推进、有进有出"的原则进行新一轮建设。因此，对于入选的学校和专业群而言，可谓是"既使命光荣，又责任重大；既动力无穷，又压力山大"。虽然每一所学校的建设方案和任务书已经上报，但如何科学理解内涵特别是如何精准施策，以期事半功倍，实现预期绩效，仍然是我们必须认真思考的问题。

一、要全面领会"双高"建设的总体目标任务

中国特色高水平高职学校和专业群建设计划是新时代职业教育的重大质量工程，是以习近平总书记为核心的党中央为新时代职业教育下一盘大棋的核心内容和关键一着，目的是通过建设一批引领改革、支撑发展、中国特色、世界水平的高职学校和专业群，带动职业教育持续深化改革，强化内涵建设，实现高质量发展，进而为推动现代职业教育实现三个转变，建设中国特色现代职业教育体系，探索形成中国特色现代职业教育发展道路奠定基础，并形成一批世界先进水平的职业教育制度标准，为世界职业教育高质量发展提供中国方案。《意见》在确定了明确的指导思想、基本原则、总体

目标的同时,详细阐述了改革发展的十大任务。对此,我们要全面理解,并分层次认真抓好落实。

要切实重视党的建设。这是"双高"建设的重大政治前提,其核心要义至少包括三个方面:一要深入推进习近平新时代中国特色社会主义思想进教材、进课堂、进头脑,大力开展理想信念教育和培育践行社会主义核心价值观,构建全员全过程全方位育人体系和思想政治工作格局。二要坚持和完善党委领导下的校长负责制,加强党建工作体系建设,加强校党委领导班子建设,完善院(系)党政工作机制,充分发挥基层党支部战斗堡垒作用和师生党员先锋模范作用,全面激发发挥党建工作正能量。三要全面实施双带头人制度,创建"双高"建设党建工作示范岗,实施党建先锋引领工程,推动学校事业沿着党指引的方向正确前行。

要在"四个打造"上下功夫。围绕努力打造技术技能人才培养高地、打造技术创新服务平台、打造高水平专业群、打造高水平师资队伍这四个要求,把握其核心要义,以人才培养、技术创新为重点,以专业群为平台,以师资队伍建设和人才队伍建设为关键点,推动"双高"建设提内涵、上水平,体现类型特色、彰显一流水平。要在"五个提升"上上水平,即要按照文件明确的提升校企合作水平,提升服务发展水平,提升学校治理水平,提升信息化水平,提升国际化水平的要求,结合学习贯彻中共十九届四中全会精神,适应数字经济发展新要求,把握国际合作新机遇,探索校企合作新途径,提升服务发展新动能,全面提升"双高"学校办学治校水平。

二、要坚持以高水平专业群建设为基础

中国特色高水平高职学校建设,采用高水平高职学校和高水平专业群两类布局模式,既体现了高水平高职学校建设的重要性,又凸显了高水平专业群建设的基础性地位,从专业到专业群建设更是建设理念和思路上的一次飞跃。对此,我们一定要深刻理解和把握,并在实践中抓紧抓好,正确把握专业群建设的概念。打造高水平专业群作为"双高"建设的十大任务之四,共有四个部分内容,其中第一款的表述比较复杂,"面向区域或行业重点产业,依托优势特色专业,健全对接产业、动态调整、自我完善的专业群建设发展机制……实现人才培养供给侧和产业需求侧结构要素全方位融合"。对这一内容的理解,我们可从以下几方面展开:一是专业群建设的历史。其实,教育部、财政部在2006年实施国家示范性高职院校建设计划时,就使用过专业群的概念,文件明确重点建设500个左右产业覆盖面广、办学条件好、产学结合紧密、人才培养质量高的特色专业群,形成500个以重点专业为龙头、相关专业为支撑的重点专业群,提高示范院校对经济社会发展的服务能力。此后在示范院校建设过程中也有一些实践,但其研究深度和重视程度还不够。二是正确理解专业群的含义。一般来说,所谓专业群,是由一个重点专业带动,相关若干专业组合而成的专业链。对此,不同专家的具体表述不尽相同,但基本共识是一致的,即三相三共,专业群的学科基础相通、技术领域相近、职业岗位相关,专业内部基础课程共用、教学资源共享、教师队伍共育。与此同

时,要努力实现专业(群)链与产业链、人才链、创新链的对接。三是组建专业群的基本要义。"双高计划"文本任务四实际上指明了专业群组建的基本要义:第一,面向区域或行业重点产业,这应该是建设重点专业、发展特色专业、组建重点和优势专业群的重要前提。第二,依托优势特色专业,这是组建专业群的关键。选好带头羊、领军者,带头专业必须是发展基础和进一步发展的优势,最能体现高职教育和本校的特色所在。第三,有一个科学运行和动态调节机制,整合建群,集群发展、动态更新、资源整合,推动人才培养工作供给侧结构因素改革。

校企合作建设专业群。《意见》文件明确提出"校企共同研制科学规范、国际可供借鉴的人才培养方案和课程标准,将新技术、新工艺、新规范等产业先进元素纳入教学标准和教学内容,建设开放共享的专业群课程教学资源和实践教学基地"。这句话的内涵十分丰富,其核心主要有以下几点:一是校企合作建设专业群。也就是说,要通过校企合作的体制机制,由学校教师和行业企业的参加来共同研究制订比较科学而规范的专业和专业群人才培养方案,方案既要体现教育行政部门的规范及格式要求,也要充分体现行业企业对人才培养的规格要求,当然,也要符合学生身心发展和健康成长规律。二是吸收行业企业最新技术、工艺和规范。将最新技术、工艺、规程吸收到人才培养和教学体系中来,这既是职业教育高质量发展,打造职业教育类型特色的要求,也是构建职业教育校企合作体制机制的重要目的。通过校企合作,通过学校教师和行企业务专家的联合,使职业教育专业教育教学从内容到技术再到方法达到最前沿。三是可供国际学习借鉴。应该说,为国际职业教育提供中国标准和中国方案,这既是职业教育现代化的要求,是"双高"建设的重要目标要求,也是高水平高职学校和专业群建设的使命和担当。对此,我们应提高站位,从主要通过学习借鉴他国经验走向供他国学习借鉴,这是我们重大的思维转折和创新。四是开放共享机制。开放共享既是专业群建设过程中专业与专业之间的共建共享,也是学校与其他学校之间同类专业的开放合作共享,还进一步包括我国与世界上兄弟国家之间的开放共享。这正是实现引领改革、支撑发展、中国特色、世界水平高职学校和专业建设的重要目标。

组建高水平结构化教学创新团队。建设高水平专业群,校企合作、产教融合是前提,高水平教师队伍是关键和保证。《意见》明确提出"组建高水平、结构化教师教学创新团队,探索教师分工协作的模块化教学模式,深化教材与教法改革,推动课堂革命"。这充分表达了教师队伍建设的重要性,具体理解:一是双师型结构化教学创新团队是建好专业群的关键。为配合实施《国家职业教育改革实施方案》,教育部等四部门印发了《深化新时代职业教育双师型教师队伍建设改革实施方案》(教师〔2019〕6号),文件明确指出,教师队伍是发展职业教育的第一资源,是支撑新时代国家职业教育改革的关键力量,建设双师型教师队伍是加快推进职业教育现代化的基础性工作。文件还提出了今后一个阶段的工作目标和努力方向,提出了具体抓好师资队伍的12条具体举措,意义重大,是我们建好专业群的重要支持力量。二是双师型结构化教学创新团队的建设途径。建设高水平结构化教师教学创新团队是"双高"建设单位师资队伍建设的重要目标,也是学校基层教学组织建设的重要内容,结合产教融合、校企合作工作的进一步落实,结合专业(群)建设指导委员会的改进优化,我们需要强化结构概念,增强团队意识,树立创新思维,探索分工协作模块化建设之路。为此,教育部专门启动了建设360个国家级职校教师教学创新团队的重大工作举措,各学校应该积极争取并立足自主建设。三是推进"三教改革"和课堂革命。专业群建设要真正落到实处,提高实效,建群逻辑的科学性、合理性十分重要,但如何落实到课程建设和模块化教学中十分关键。为此,我们要认真贯彻《国家职业教育改革实施方案》提出的新要求,积极推动教师队伍建设机制改革、教材建设和更新机制改革和教法改革。关于教材建设,教育部专门下发了《职业院校教材建设管理办法》,我们要遵照执行。教法改革的重点是充分广泛吸收现代信息技术,努力使信息技术与教学内容有机融合,对此我们一定要真抓真落实。

建立专业群可持续发展保障机制。一个学校的专业设置应该是有逻辑的,专业的扩张和发展也应当是有逻辑的。这实际上是学校真正的顶层设计,如浙江金融职业学院设计了一个以金融专业群为核心、财经商贸专业群为重点、人文艺术和信息技术类专业群积极发展的航空型专业结构,其共同起点是金融学校、金融专业、金融产业需求。各个学校也有不同的特点和生长点,从而也有不同的重点专业和专业结构,对可持续发展机制建设,我们做了如下的思考:一是要选好重点专业和专业群。前文已论及,这需要尊重历史,尊重办学出发点,尊重区域和行业发展需求,并逐步从需求出发,结合趋势和学校条件,逐步形成与规模相匹配的专业大结构,形成学校办学的基础条件。对于重点专业的选择,一般应该有几类,第一类是人无我有、人有我优,与学校所在区域和行业最最密切的特色专业,这类专业规模不一定要大,但一定要特。第二类自然是区域和行业需求比较大的,学校办学规模也比较大的专业,相对而言,也是办学水平比较高的专业,影响力比较大的专业。二是如何构建专业群可持续发展机制。每个学校探索构建专业群机制会有不同的方法,有时候比较注重需求分析,有时比较注重条件分析,有些人热衷于追新追时尚,有些人比较保守,但从科学角度而言,一般采用四象限分析法,从需求和条件相结合的综合分析来确定,凡市场需求大且学校办学条件好的,应大力发展;凡市场需求大但学校办学条件弱的,应创造条件积极发展;凡市场需求小而学校办学条件好的,应审慎发展;凡市场需求小而学校办学条件弱的,应放弃发展。三是积极开发特色新专业。要根据国家重点产业、区域支柱产业和新兴战略产业发展需要,根据云计算、互联网、大数据、物联网、智能制造发展趋势,适应智慧城市、智慧社会、智慧生活等要求,积极开发特色新型专业,不断优化专业群及其结构,并相应优化课程教学和方法,使专业群建设真正体现高质量、高水平、高适应性。

三、要从学校实际出发坚持改革创新

"双高计划"作为党中央、国务院的重大决策部署,作为中央财政支持撬动的高职教育重大质量工程,教育部、财政部对其有统一的部署、明确的政策、具体的任务、系的要求。《意见》明确提出"一加强、四打造、五提升"就是系统化的十大改革发展任务。对此,我们必须深刻体会并抓实抓好。然而,高职教育作为一种教育类型,主要任务是为中国特色社会主义现代化生产建设管理服务第一线培养高素质技术技能人才。高职教育办学具有很强的区域性、行业性特点,既要把握办学治校的一般规律,正确处理好高教性与职教性的关系,更要从区域经济社会发展和行业特点及各校具体情况精准施策、打造特色、培育亮点。正是从这个意义上说,每一所参与建设的高职学校都应该把握规律、明确重点、特色创新,培育成中国特色高水平高职教育之花。与此同时,整个"双高计划"建设工程应该是一个百花园工程,要鼓励各自芬芳、百花绽放;还需要强调的是,通过"双高"建设,还有高水平学校示范引领,带动中国高等职业教育从百花绽放到千花盛开。

要加强高等职业教育的创新性研究。影响高职教育发展的问题还有很多,但是对研究工作不重视、创新性研究不足应是重要原因,对高等职业教育发展中的许多问题尚未厘清,对实践中的许多具体问题没有摸清,决定高职教育发展方向和长远未来的法律法规和政策制度也没有完全梳理清晰。正因为如此,我们应该结合"双高"建设,把基于类型特点、中国特色的高等职业教育研究放在重要位置,在构建中国特色高职教育话语体系上积极作为,努力以研究之高打造高水平高职教育之高。

要重视高职教育文化建设和文化育人研究。文化传承与创新是高等教育的重要职能,在"双一流"建设中,文化建设被摆在十分重要的位置。中国特色高水平高职学校建设要正确把握文化存在的价值,鼓励各学校乃至专业群在文化培育、文化育人、构建文化体系上下功夫。我们应该切实加以重视,尤其是如何把握高职教育文化本身的系统性,包括物质文化、精神文化、制度文化和行为文化等,如何正确处理高职文化建设与大学文化、地域文化、行业文化、职业文化的关系,如何结合"三教"探索形成富有职教特色的教学文化,如何构建适应高职教育特点的文化校园和校园文化,推动文化育人、以人为人,鼓励学校自主探索实践。

要鼓励高职学校开拓创新,打造亮点。中国是一个地域辽阔、文化丰富、多民族团结发展的大家庭,各高职学校又有各自的发展历史,处在不同的发展阶段,肩负着不同的发展使命和担当。"双高"建设既应当要求各学校做好建设学校和专业群的必修课,实现基础达标;同时,要支持各学校和专业群从自身特点出发,吸收借鉴发达国家不同范式,并在此基础上进行自主探索、自主创新,真正形成具有中国特色、世界水平的职业教育教学标准、制度体系,为中国特色、世界水平职业教育的形成提供鲜活案例和成熟方案。

各高职学校和专业群在建设过程中,应该解放思想、开拓创新、树特树优,探索形成原创成果,形成标志性成果,创造属于自己并且可以贡献全国、走向世界的成果。

四、要形成全员参与、人人负责的建设大格局

中国特色高水平高职学校和专业群建设采用学校和专业群两类布局,同时又分为

A,B,C 三个等次,入选"双高"建设学校 56 所,同时有 112 个专业群被列入重点建设,另有 141 个学校各一个专业群参与重点建设,涉及学校 197 所专业群 253 个。接下去,还会有省级高水平高职学校和专业群建设项目,各学校也可能自筹经费,参照高水平学校逻辑和要求进行重点建设。但无论如何,我们要处理好点与面的关系,处理好项目责任人、责任制与调动全体师生员工参与积极性的关系,防止出现上热下不热、少数人积极但多数旁观的情况,真正构建起一个分层落实、层层负责、人人参与的中国特色高水平高职学校建设机制。

要建立健全项目建设责任体系。中国特色高水平高职学校和专业群建设计划本身也是一个质量工程项目。这一重大质量工程项目,涉及学校改革发展方方面面乃至学校工作全部方面,尤其是文件中"一加强、四打造、五提升"的任务,实际上包括了管党治党、办学治校、内部建设、改革发展的方方面面。我们必须按照重大工作要求,建立由党委书记和校长牵头挂帅的领导小组,并明确各子项目负责人和协调领导,设立专门工作班子("双高"办公室)统筹工作,建立由学校主要领导、分管领导、职能处室、二级学院、专业课程团队组成的工作体系和责任机制,形成自上而下层层分解任务、自下而上层层落实责任的工作机制,切实提高财政资金和项目资金建设绩效,为推动高职教育高质量发展打造样板、树立标杆,实现"双高"建设项目的决策初衷。

要营造人人关心和参与支持的局面。中国特色高水平高职学校和专业群建设,既是一个项目,也是一项工程,关乎学校整体和长远发展。总结以往经验,我们要防止出现建设过程中的两种情形,一是学校建设与其他学校关联不大,关起门来搞建设,起不到示范引领和辐射带动作用;二是校内建设团队与师生员工关联不大,达不到人人支持、人人参与的局面,不利于建设工作向广泛和纵深推进。要真正形成引领改革、支撑发展、中国特色、世界水平的高职教育,要使高水平建设学校真正做到同行都认可、当地离不开、国际可交流,必须发挥全校师生员工的共同作用,只有这样,我们的合力才能形成,我们的政策才能落地,我们的创新才能持久,中国特色职业教育质量发展之路,中国特色世界水平的高职教育制度和标准才能有效形成,发扬光大。

当然,如何更好地调动政府、行业、企业,特别是校友的力量参与"双高"建设,更是一篇大文章、一项大工程,我们当另行研究。

【参考文献】

[1]国务院.国家职业教育改革实施方案[EB/OL].(2019-02-13)[2020-08-24]. http://www. gov. cn/zhengce/content/2019-02/13/content_5365341. htm? from = singlemessage&isappin stalled=0.

[2]教育部,财政部.关于实施中国特色高水平高职教育和专业建设计划的意见 [EB/OL].(2019-03-29)[2020-08-24]. http://www. moe. cn/srcsite/A07/moe_ 737/s3876_qt/201904/t20190402_376471. html.

[3]谢俐.中国特色高职教育的方位、方向与方略[J].现代教育管理,2019(4).

[4]周建松.以创新性研究引领中国特色高水平高职学校建设[J].职业技术教育,

2020(4).

　　[5]周建松."双高计划"的文化存在及其实现路径[J].中国职业技术教育,2020(15).

　　　　　　　　　　（本文原载于《芜湖职业技术学院学报》2020 年第 2 期）

第二编

践 与 行

充分发挥学校党委在"双高"建设中的核心作用

摘　要：党的领导是中国特色社会主义的本质特征和最大优势，在中国特色高水平高职学校建设中，如何坚持党委集中统一领导，坚持和完善党委领导下的校长负责制，发挥立项建设学校党委在把方向、管大局、做决策、抓班子、带队伍、保落实等方面的作用，并建立健全党建工作体系，凝聚和调动各方力量，这是当前"双高"建设中的一个重大课题，本文对此做了全面梳理，并提出系统的思考。

关键词："双高"建设；党委；职责

作为新时代中国职业教育改革发展大棋中的重要一着，中国特色高水平高职学校和专业建设计划已经正式启动，经过层层遴选，第一批197个立项单位已经公布。当前，全国上下正在加快修订完善建设方案、构建工作机制，以扎实推进"双高计划"的建设步伐；加快朝着面向2022年和面向2035年"中国特色高水平高职学校和专业建设计划"的目标努力前进。在这一过程中，业界也有一些颇为敏感和关心的问题：学校党委在"双高"建设中处于什么位置？应该担负什么样的职责？如何正确把握好党委领导下的校长负责制在"双高计划"进程中的实施？如何在党委领导、校长负责、教授治学、民主管理治理机制中发挥各方面的作用并形成合力，最终形成最大公约数？这些问题确实是我们需要认真研究并切实加以落实的。

一、从新时代高校党建工作的特点和要求出发

党的十九大明确提出，要坚持以习近平中国特色社会主义思想为指导。同时，党的十九大修订完善了《中国共产党章程》（以下简称《章程》）。《章程》明确提出，中国共产党是中国工人阶级的先锋队，同时是中国人民和中华民族的先锋队，是中国特色社会主义事业的领导核心，代表中国先进生产力的发展要求，代表中国先进文化的前进方向，代表中国最广大人民的根本利益。《章程》对党的性质的规定性决定了党组织和广大党员使命担当、履行职责和发挥作用的基本要求，成为各级党组织履职尽责的基本指南，也对校党委如何在"双高"建设中履行职责、发挥作用指明了方向。

（一）新时代党的建设的总要求

党的十九届四中全会第二次全体会议明确强调，党政军民学，东西南北中，党是领导一切的。新时代党的建设的总要求是：坚持和加强党的全面领导，坚持党要管党、全

面从严治党，以加强党的长期执政能力建设、先进性建设和纯洁性建设为主线，以党的政治建设为统领，以坚定理想信念宗旨为根基，以调动全党积极性、主动性、创造性为着力点，全面推进党的政治建设、思想建设、组织建设、作风建设、纪律建设，把制度建设贯穿其中，深入推进反腐败斗争，不断提高党的建设质量，把党建设成为始终走在时代前列、人民衷心拥护、勇于自我革命、经得起各种风浪考验、朝气蓬勃的马克思主义政党。

党的十九大提出的党的建设的总要求，是习近平新时代中国特色社会主义思想的重要组成部分，是习近平党建思想的核心要义。在总要求前提下提出的八大具体要求和任务，既是我们党建工作的基本遵循，也是各级党组织发挥作用的基本依据。从高等学校具体情况来看，需要我们结合高等学校的特点，从《中国共产党章程》《中国共产党普通高等学校基层组织工作条例》的要求出发，研究高等学校党委领导下的校长负责制运行机制和基层党建工作法则，推动高等学校党组织作用得以正确有效发挥。

（二）新时代高校党委的主要职责

根据《中国共产党章程》和《中国共产党普通高等学校基层组织工作条例》，为贯彻落实党的十九大精神，中央组织部会同教育部党组研究提出了新时代高校党建工作重点任务，强调了高校要认真执行党委领导下的校长负责制，高校党委要充分发挥领导核心作用，突出政治建设。教育部党组进一步明确了高等学校党组织对标争先的具体任务，高校党委全面领导学校工作，履行管党治党、办学治校主体责任。具体要做到"六个过硬"，一是把方向过硬，主要是强调在思想上、政治上、行动上同以习近平同志为核心的党中央保持高度一致，树牢"四个意识"、坚定"四个自信"、切实做到"两个维护"，在意识形态、办学方向等方面旗帜鲜明。二是管大局过硬，明确要求党管办学方向，党管改革发展，党管干部和人才，党委要谋大局、议大事、抓重点，发挥总揽全局、协调各方的作用。三是做决策过硬，强调坚持党委领导下的校长负责制，坚持民主集中制，落实"三重一大"决策制度，实行科学决策、民主决策、依法决策、统筹推进学校改革发展稳定，教学科研管理等各项工作。四是抓班子过硬，强调要坚持和完善党委领导下的校长负责制，加强对院（系）班子建设的指导，健全领导班子联系基层制度，加强领导班子和领导干部的作风建设，认真执行中央八项规定精神。五是带队伍过硬，突出强调要坚持党管干部、党管人才，要配齐高校思想政治工作队伍，其中特别强调思想政治理论课教师队伍和辅导员队伍。当然，更要切实加强领导班子自身建设。六是保落实过硬，紧紧围绕人才培养、科学研究、社会服务、文化传承创新、国际交流合作和服务发展、促进就业等工作抓好调研谋划，落实推进和督促检查。应该说，党委工作的这些工作目标要求，实际上是说，既要突出党要管党、从严治党，也要强化"党抓发展、科学和谐，党主育人、价值引领，党育文化、正确先进，党蓄队伍、凝心聚力，党谋幸福、师生至上"。

（三）新时期党建工作的具体任务

中组部和教育部党组在提出高校党建工作总任务和党委工作总要求的同时，结合

《中国共产党章程》和《中国共产党普通高等学校基层组织工作条例》也同时强调了基层党组织的重点工作要求,为我们更好地发挥基层党组织和党员作用指明了方向。对院(系)党总支的要求是党组织领导和运行机制到位、政治把关作用到位、思想政治工作到位、基层组织制度执行到位、推动改革发展到位。从"五个到位",我们可以明显地感受到,院(系)党总支的工作要求近乎是全方位的,绝不只是党的自我建设本身。与此同时,教育部党组还特别强调了基层党支部的工作要求,这就是"七个有力",即教育党员有力、管理党员有力、监督党员有力、组织师生有力、宣传师生有力、凝聚师生有力、服务师生有力。这实际上是把党支部的职责放在党内和辖区(单位和部门)两个方面,实际上也扩大了党支部的作用面,也对党支部工作提出了新要求。事实上,基层党建工作是一个整体,其基础是党员的先锋模范作用。对此,我们需要进一步研究。

在党的建设实践中,许多高校正在探索党建工作体系化建设思路,探索党校党委如何成为科学发展的决策集体,院(系)党总支如何成为开放办学的领导集体,基层党支部如何成为创新创业战斗集体,教师党员如何成为教书育人旗帜,学生党员如何成为成才成长榜样,并在基层党建工作中建立探索标准化制度和方案,形成党委→党总支→支部→师生党员的党建先锋链。强调教师党员要努力做到"敬业爱校我带头、教书育人我带头、改革创新我带头、廉洁自律我带头、和谐建设我带头",学生党员要做到"尊师爱校我带头、勤学苦练我带头、社会实践我带头、公益服务我带头、创新创业我带头",使学校中党的工作不断深化细化。

应该说,党中央对学校党建工作要求明确,教育部党组提出的目标和要求也具有十分重要的可操作性,在"双高"建设中必须正确认识和把握。

二、高校党委如何在"双高"建设中积极有效地发挥作用

中国特色高水平高职学校和专业建设计划是新时代发展中国职业教育,推进现代职业教育体系建设和全面提升职业教育质量大局中的重要一着,也是为了更好地优化高等教育结构,促进大国工匠、能工巧匠的培育,推进高等职业教育高质量发展。它既是高等教育内涵建设新阶段的必行之路,也是鼓励不同层次和类型高等学校办出特色、办出水平的必然之举。"双高计划"文件明确提出,要集中力量建设一批引领改革、支撑发展、中国特色、世界水平的高职学校和专业群,带动职业教育持续深化内涵建设、推进高质量发展、实现现代化,并据此探索形成职业教育的制度、标准,探索中国职业教育发展道路和模式。对于这一崇高的目标和使命,作为建设立项单位,如何发挥好党组织的作用,笔者以为主要可做如下探索。

(一)从旗帜鲜明讲政治高度,把准办学方向

旗帜鲜明讲政治是我们党作为马克思主义政党的根本要求,党的政治建设是根本性建设,中共中央还专门印发了《关于加强党的政治建设的意见》,从总体要求、坚定政治信仰、坚持党的政治领导、提高政治能力、净化政治生态等方面提出了20条要求,习

近平总书记在全国高校思想政治工作会议上明确强调,我们的高校是党领导下的高校,是中国特色社会主义高校,必须坚持以马克思主义为指导,全面贯彻党的教育方针。同时也指出,党委要抓好政治领导和思想领导,政治领导就是要保证高校办学方向正确,保证党的领导在高校中全面发挥作用;思想领导,就是要掌握高校思想政治工作主导权,巩固马克思主义在高校意识形态的主导地位,用科学理论培养人、用正确思想引导人,保证高校始终成为培养中国特色社会主义事业建设者和接班人的坚强阵地。总书记和党中央的这些要求,实际上就是明确一个基本要求:我们必须在中国共产党领导下,扎根中国大地办好高等教育,培养中国特色社会主义建设者和接班人。联系"双高计划"实际,就是要明确我们建设的目标是中国特色高水平高职学校和专业群,必须在办学方向、目标定位、意识形态等根本性问题上与党中央保持高度一致,与中华民族伟大复兴的目标同频共振,培养的学生必须德才兼备、以德为先,在专业建设、学校治理等方面体现党的领导,体现中华优秀传统文化、革命文化和先进文化,方向绝不能偏倚。

(二)从经济社会发展要求,把握学校建设大局

职业教育与普通教育是两种不同教育类型,具有同等重要地位。要把发展高等职业教育作为优化现代高等教育结构和培养大国工匠、能工巧匠的重要方式,使城乡新增劳动力更多接受高等教育。"双高"建设的指导思想是,以习近平新时代中国特色社会主义思想为指导,牢固树立新发展理念,服务建设现代化经济体系和更高质量更充分就业需要,扎根中国、放眼世界、面向未来,强力推进产教融合、校企合作,聚焦高端产业和产业高端,重点支持一批优质高职学校和专业群率先发展,引领职业教育服务国家战略,融入区域发展、促进产业升级,为建设教育强国、人才强国做出重要贡献。这些论述明确了"双高"建设的大局主要是:(1)以习近平新时代中国特色社会主义思想为指导。(2)服务现代化经济体系和更高质量更充分就业。(3)正确把握高职教育的高教性和职教性双重属性。(4)强化推进产教融合、校企合作,聚焦产业高端和高端产业。(5)服务国家战略,融入区域发展,促进产业升级。(6)建设学校和专业群率先发展,引领发展。(7)为我国教育强国和人才强国建设提供人才支撑,做出重要贡献。(8)为形成一批有效支撑职业教育高质量发展的政策制度标准,形成中国特色职业教育发展模式进行积极探索。正因为如此,高水平学校党委在探索高职建设方略,研究建设思路时要抓住这些大局和重点开展工作,不拘泥于小事、琐事,在把方向的同时,落实好大局问题。

(三)以科学性、民主性,抓好工作决策

做决策是学校最常规的工作,前提是方向,要义是大局,关键是如何做决策,正确性是目标,而科学性、民主性是基础。

科学性要求我们了解情况、把握规律,这就要求领导班子成员认真抓好学习,学习科学社会知识,了解把握技术变革趋势,要善于用马克思主义理论、辩证唯物主义和历

史唯物主义,用习近平新时代中国特色社会主义思想武装头脑、指导工作。对于高职教育来说,由于其主要任务是培养区域经济社会发展需要的高素质技术技能人才,服务中小微企业技术研发和产品升级,开展终身教育和职业培训。因此,我们在研究"双高"建设特别是高水平专业建设时,必须把了解把握区域经济社会和产业发展需要作为重点,摸清区域经济社会发展实情,摸清产业发展实情,摸清技术技能人才需求实情,摸清中小企业技术需求实情,摸清职业培训和终身教育实情,形成科学决策的重要依据。

民主性要求我们决策前广纳民意,决策时畅所欲言。这既是党委的工作作风问题,也是党委工作机制问题。我们要充分发挥大学高层次知识分子和专家学者云集的优势,充分利用教代会和学术委员会工作机制,充分利用职业教育产教融合、校企合作机制优势,充分利用学校校企合作理(董)事会制度优势,充分利用专业(群)建设指导委员会优势,挖掘新型智库建设资源,在广泛听取各方意见建议,广泛深入吸纳社情民意等方面积极创造条件,真正形成"双高"建设优势。

(四)坚持德才兼备标准,抓好班子建设

建设高水平学校,做好正确决策,班子自身建设十分重要,有时甚至起着核心之核心、关键之关键的作用。习近平总书记提出了好干部二十个字标准,即"信念坚定、为民服务、勤政务实、敢于担当、清正廉洁","双高"建设学校必须精准领会、严格要求。从学校高水平实际看,有以下具体要求值得我们思考:一要重视领导班子整体研究,努力把领导班子建设成为高水平建设的领头雁,具体体现在忠诚担当、学习研究、开拓创新、服务示范、勤勉清廉,尤其要强调学习研究、适应新时代、开拓新发展,特别强调团队建设和头雁效应。二要按懂教育的社会主义政治家要求,选好党委书记。高水平学校的党委书记应该是政治家、思想者、时代楷模,是党建工作专家、教育工作行家、群众工作大家、服务工作赢家,能善于凝聚班子和社会各方力量,创新工作,成在妙处。三要按懂政治的社会主义教育家要求选好校长,校长是学校法人代表,在党委领导下具体主持教学科学行政管理工作,是"双高"建设的直接指挥者,要对教学工作负责、科研工作强责、社会服务工作尽责。在文化传承创新、国际交流合作等方面较好履责,要真正对"双高计划"的各项目标任务了然于胸,做到胸有成竹,心中有谱。四要建立健全领导班子工作机制,要建立党委会、校长办公会科学决策制度和运行机制,要强化领导班子联系基层、联系教师、联系学生,走进教室、走进寝室工作要求,建立健全对二级院(系)指导帮助制度,必要时要提出领导班子走访企业和校友的目标,使领导班子的群众观点、基层态度、师生意识、市场信息、共事能力不断提高。

(五)以强烈的人才意识,切实带好队伍

思想路线确定以后,干部就是决定的因素。在高水平高职学校建设过程中,两支队伍起着十分重要的作用:一是干部队伍;二是教师队伍,必须切实抓紧培养好,并有效发挥作用。

中层干部在学校发展中起着十分重要的作用,如上传下达、下情上传、组织实施,发挥中层干部的作用符合管理学二八定律(即百分之二十的骨干发挥百分之八十的带动作用)。在"双高"建设中,既要通过授权明责,把主要的具体任务分给中层干部去组织实施,以此来培养考察和锻炼干部;与此同时,要通过轮岗、交流等途径培养干部,当然,对担当重要岗位且业绩突出的干部应予以提拔重用,以此来激励干部。我们应当明确这样的政策,在"双高"建设中发现干部、培养干部、使用干部,激发干部热情,传递干部队伍建设正能量。

教师队伍建设在学校发展中起着十分重要的基础性作用,"双高计划"要打造技术技能人才培养高地,打造技术技能创新服务平台,打造高水平专业群,关键在教师。教师的积极性、创造力是实现"一加强、四打造、五提升"的基础,尤其是我们要实施"1＋X"证书试点,要推进"三教"改革,必须依靠教育教学创新,建设好一支素质精良、数量充足、结构合理的双师型教师队伍至关重要,必须通过人才工程,把它抓好抓细抓实,要强化激励,努力推动教师队伍优质成长,成为"双高"建设的真正主人。

高水平专业带头人建设作用特别,它既是管理队伍的重要组成部分,也是师资队伍建设的重要组成部分。在"双高"建设中,必须着力培养培育并积极发挥其作用,要按照"政治上最为鲜红、经济上最为优厚、社会上最为尊重"的要求,着力在提升学历学位、出国进修交流、企业挂职锻炼、评选评优奖励等方面支持倾斜,并充分调动其积极性,努力将其打造成为名师名家,真正成为推动高水平专业建设的关键力量。

(六)以强烈的事业心责任心,确保各项工作落实

学校党委班子成员一定要树立"功成不必在我,功成一定在我"的思想意识,心无旁骛地为"双高"建设带好头、服好务、做好后勤工作,一定要有带头意识,当好"双高"建设火车头。一要在学习上带头、研究上带头、工作上带头,时时处处事事给教师、干部做榜样,领导班子要多干一些、干早一些、学早一些、学深一些,更好地指导整体工作。二要有服务意识,当好"双高"建设服务员,领导就是服务,"双高"建设的大部分工作靠基层广大教师干部去探索创新和实践,作为学校管理者,要简化程序,以围绕双高、服务双高、服务师生,让一线教师有更多时间精力投入"双高"建设。三要有激励意识,当好"双高"建设引领者,要建立一个鲜明的导向和机制,明确干多干少不一样,干好干差不一样,能者上、平者让、庸者下的干事创业氛围,加大奖励力度,推动争先创优深入进行。当然,作为领导班子更要在争取上级支持筹措建设资金,整合建设资源上积极作为,为"双高"建设提供有力保障。

三、探索建立党政齐抓共管"双高计划"工作机制

党的领导是全面领导,中国特色高水平高职学校建设必须充分发挥,学校党委要在"双高"建设中发挥全面领导作用,这既是"双高"建设新时期党委的职责所在,也是新时代加强高校党建工作的要求所在。然而,要在党委领导下真正形成一个党政齐抓

共管的建设大格局,建立起共建共赢的有效机制,就必须把党委总揽全局,协调各方的作用在"双高"建设中落到实处。

(一)加强"双高"建设的组织领导

曾经在一段时间、一些单位、一些质量工程项目上,一般都由学校校长或某个分管副校长担任领导小组组长,按照党委领导下校长负责制的领导体制,这也不能为错,据我们所知,国家示范高职和国家骨干高职建设就是这样。"双高计划"虽是高职内涵建设和质量提升工程的继续,但不同于简单的财政支持项目,"双高计划"是党中央、国务院发展中国特色、世界水平高职教育的一项重大决策,目标定位很高,它要求通过建设使一部分高职学校和专业达到世界水平,引领我国职业教育形成国际先进水平的制度、标准,探索形成中国特色职业教育发展模式。因此,我们的站位必须更高,目标必须更明,定位必须更准。正因为如此,"双高"建设必须在党委统一领导下进行,在学校党委领导下成立领导小组,建立有效工作推进机制。关于领导小组的建立模式,有三种方式可供借鉴:一是由党委书记、校长共同担任双组长。这体现了党政领导对"双高"建设的高度重视,有利于昭示工作的重要性和调动基层的积极性,但具体工作中可能会出现基层需要双请示因而影响效率的情况,也容易造成领导小组会议、校长办公会、党委会三会之间职责的不明晰。二是由党委书记担任领导小组组长,校长担任常务副组长。这种模式适用于党委书记对学校和教育教学工作比较熟悉,又有足够时间精力在处理具体事务的情况,也有利于工作运行,但不利于调动校长的积极性,如党委书记业务工作不熟悉或精力难以集中会影响"双高"建设平稳顺利进行。三是由校长担任领导小组组长。这种模式比较好地体现了党委领导下校长负责这一领导体制,也有利于充分发挥校长的积极性和创造性,重大工作由领导小组或办公会议讨论后提交党委集体决策,也符合常规工作运行机制。如果校长对全局工作把握能力较强,这种模式比较理想,但不方便之处在于,上级和有关方面会认为学校对此工作不够重视,党的组织系统参与这项工作会受到一定影响。如何选择,由各学校具体而定,关键是形成健全规范的组织领导制度。

(二)切实抓好"双高"文件确定的"加强党的建设"任务落实

《教育部、财政部关于实施中国特色高水平高职学校和专业建设计划的意见》(教职成〔2019〕5 号)明确了"双高"建设的总体要求(包括指导思想、基层原则、总体目标)和改革发展任务及组织实施要求。其中改革发展任务第一条即是加强党的建设。笔者认为,党委要发挥作用、承担责任,首先必须把教育部、财政部下达的任务要求搞明白,弄清楚。可以概括为:(1)深入推进习近平新时代中国特色社会主义思想进教材、进课堂、进头脑。(2)在全体党员中开展"不忘初心、牢记使命"主题教育并形成长期制度。(3)大力开展社会主义核心价值观教育,尤其把爱国、敬业、诚信、友善落到实处,使富强、民主、文明、和谐、自由、平等、公正、法制深入人心。(4)从学校特点出发,全力构建思想政治工作和立德树人大格局,真正做到全员、全过程、全方位育人。(5)在立德树人、教书育人工作中坚持重视思政课程和课程思政并重,使学生的职业技能和职业精神高度融合。(6)认真落实党委领导下的校长负责制,并充分发挥学校党组织的领导核心作用和基层党组织的政治核心作用。(7)牢牢把握意识形态主导权,建立良好的教风、学风、校风。(8)引导广大教师干部和学生树牢"四个意识",坚定"四个自信",坚决做到"两个维护"。(9)加强党的基层组织建设,将党的建设与学校事业发展和"双高"建设同部署、同落实、同考评。(10)充分发挥基层党组织的战斗堡垒作用和共产党员先锋模范作用,带动工会共青团等组织建设,凝聚"双高"建设和学校改革发展正能量。

(三)形成同心同德合力开展"双高"建设的正能量

"党政军民学,东西南北中,党是领导一切的。"在"双高"建设过程中,我们必须充分发挥学校党委的领导核心作用,在学校党委领导下强化组织指挥体系建设,切实提高政治站位,具体明确任务定位,创新工作方式方法。

一要正确处理各方面关系。要正确处理党委与行政、书记与校长、班子集体与班子个人、正职与副职,实施操作与评价监督、资金投入与绩效产出、上级规定与学校实际、硬件提高与软件提升等各方面关系,更要处理好改革创新与长期坚持,即期效率与长期效果等方面的关系,在上级党组织正确领导下,在有关文件规定的基本框架内,用全面辩证的思维、科学合理的方法,推动"双高"建设有效开展和客观公正评价。

二要充分调动校内各方面力量。"双高"建设是一项全校工作,基本任务要做到横向到边、纵向到底;"双高"建设也是一项改革创新工作,必然有重心重点和点上突破创新。正因为如此,"双高"建设在一个特定学校必须坚持保证重点和兼顾一般,要发挥重点专业带头引领作用,以重点专业引领带动一般专业建设;要发挥学术研究力作用,用研究带动创新,以创新带动建设;要发挥教职工代表大会作用,善于把学校领导班子意志转化为全校师生意志,形成人人参与、人人支持的局面;要充分发挥民主党派的作用,发挥统一战线的作用;要发挥评先评优机制的作用,使评先评优成为巨大的"双高"建设促进和杠杆力量;要以改革促建设,尤其要改革创新绩效工资考核和发放办法,使其在"双高"建设中产生巨大推动力。

三要善于调动校外各方面力量。"双高"建设强调地方统筹,实际上也包括调动地方政府、行业主管部门、合作企业和校友及社会各界力量的含义。共产党的最大优势是协调各方,充分凝聚力量,学校党委在"双高"建设中必须充分利用这个平台和载体,在凝聚力量方面发挥作用,要积极争取地方政府的支持,不仅在资金投入上、政策创新上积极争取行业主管部门的支持,更要在企政、行企合作机制和政策业务运行上争取支持;要善于组织企业尤其是骨干企业一起协同建设,包括共建实训基地、就业基地、共同开展技术研发等,真正形成校企命运共同体;要凝聚校友力量,聘请校友上讲台,进课程,在打造教师、学生、校友共同体中推进学校人才培养、科学研究、社会服务和文化创新。

"双高"建设是一个大工程,是一个大时间跨度的工程。我们要坚持党的领导,加强党的领导,充分发挥校党委领导核心作用,在党委领导下凝聚各方智慧,调动各方力量,形成中国特色高水平高职学校建设巨大正能量。

【参考文献】

[1]江金权.改革开放 40 年党的建设改革的基本经验[J].学习与研究,2019(1).

[2]陈哲.改革开放以来高校党建的发展历程和基本经验[J].高校党建与思想教育,2019(10).

[3]黄建军.新中国成立 70 年党对高校全面领导的历史考察与基本经验[J].中国高等教育,2019(6).

[4]周建松.牢牢把握党对高校工作的领导权[J].中国高等教育,2017(9).

[5]周建松.新时代高等职业院校党建工作的使命与担当[J].中国职业技术教育,2018(22).

[6]陈秋明.坚决打好新时代高职院校党建工作"三大攻坚战"[J].中国职业技术教育,2018(25).

(本文原载于《学校党建与思想教育》2020 年 9 月上)

基于"双高"视阈的高素质技术技能人才培养思路研究

摘 要:高等职业教育的主要任务是培养高素质技术技能人才,而打造技术技能人才培养高地也是"双高计划"建设的重要任务之一。本文从我国高等职业教育发展和建设的基本任务和"双高"建设的目标要求出发,全面系统地阐述了"双高计划"改革发展任务中关于打造技术技能人才培养高地的六个方面具体要求,即德才兼备、以德为先的基本要求,工学结合、知行合一的人才培养机制,德智体美劳五育并举的人才培养重点,培养工匠精神的新要求,重点培养一批复合型技术技能人才和着力培养一批有特色特长的技术才能人才,并就如何推动"双高"建设、抓好高素质技术技能人才培养做了详细论述。

关键词:"双高计划";技术技能人才培养高地;思路

教育部、财政部颁布的《关于实施中国特色高水平高职学校和专业建设计划的意见》(教职成〔2019〕5号)明确提出了"双高计划"的总体要求、改革发展任务及组织实施办法,其中特别强调了"双高计划"要以习近平新时代中国特色社会主义思想为指导,集中力量建设一批引领改革、支撑发展、中国特色、世界水平的高水平高职学校和专业群,带动职业教育持续深化改革,强化内涵建设,实现高质量发展,并具体提出了"双高计划"改革发展的十大任务,即"一加强、四打造、五提升",其中第一条是加强党的建设,[1]这无疑是十分正确、十分重要的;而把"打造技术技能人才培养高地"放在"四打造"之首,综合起来笔者以为其意有三:一是高职院校"双高"建设的主要任务是在党的领导下培养中国特色社会主义建设者和接班人;二是高职院校在培养中国特色社会主义建设者和接班人的使命任务中的具体任务是培养技术技能人才;三是高水平高职学校和专业群建设的重要任务使命是打造技术技能人才培养高地。这种制度安排和目标定位是非常正确的,下面笔者对此做些阐述。

一、培养高素质技术技能人才是高职教育最为基本的任务

我国的高等职业教育是从20世纪80年代起,经过"三不一高""三改一补""三教统筹"[2]等政策探索而来的,而后又经过了世纪之交高等教育大众化后的积极发展、大力发展和加快发展,并在构建现代职业教育体系的进程中实现更大规模的发展。伴随着我国高等职业教育发展的进程,高等职业教育人才培养的目标定位也在不断调整和优化:从实用型人才、实用技术型人才、实用技能型人才、技术技能型人才,一直到高素

质技术技能型人才,但其核心使命是培养人才,培养面向社会主义现代化建设管理服务第一线的技术技能型人才,这个大方向是明确的。具体来说,要做到以下几点。

(一)立德树人是习近平总书记关于教育的一系列重要论述中反复强调的关键词

党的十八大以来,以习近平同志为核心的党中央高度重视教育和人才培养工作。习近平总书记在多次重要会议、多个重大场合反复强调学校的根本任务就是人才培养,并围绕培养什么样的人、怎样培养人、为谁培养人、靠谁培养人以及办什么样的学校、怎样办学校、为谁办学校、靠谁办学校等一系列重大问题发表了重要讲话,提出了明确的要求。2016年12月,在全国高校思想政治工作会议上,习近平总书记明确指出,要坚持把立德树人作为学校工作的中心环节,把思想政治教育贯穿于教育教学全过程[2],实现全程育人、全方位育人,努力开拓我国高等教育事业新局面。在2017年10月召开的党的十九次全国代表大会报告中,习近平总书记又明确指出,要全面贯彻党的教育方针,落实立德树人根本任务,发展素质教育,推进教育公平,培养德智体美劳全面发展的社会主义建设者和接班人。[3]2018年5月2日,习近平总书记在与北京大学师生座谈时又进一步强调,大学是立德树人、培养人才的地方,是青年人学习知识、增长才干、放飞梦想的地方。[4]与此同时,习近平总书记还进一步强调,培养社会主义建设者和接班人,是我们党的教育方针,是我国各级各类学校的共同使命。[5]在2018年9月10日召开的全国教育大会上,习近平总书记全面系统地总结了党的十八大以来的教育改革经验,明确指出,要坚持把立德树人作为根本任务。习近平总书记还在其他许多重要场合围绕学校任务和立德树人这些重大命题做出过许多指示。我们从习近平总书记的一系列重要讲话中,可以十分明确地体会到,习近平总书记始终十分重视教育工作,始终要求把立德树人作为学校中心工作来抓,反复强调立德树人是各级各类学校根本任务,是检验学校工作成效和水平的根本标准,必须作为一条明确的主线贯穿学校工作全过程、各环节。

(二)培养高素质技术技能人才是高职教育的具体使命和任务所在

《国家职业教育改革实施方案》开宗明义地指出,职业教育和普通教育是两种不同教育类型,具有同等重要地位;又在第三条明确要求,"要把发展高等职业教育作为优化高等教育结构和培养大国工匠、能工巧匠的重要方式,使城乡新增劳动力更多接受高等教育"。这些表述充分说明了高等职业教育具有高等教育和职业教育的双重定位,也明确了高等职业教育的办学方位。与此同时,《国家职业教育改革实施方案》基本沿用了2014年《国务院关于加快发展职业教育的决定》中的表述:高等职业学校要培养服务区域发展的高素质技术技能人才,重点服务企业特别是中小微企业的技术研发和产品升级,加强社区教育和终身学习服务。我们理解,就党中央国务院关于高等教育和职业教育的大格局中的定位,在推进高等教育大众化、普及化的过程中,鼓励各级各类学校安于办学定位,在不同的领域办出特色、办出水平、争创一流。而高等职业院校的主要任务,我们可以理解为"一体两翼"即以培养高素质技术技能人才为主体任务,以服务区域中小企业的技术研发、产品升级和社区教育及终身教育为两项重要任务。也就是说,作为高等职业学校,要聚焦抓住培养高素质技术技能人才这个中心环节,构建高水平人才培养体系,包括专业体系、课程体系、教材体系和管理体系。正是从这种意义上说,"双高计划"把打造高素质技术技能人才培养高地作为最重要的任务是正确的,而且把建设高水平专业群作为基础,大大有利于"双高计划"的实施和高水平高职院校的建设,从而有利于推动高等职业教育内涵发展,切实提升人才培养质量。

二、对"双高计划"文本中关于打造技术技能人才培养高地的理解

"双高计划"明确指出了中国特色高水平高职学校和专业建设的指导思想、基本原则、总体目标,并阐述了改革发展十大任务,对每一项任务也都有明确的阐述。就"打造技术技能人才培养高地"而言,主要有六个方面的内容,笔者理解如下:

(一)德才兼备、以德为先的基本要求

"双高计划"明确指出,要"落实立德树人根本任务,将社会主义核心价值观教育贯穿技术技能人才培养全过程"。本人认为,这是"双高计划"任务的重中之重、要中之要,习近平总书记曾经多次强调,我们的高等教育必须在中国共产党领导下,扎根中国大地办学,培养中国特色社会主义建设者和接班人。习近平总书记同时强调,我们的高等教育要坚持为人民服务,为中国共产党治国理政服务,为巩固中国特色社会主义制度服务,为改革开放和社会主义现代化建设服务。这实际上就是立德树人中要求的德,要求我们培养的学生真正做到德才兼备、以德为先。有道是:有德有才是正品,有德无才是次品,无德无才是废品,无德有才是毒品。我们要努力培养德才兼备的佳品,这是培养中国特色社会主义的建设者和接班人及实现"四个服务"中最为重要的。因此,我们要求培养的学生明大德、守公德、严私德,在政治品德、社会公德、家庭美德、职业道德等方面全面发展,只有树立起良好的"德",才能真正成为"人",成为中国特色社会主义的建设者和接班人。

要真正把立德树人落实好,必须注重培育和践行社会主义核心价值观。习近平总书记在多次讲话中强调培育和践行社会主义核心价值观的重要性。2014 年 2 月 17 日,习近平总书记在中央党校省部级领导干部学习贯彻中共十八届三中全会精神全面深化改革专题研讨班开班时讲到全面深化改革的总体目标,但他明确实现这个目标有一个前提条件,就是要培育作为社会最大公约数的社会主义核心价值观。在 2014 年 2 月 24 日中共中央政治局集体学习会议上,习近平总书记围绕社会主义核心价值观的培育和践行问题提出了四个要点,即核心价值观是文化软实力的关键,培育和弘扬社会主义核心价值观必须立足中华民族优秀传统文化,必须把社会主义核心价值观贯穿于社会生活的方方面面,发挥政策导向作用,使经济、政治、文化、社会等方方面面都有利于社会主义核心价值观的培育。习近平总书记的讲话明确了培育和践行社会主

义核心价值观的要求,高等职业院校要培养社会主义建设者和接班人。我们要争创中国特色高水平高职学校,就必须按总书记的要求提高站位,切实把社会主义核心价值观教育贯穿人才培养全过程和各方面。正如习近平总书记于 2014 年 5 月 4 日在与北京大学师生座谈时讲的那样,富强民主文明和谐、自由平等公正法治、爱国敬业诚信友善,传承着中华优秀传统文化的基因,意味着近代以来中国人民上下求索、历经千辛万苦确立的理想和信念,也承载着我们每个人的美好愿景,我们要在全社会牢固树立社会主义核心价值观,通过持之以恒的奋斗,把我们的国家建设得更加富强、更加民主、更加和谐、更加美丽,让中华民族以更加自信、更加自觉的姿态屹立于世界民族之林。对此,我们必须铭记在心,落实于行动中,把培育和践行社会主义核心价值观贯穿于人才培养全过程,打牢人才培养的理想信念和价值观基础。

(二)工学结合、知行合一的人才培养机制

《国家职业教育改革实施方案》第三章明确强调,促进产教融合、校企双元育人,其中核心是坚持工学结合、知行合一。"双高计划"在关于技术技能人才培养高地建设第二部分也明确强调,坚持工学结合、知行合一,加强学生认知能力、合作能力、创新能力和职业能力培养,这二者是高度一致和契合的。其实,早在 2014 年 10 月,习近平总书记指出,职业教育是人力资源开发的重要组成部分,是国民教育的重要组成部分,是广大青年打开成才成长通道的重要环节,要坚持服务发展、促进就业的方针,要坚持产教融合、校企合作,坚持工学结合、知行合一。"四个合"的办学模式和人才培养机制是高职教育的重要特征,其中产教融合是一个总理念、总要求,校企合作是一个办学模式,工学结合是人才培养的路径,知行合一应该是人才培养的基本要求。为此,国务院办公厅已于 2017 年专门印发了《关于深化产教融合的若干意见》,进一步阐述了创新链、产业链、人才链、教育链之间的关系,并就深化产教融合、推进校企合作、实现工学结合、培养知行合一的毕业生做了制度规定,在新一轮职业教育改革的大棋中,根据党中央国务院的决策部署,国家发改委和教育部又联合发布了《建设产教融合型企业实施办法(试行)》,旨在为推进产教融合,深化新一轮职业教育改革提供保障。应该说,推进产教融合、校企合作的环境和氛围已经形成,推进工学结合,培养知行合一的毕业生的有利因素也在不断增加,高职学校尤其是中国特色高水平学校高职建设单位必须抓住有利条件,在探索建立工学结合机制上下功夫,在培养知行合一的毕业生上出成效、出经验、做表率。当然,我们也清晰地懂得,知行合一是一个抽象的概念,必须体现在价值、知识、素养和能力等方面,其中认知能力、合作能力、创新能力和职业能力是最为重要的彰显点。

(三)五育并举的人才培养重点

"双高计划"明确强调,要加强劳动教育,以劳树德、以劳增智、以劳强体、以劳育美,这是对劳动教育的最新要求,实际上这也是对我国教育方针的最新诠释。关于人才培养,中华人民共和国成立以来,我们曾经有过多种表述,从培养德智体全面发展的

社会主义建设者和接班人,到德智体美全面发展的社会主义建设者和接班人是一个发展过程,强调了美育和审美的重要性。在 2018 年 9 月 10 日全国教育大会上,习近平总书记明确提出要培养德智体美劳全面发展的中国特色社会主义建设者和接班人,特别强调了加强劳动教育的重要性,其中关于以劳树德、以劳增智、以劳强体、以劳育美的思想十分清晰,我们一定要坚决贯彻落实。我们认为,在五育中,德育是实现全面发展目标的保证,对其他各育起着灵魂和指导的作用;智育是授予学生系统的科学文化知识,促进学生的技能发展,提高学生智力的教育,是全面发展的基础;体育是授予学生健身知识、技能,发展学生身体素质和运动能力,增强他们体质的教育,增强体质是一生健康的基础;美育是培养学生正确的审美观点以及感受美、理解美、鉴赏美的知识和能力;劳动教育是培养学生正确的劳动观点,养成良好劳动习惯的教育,让学生参加一定的劳动,可以促进学生养成良好的道德品质。在新的历史条件下,对教育尤其是职业教育而言,劳动教育要特别加强。

(四)把培养工匠精神作为新要求

《国家职业教育改革实施方案》第三条第一款明确指出,要把发展高等职业教育作为优化高等教育结构,培养大国工匠和能工巧匠的重要途径,这实际上明确了新时代发展高等职业教育的重要使命。如果说,职业教育主要是培养技术应用或实用技能人才的教育,初等职业教育主要是培养好一般性和专业性技能人才,而高等职业教育之高应表现在多个方面,其中一高就是技能之高。技能之高的直接目标就是大国工匠和能工巧匠,而培养大国工匠和能工巧匠的前提就是要培育学生的工匠精神。关于工匠精神,现在尚有不同解释。有人认为,所谓工匠精神,就是要持续专注地把一件事做好,并努力做到极致。这里面全面、持续和专注十分重要,其首先表明要敬业爱岗、要忠于职守,要刻苦钻研、要精益求精,要不甘寂寞、要乐于奉献,要有十年磨一剑、板凳坐得十年冷的品格。"双高计划"文件中,明确要求引导学生养成"严谨专注、敬业专业、精益求精、追求卓越"的品格,我以为这十六字表述了工匠精神的内涵,我们既要诠释好,又要找到更为扎实有效的路径。现在,一些学校采用大师进校园、劳模进校园,或建立大师工作室、劳模工作室的方法,既有利于推进校企合作,实现工学结合、加深产教融合,也有利于培养知行合一的毕业生,对培养工匠精神具有十分重要的促进作用,"双高"建设学校和专业群在这方面一定要积极探索,务必有更大成效。

(五)积极探索复合型技术技能人才培养之路

关于高等职业教育人才培养的目标,我们曾经有过不同的表述,在《国家教育事业发展第十二个五年规划》中,曾经明确要培养复合型、发展型、创新型技术技能人才。我们认为,这也是高职之高的重要内涵之一,复合型在许多场合可以被解释为一专多能或被理解为"T"型智能结构。站在今天的视角,我们也可以理解为具备学历证书+若干技能型等级证书的毕业生。关于这一点,《国家职业教育改革实施方案》明确强调,要借鉴国际职业教育培训的普遍做法,制订工作方案和具体管理办法,启动"1+

X"证书制度试点工作。试点工作要进一步发挥学历证书作用,夯实学生可持续发展基础,鼓励职业院校学生在取得学历证书的同时,积极取得多类职业技能等级证书,拓展就业创业本领,缓解结构性就业矛盾。这既明确了复合型人才培养的目标和方向,也进一步阐述了高等职业教育培养复合型技术技能人才的意义。目前,"1+X"证书试点工作已经开始,"双高"学校和建设专业必须率先带头,在此有新的作为。当然,培养复合型技术技能人才,不仅是指"1+X"证书,构建专业群的目的,也要有利于复合型人才的培养。我们要充分利用一切可能条件,让学有余力的学生朝复合型方向发展,使其更有创新力,更有发展性。

(六)着力培养一批特色特长的技术技能人才

"双高计划"明确指出,在全面提高质量的基础上,着力培养一批产业急需、技艺高超的高素质技术技能人才。笔者以为,"双高计划"文件写上这样的语言,是有其智慧和内在逻辑的。对此,我们一定要有科学的理解和把握。首先,必须建立在全面提高质量的基础上。这就是说,作为大众化的高等职业教育,必须面向大众,面向全体,作为"双高计划"项目,必须面向全体学生,体现教育公平,必须以提高人才培养总体质量、全面质量为基本要求。其次,要致力于培养产业急需、技艺高超的高素质技术技能人才。它既要求我们根据产业发展适时调整优化专业方向,以适应产业新发展、快发展、产业高端和高端产业的人才培养。因此,研究产业、适应产业、优化专业设置和调整方向是十分重要的。与此同时,要培养技艺高超的高素质技术技能人才,实质上为我们在研究实践高等教育大众化乃至普及化背景下,实施推进精英化培养指明了方向和道路,既要保证一般和基础,也可以考虑特长和特色。关于这一点,浙江金融职业学院近十年来设立的银领学院、淑女学院及其君子班,各二级学院开展的订单班、特长班及其学术社团和技能社团就是很好的范例,我们需要积极探索,并在"双高计划"实施中谋求更大成效。

三、切实加强高素质技术技能人才培养机制建设

打造技术技能人才平台,培养高素质技术技能人才,其目标十分明确,要求也清晰具体,关键是要在构建有效的机制上下功夫。关于这一点,习近平总书记在北京大学师生座谈会上也有明确的要求,这就是要形成高水平人才培养体系,结合高职教育实际。我们认为,体制机制上要着力抓好"五个主"。

(一)建好主心骨:切实加强党的领导和党的建设

"双高"学校要认真贯彻党中央和习近平总书记关于加强党的领导和党的建设的决策部署,坚持党委领导下的校长负责制,切实加强党委领导班子建设,加强基层党建工作,充分发挥基层党组织的战斗堡垒作用和党员的先锋模范作用,使基层党组织始终成为"双高"建设和办学治校的主心骨。具体来说:一要加强党的统一领导,要贯彻

"党政军民学,东西南北中,党是领导一切的"原则,加强党委班子建设,要认真按照"党要管党、从严治党,党抓发展、科学和谐,党主育人、价值引领,党蓄队伍、凝心聚力,党谋幸福、师生至上"的要求,充分履行党委各项职能。要按照忠诚担当型、学习研究型、服务示范型、开拓创新型、勤勉清廉型要求建好领导班子,提高党委班子战斗力。二是要加强体系化党建工作,坚持按照"一个校党委就是科学发展的决策集体,一个院(系)党总支就是开放育人的领导集体,一个基层党支部就是一个创新创业的战斗集体,一个教师党员就是一面教书育人的旗帜,一个学生党员就是一个成才成长的榜样"的要求,全面推动和加强学校党的建设,横向到边、纵向到底加强党组织网络建设,加强基层党组织标准化建设,切实发挥党组织的作用力。三要注重充分发挥共产党员的先锋模范作用,要突出先锋引领,建设先锋指数,贯彻"中青年学术带头人以共产党员为优势,中青年骨干教师以共产党员为主体,三育人及各类先进以共产党员为多数"的要求,认真落实教育部党组关于双带头人培养制度,尤其是在高水平专业群建设中狠抓落实,全面激发党建工作正能量,让共产党员的旗帜在"双高"建设中高高飘扬。

(二)弘扬主旋律:培育和践行社会主义核心价值观

习近平总书记明确指出,我们的教育要坚持为人民服务,为中国共产党治国理政服务,为巩固和发展中国特色社会主义制度服务,为改革开放和社会主义现代化建设服务;同时也明确提出,高等学校要在中国共产党领导下扎根中国大地,培养中国特色社会主义建设者和接班人,而培育好中国特色社会主义建设者和接班人,必须把握好育人导向和机制建设。一要坚持价值引领为主,要正确处理好价值引领、知识传授、能力培养和素养提升之间的关系,要把价值引领放在首位,作为学校党委和各部门工作的主要任务,努力按照德才兼备、以德为先的要求确保价值导向。二要培育和践行社会主义核心价值观,中央反复且明确倡导的"富强、民主、文明、和谐、自由、平等、公正、法治、爱国、敬业、诚信、友善"的社会主义核心价值观,必须认真纳入培养方案,且旗帜鲜明地加以宣传和培养并推动实践,学校思政课要加强宣传贯彻,平时的各项活动要充分体现,各种课题研究、社团活动等都要充分发挥作用,尤其是要把爱国、敬业、诚信、友善这一个人层面的要求落到实处。三要重视正确世界观的培养,按照全国统编的"思想道德与法律基础"课程的内容要求,围绕建立正确的世界观、人生观、价值观、法治观、道德观的要求,切实优化和改进教育教学,自觉做到理论与实践相统一、知与行合一,帮助学生树立起正确的世界观和核心价值观。浙江金融职业学院近年来积极开展师生同修三门思政课,对此做了有力推动。

(三)抓好主阵地:坚持以专业建设为龙头抓好教育教学工作

普通教育讲课程,高等教育讲学科,职业教育讲专业。职业化的专业教育在高等职业教育中居于龙头地位,专业结构决定着学校的特色,专业的选择已基本决定学生的未来和发展。因此,专业教育是学校培养高素质技术技能人才的主战场、主阵地,必须抓牢抓实。一是确立科学的专业建设理念,要坚持"办好专业—强化职业—注重学业—重视就业—鼓励创业—成就事业"的系统化、一体化理念,切实抓好专业建设,专业建设要合理定位、提高站位、谋求席位、争先进位,赢得高目标发展机会,在"优化课表、抓实课程、做好课本、搞活课堂、丰富课余、发展课外"上下功夫,努力提高专业的吸引力,提升专业建设和人才培养的水平和质量。二是建设高水平专业带头人,专业带头人既是专业的总设计师、总指挥,也承担着培养目标调研设计、专业教学课程开发、专业教学团队建设等方面的领导责任,对专业教育教学质量和专业建设水平起着十分重要的作用。专业带头人是学校改革发展中教研和管理双栖人才,必须花大力气加以培养和引育,努力形成使专业带头人成为"政治上最为鲜红、社会上最受尊重、经济上最为优厚"教师的良好风尚,激励其带动高水平专业建设。三是探索形成高水平专业建设机制,包括遵循产教融合、校企合作要求建好专业建设指导委员会,建好校内实训和校外实践教学基地,打造素质精良、结构优化、数量充足的教学团队,特别是双师结构教学团队和相对稳定的兼职教师队伍;同时,要不断推进教育教学改革,尤其是以教师、教材、教法为主要内容的"三教改革"和"1＋X"证书制度改革。

(四)打胜主战场:构建立体化素质教育体系

高职教育以专业建设为龙头,但必须克服专业唯一、智育唯一的错误观念,把专业建设和素质教育紧密结合起来。一要全面贯彻党的教育方针,按照习近平总书记在全国教育大会上提出的总要求,培养德智体美劳全面发展的社会主义建设者和接班人,在坚定理想信念、厚植爱国主义情怀、加强品德修养、增长知识、培养奋斗精神、增强综合素质上下功夫,要重视健康教育、生命教育、体育教育、美育教育,要崇尚劳动、尊重劳动。二要建立素质教育体系,探索建立以专业教育为基点、素质教育为基础和产教融合相协调的"三结合"人才培养新模式。素质教育既要补短更要扬长,要坚持"系统设计、分类培养,覆盖全员、强化特长,困难帮扶、激活整体"的总要求,坚持理论与实践相结合、课内与课外相结合、校内与校外相结合、显性与理性相结合、共性与个性相结合、载体与文化相结合,把素质教育落小、落细、落实。三要创设好素质教育载体。通过载体建设,把第一、第二、第三课堂结合起来,每所学校可以从自身的特点来研究素质教育的平台和载体。如浙江金融职业学院率先创建了全国高职第一家马克思主义学院,致力于办好思想政治理论教育课;创立了推进素质教育与学生工作相结合的明理学院,用五门课程推进学生明法理、明事理、明学理、明情理、明德理建设;还通过淑女学院,推动全校女生提升职业素养和增加才艺特长;通过与银行系统合作建立银领学院,把职业素养与职业技能培养相结合,较好地解决了学生培养过程中做人高度、深度、厚度、长度、宽度、强度的有机统一,也有效地补齐了高职学生成长发展过程中的一些短板。

(五)育强主力军:着力加强教师和管理队伍建设

教书育人、立德树人是学校最为重要的工作,是中心环节,是检验标准,要贯穿学校各项工作全过程。对此,习近平总书记在多次讲话中一再明确这些要求。

做好立德树人工作,必须紧紧依靠奋斗在第一线的教师和管理队伍,概括起来主要有以下几个方面:一要切实抓好思想政治理论课教师队伍建设。坚决贯彻习近平总书记在 2019 年 3 月 18 日在全国高校思想政治理论课建设座谈会上的讲话精神,把思想政治理论课作为立德树人关键课程,按"政治要强、情怀要深、思维要新、视野要广、自律要严、人格要正"的要求建设思想政治理论课教师队伍,按 1∶350 的数量标准配齐配足建强,同时,要在培养培训、经费保障等方面倾斜支持。二要抓好班主任、辅导员队伍建设。按照每班配备、全面负责的工作机制,建立班级工作班主任负责制,统筹抓好工作,尤其突出专业指导,辅导员队伍建设要按照中央总要求,坚持以中国共产党员为政治标准,以 1∶200 为数量要求配齐建强,让辅导员队伍充分发挥"政治上教导、思想上引导、生活上指导、学业上辅导、心理上疏导"的综合作用,打造人才培养一线铁军。三要抓好专任教师队伍建设。专任教师要做到既教书又育人,真正履行一岗双职,发挥专业优势,勇当班主任,勇挑人才培养重担,特别强调全体教师全面开展课程思政和课程育人工作,守好一段渠、种好责任田,把立德树人贯穿工作全过程,并坚持身教言教并重,抓好学生培养工作。四要抓好朋辈育人队伍建设。充分发挥已毕业的校友和优秀学长为主体的朋辈育人队伍建设,构建以校友为主体的兼职教师队伍建设,充分发挥校友育人作用,聘请校友上讲坛、进课堂。朋辈互动、优秀学长、学生干部在学校育人体系中作用特殊,要创新机制,积极让他们施展才华,发挥好示范和引领作用,形成齐抓共管、共管共育的全面全员全过程育人格局。

【参考文献】

[1]教育部、财政部关于实施中国特色高水平高职学校和专业建设计划的意见[Z].2019.

[2]邹吉权,刘斌.中国特色高水平高职院校建设的理论与行动框架[J].中国职业技术教育,2018(34):35-42.

[3]李洪渠,彭振宇.中国特色高水平高职学校的特征分析和建设愿景[J].中国职业技术教育,2019(5):6-10.

[4]周建松.精心构建新时代高职院校立德树人新机制[J].中国职业技术教育,2019(1):25-29,67.

[5]周建松.高水平高职院校建设的理念与思路研究[J].职教论坛,2018(1):6-10.

(本文原载于《职教论坛》2020 年第 3 期)

关于"双高"学校提升技术创新服务能力的思考

摘　要：中国特色高水平高职学校和专业建设计划提出了改革发展的十大任务，其中打造技术技能创新服务平台成为"双高"建设的重中之重。本人从高等职业教育的职能和目前存在的短板着手，阐述了建好技术技能创新服务平台，提升技术技能服务能力的重要性。与此同时，文章以较大的篇幅详细分析和阐述了"双高计划"文本中"打造技术技能创新服务平台条目的具体内涵、建设要求和工作重点"。在此基础上，文章提出了提升"双高"建设学校和专业群打造技术技能创新服务平台，提升技术技能创新服务能力的主要思路。主要是：根据新目标新要求明确学校新定位，把技术技能创新服务作为学校重要职责来抓，建好一批产业学院和协同创新中心平台，构建起强化技术技能创新服务的保障机制。

关键词："双高"；技术技能服务；创新平台；能力建设

《教育部、财政部关于实施中国特色高水平高职学校和专业建设计划的意见》（教职成〔2019〕5 号），明确了"双高"建设的指导思想、总体要求、主要目标、具体任务和保障措施，其中明确提出要集中力量建设一批引领改革、支撑发展、中国特色、世界水平的高职学校和专业群，同时特别强调要打造技术技能人才培养高地和技术技能创新服务平台，支撑国家重点产业、区域支柱产业发展……综观高职教育发展的历史，这应该是国家层面上第一次把打造技术技能创新服务平台纳入质量工程，并作为重要内容之一；与此同时，"双高计划"在提出的"一加强、四打造、五提升"十大任务中，第三条就明确了打造技术技能创新服务平台的要求，在任务七又强调了提升服务发展水平，联系在一起，这应该是对高职学校和高水平专业群技术技能创新和服务能力的新要求，也是中国特色高水平高职学校和专业群建设的新亮点。对此，我们必须予以高度重视。

一、充分认识高职学校提升技术技能创新服务能力的重要性

早在 2014 年《国务院关于加快发展现代职业教育的决定》（国发〔2014〕19 号）中，国家就明确强调了高职教育和高职学校的功能定位，在国发〔2014〕19 号文件第五条中就明确："专科高职院校要密切产学研合作，培养服务区域发展的技术技能人才，重点服务企业特别是中小微企业的技术研发和产品升级，加强社区教育和终身学习服务。"在 2019 年印发的《国家职业教育改革实施方案》（国发〔2019〕4 号）中，国家再一次强调了高职院校的使命，在第三条"推进高等职业教育高质量发展"第二段中指出：

"高等职业学校要培养服务区域发展的高素质技术技能人才,重点服务企业特别是中小微企业的技术研发和产品升级,加强社区教育和终身学习服务。"两个文件前后表述基本一致,把高职院校服务企业技术研发和产品升级作为重要任务并且专门强调。

(一)科学研究和社会服务是高等教育的重要职能

人们对高等教育的功能有一个认识的过程,高等教育履行职能也有一个发展过程,但不变的是人才培养是第一位的,也是最基本的,更是始终不能偏废的。随着高等教育的发展,也随着经济社会的进步,高等教育从单一履行人才培养职责,逐渐发展到以人才培养为中心,再向科学研究、社会服务、文化传承与创新、国际交流与合作等职能发展。这就是习近平总书记在全国高校思想政治工作会议上强调的五大职能,其中科学研究和社会服务是重要职能。高等教育职能的不断丰富,既是社会经济发展的需要,也是高等教育自身发展的需要。因为科学研究确实能反哺教学,有利于支持和促进人才培养工作更有质量、更有效率、更有水平地开展,而社会服务职能的履行,本身既包含人才培养和培训的内容,也包含科学研究成果的推广转化和应用,三者之间是有机的乃至是融合的。对于大部分应用型高等学校来说,要实现自身更好地发展,必须要面向市场、促进就业,必须以服务求生存、以贡献求发展,形成良性循环机制,促进高等教育更好地发展。高等职业教育是我国高等教育的重要组成部分和新的类型,必须体现高教性特征,切实把高等教育五大职能努力履行好,在坚持以人才培养为中心的同时,抓好科学研究和社会服务。

(二)寓科研和服务于一体的技术技能创新发展是高职教育急需补上的短板

在这几年的发展过程中,国家一直提倡高等职业院校要坚持以服务为宗旨、就业为导向,走产学研相结合的道路,同时明确要求高职学校要坚持产教融合、校企合作,坚持工学结合、知行合一。为此,国务院办公厅还专门印发了《关于深化产教融合的若干意见》(国办发〔2017〕95号),旨在推动产教融合、校企合作的深化。在实践中,各学校也在努力、努力再努力,但一个普遍的反映是,校企合作显然呈现出一头热一头冷的情况,学校普遍认为企业积极性不高。也正因为要克服这种状况,为更好地贯彻国家战略,2019年国家发改委等四部门又印发了《建设产教融合型企业实施办法(试行)》(发改社会〔2019〕590号),明确为认定的产教融合型企业给予"信用＋土地＋财政＋税收"的组合优惠,其用心十分良苦。但我们也要反思,学校自身究竟有没有责任?清华大学、浙江大学等一些名校为什么没有产教融合、校企合作障碍,而且捐赠和合作者纷至沓来?我认为,这与高职学校普遍存在的科研水平不高,社会服务能力不强,尤其是解决中小微企业技术难题,促进产品升级的本领缺乏、贡献不够有很大的相关性,合作往往是相互的,有用性非常重要,能解决对方诉求十分可贵。关于这一点,我们应该心知肚明。对此,"双高计划"实际上要使立项的学校和专业补上短板、做出榜样,带动整个高职战线实现高质量发展。

(三)技术技能创新服务能力也是高职教育高教性的重要体现

这几年,我国的职业教育已经有了空前大发展,中职教育大体相当,高职教育"半壁江山"的格局已初步形成,国家正在着力构建纵向贯通、横向融通的现代职业教育体系。但在发展职业教育的过程中,人们也一直在关心这样一个问题,即如何能体现出高职之高?高等职业教育作为高中后教育,在纳入职业教育的同时,也被纳入高等教育的范畴,高职教育与中职教育相比,除了高中后文化起点、文化基础课高之外,其他高在何处?专业基础、专业理论、专业技术、专业技能等高在什么地方,就连实验实训项目、基地、技术等如何体现高职教育之高,一直使人们困惑,不仅有中等学校不服,也令主管部门难答,有时候高职学校自己也说不清楚。其实,高职之高应该体现在多个方面,大学文化和精神,复合型技术技能等都是体现。但我还认为,高职之高更在于技术技能创新平台之高,技术技能创新服务能力之高,教师能够很好地解决行业企业技术研发和产品升级能力之高。说到底,就是科技和服务能力高,解决区域和行业经济社会发展过程中技术进步、产品换代的能力之高。如果实现了这一要求,校企合作也就迎刃而解了,高职学校也一定能门庭若市。正因为如此,在进入中国特色高水平高职学校和专业建设行列的单位,国家必须强调打造技术技能创新服务平台,提高技术技能创新服务能力。

二、"双高计划"关于"打造技术技能创新服务平台"的内涵解读

"双高计划"文件用较大篇幅分别详细阐述了"双高"建设需要重点做好的十大基本任务,即加强党的建设,打造技术技能人才培养高地,打造技术技能创新服务平台,打造高水平专业群,打造高水平师资队伍,提升校企合作水平,提升服务发展水平,提升学校治理水平,提升信息化水平和提升国际化水平。其中第三项是比较重要和显眼的任务,即打造技术技能创新服务平台,对中国特色高水平建设学校和专业群分三款提出了要求,具体解读分析如下。

(一)加强服务企业技术研发和产品升级的平台建设

"平台"是近几年来的一个热词,据百度介绍,它原指人们舒展才能的舞台,也指生产和施工过程中,为操作方便而设置的工作台,有的能够移动和升降,在计算机广泛应用过程中,它一般指计算机硬件和软件的操作环境。通俗地讲,平台泛指进行某项工作所需要的环境和条件。为此,"双高计划"首先明确提出:"对接科技发展趋势,以技术技能积累为纽带,建设集人才培养、团队建设、技术服务于一体,资源共享、机制灵活、产出高效的技术创新平台,促进创新成果与核心技术产业化,重点服务企业特别是中小微企业的技术研发和产品升级。"具体要求,我们做如下理解。

第一,以服务中小微企业的技术研发和产品升级为目的,就是平台工作是有明确指向的——服务区域内和行业中的中小企业,帮助解决技术研发和产品升级问题。正

因为如此,我们的科研不仅要顶天,更要立地,要突出问题导向和应用性目标。这样做,也回答了国务院从2014年开始就要求高职学校所要做的重点问题,也真正体现出以服务求支持,以贡献求发展。

第二,以促进创新成果与核心技术产业化为目标。应该说,我国的高等学校一直是科研重镇,也是专利大户,还是获奖大户,但为什么在经济建设主战场上的作用不能充分体现出来呢?关键还是科研成果的转化问题,也就是产业化问题。因此,"双高"建设必须强调校企合作,促进成果转化和实现核心技术产业化,这样做,对教师(科研人员)学校和企业来说是三赢的。

第三,以综合体建设为抓手突出功能复合。也就是说,平台的出发点必须对接现代科学技术新趋势,要立足于技术技能的积累和传承,更要实现人才培养、团队建设、技术服务的三位一体,平台既要突出主业主责是人才培养,又要着力技术服务,实现基本功能。通过平台,有利于积累人才,形成开放式团队,从而实现多功能目标,实现资源综合利用和共享。

(二)构建校政行企园技术技能创新服务合作机制

"双高"建设学校和专业群要提升技术技能创新服务能力,必须充分发挥自己的优势,激发基层干部和教师潜能,提高团队的研发能力和水平;同时,更要研究合作机制,而合作机制的建立又是多元的、多方面的。

第一,加强与地方政府的合作。与地方政府的合作是最为综合的,也是最为全面的,如果能够形成全方位合作机制,则有利于技术技能创新服务更好地实现。

第二,加强与行业企业的合作。与行业企业的合作更有利于专业特长的发挥,按照专业对接产业(行业)、课程对接岗位、教学过程对接生产(经营)过程的逻辑,由一个专业(群)或二级学院与一个行业,包括行业协会和企业集群合作,也有利于更加有针对性地提升技术技能创新服务能力。

第三,加强与产业园区(特色小镇)的合作。产业园区是近年来产业特色发展的新事物,特色小镇更是一个新的形态。在技术技能创新服务平台建设过程中,如果一个学校或专业群能够与产业园区(特色小镇)合作,则更能体现其创新性、先进性。

第四,平台的综合性功能建设。平台功能最为理想的方式是带有综合性,也就是"双高计划"所要求的科技攻关、智库咨询、英才培养、创新创业功能,同时做到充分发挥学校特点、专业特长,把区域经济发展和产业转型升级结合起来。这几年在发展过程中,已经呈现的一镇一个产学研中心、一园一个产学研合作学院的效果是比较好的。

(三)打造特色专业群与重点特色产业协同发展机制

"双高计划"采用高水平学校和高水平专业群两类布局,与"双一流"相匹配,其实有其科学性、先进性和合理性。文本提出"进一步提高专业群集聚度和配套供给能力,与行业领先型企业深度合作,建设兼具产品研发、工艺开发、技术推广、大师培育功能的技术技能平台,服务重点行业和支柱产业发展",有其针对性和前瞻性。

第一,学校要与地方重点产业集群建设相应的专业(群)。专业(群)对接区域内产业集群发展,围绕人才培养、员工培训、新技术开发研发等进行互动协作,真正使"双高"建设专业群做到"行业离不开"。

第二,学校要主动适应区域产业发展变化,调整和优化专业结构。具体可采用四象限分析法,即市场需求大、学校办学条件好的大力发展,市场需求大、学校办学条件一般的积极发展,市场需求小、学校办学条件好的减慢发展,市场需求小、学校办学条件弱的放弃发展。如遇特殊情况,应在充分论证基础上确定发展政策,以便更好地实现与区域、行业企业和园区的良性互动。

三、以双高建设为契机着力提升技术技能创新服务能力的思考

如前所述,提升高职学校和专业群的技术技能创新服务能力,既是一项新的重要工作,也是当前高职教育面临的短板,又是今后一个阶段努力的方向。中国特色高水平高职学校和专业建设计划要实现"同行都认可、当地离不开、国际可交流"的目标,必须要在打造技术技能人才培养平台的同时,着力在打造技术技能创新服务平台上下功夫。在推进高水平专业群建设的过程中,通过双平台转换,把学校的人才培养、科学研究、社会服务功能进一步增强,并以此带动文化传承与创新、国际合作与交流职能的实现,圆满达到面向市场、服务发展、促进就业的目标,建设一批引领改革、支撑发展、中国特色、世界水平的高水平高职学校和专业。具体来说有以下几点要求。

(一)根据新目标新要求明确学校职能定位

我国的高等职业教育已经历了40年的发展,已经进入内涵建设和特色创新阶段,中国特色高水平学校和高水平专业(群)建设单位更是进入了一个探索建立中国特色高职教育制度、标准、模式的新阶段,明确了率先实现现代化的新方位。因此,必须肩负新使命、强化新定位。

第一,明确技术技能创新服务作为学校重要的职能定位。人才培养是学校中心工作,立德树人是学校根本任务,这是毫无疑义的,我们要在"双高"建设中坚守为人民服务、为中国共产党治国理政服务、为巩固和发展中国特色社会主义制度服务、为改革开放和社会主义现代化建设服务的方针,致力于培养中国特色社会主义建设者和接班人。具体地说,就是首先要把培养服务区域经济社会发展和行业发展需要的高素质技术技能人才作为主要任务,同时要贯彻"双高"建设发展要求,履行好党中央和国务院赋予高职教育的职责和使命,把科学研究、社会服务职能切实履行起来,从高等职业教育特点出发,切实把集科学研究、社会服务、人才培养、文化传承与创新于一体的技术技能创新服务纳入重要议事日程,真正认识到位、抓紧抓好、做细做实。

第二,建立与职能定位相适应的组织框架。对高等职业学校的组建机构设置,我们是从模仿普通高校特别是普通高等专科学校开始的。事实上,一直到目前为止,人社、编办乃至党的组织部门也是这样认为的,学校师生中也有这样的大致共识。我们

认为,既然我们明确认识到了发展新阶段技术技能创新服务的重要性,我们就应该在组织框架内进行优化和调整。我们看到,这几年对于纪检、审计的机构,往往有非常硬核的措施,但对于科研、社会服务、校企合作的职能部门和研发机制仍然处于弹性状态乃至可有可无的状态、作为"双高"建设学校,国家明确要扩大自主权。我们认为,社会服务处或合作发展处、协同创新中心这样的组织机构应该切实保障。

第三,建立与职责履行相匹配的经营管理队伍。这几年,为贯彻立德树人根本任务,我们对思想政治课老师、思想政治工作辅导员乃至对心理健康指导老师等都提出了刚性指标。这是对的,但我们也要统筹兼顾,把一定的指标和资源配置到开展产学研合作和社会职能中去,形成"走出去、请进来"的强大力量,推动科学研究成果转化,社会服务提质升级,以帮助学校实现打造技术技能创新服务平台、提升创新服务能力的初衷。

(二)建好产业学院和协同创新中心平台

平台是为工作任务提供条件和保障的。从高等职业教育办学经验看,产教融合是高职教育的核心要义,产业学院的建设则是校企合作的工作母体。

第一,着力建设一批产业学院。学校和企业是一个命运共同体,而要实现和推动命运共同体建设,就必须把产业学院这个核心平台建设好:首先要选好选准特色产业,在此基础上选择行业、行业协会或行业内领先企业作为合作伙伴,在此框架下按照共同建设高水平专业,共同开发课程标准和课程体系,共同打造双师型结构化教学团队,共同设立技术研发中心的要求,并力所能及地共同开发一些职业技能等级证书,再争取创造条件共同谋求走出去发展,努力把产业学院融在二级院(系)之中。

第二,着力建设一批技术研发中心。校企合作既可以通过综合平台来推进,也可以通过特色性专门化平台来实现,技术技能创新服务更是如此。围绕核心技术、围绕职业技能等级证书、围绕特定产业园区、围绕特色小镇,我们可以通过校政行企的合作,建立专门性协同创新中心,如浙江轻工技术研发中心、浙江制鞋技术研发中心、浙江服务万亿金融产业协同创新中心、浙江跨境电商技术协同创新中心等,从而达到特色化发展的目标。

第三,积极探索混合所有制实体化产学研协同创新中心。混合所有制是新时代构建现代化经济体系的重要途径之一,推进职业教育混合所有制办学、吸收更多更大社会力量支持办学也是国家职业教育改革的重要内容。为了把技术技能创新做强做大做特,我们应当进一步解放思想,积极探索以资本为纽带的责权相结合的共同体,用混合所有制的方式,通过吸收技术人员、骨干教师入股的方式,积极推动技术技能创新服务,努力把蛋糕做大切好,更好地激励教师,充分调动教师积极性和创造性。

(三)强化技术技能创新服务的保障机制

提升双高建设学校技术技能创新服务能力和水平,思想认识到位很重要,强化机制保障也十分必要。

第一,学校要加强对市场和需求的调研。要突出需求导向,围绕致用目标来搭建平台、建立组织。为此,"双高"学校一定要通过建立校内专门队伍,动员教师走出去、聘请行业企业技术骨干请进来等途径,构建需求调研和市场状态的长效问诊机制,努力按需求导向,开展相关工作。

第二,要切实做到服务学生成才和教师成长相结合。技术技能创新服务的直接目标是为中小企业技术研发和产品升级服务,同时为区域经济社会发展特别是产业结构优化、产品升级和产业转型服务,为高端产业、产业高端、国家重点产业、区域支柱产业和战略新兴产业服务。但学校不同于专门的科研院所,必须贯彻以人才培养为中心的理念,必须服务服从于学生成才、教师成长的理念,切实在技术技能创新服务中培养学生、成就教师、实现经济效益和社会效益的和谐统一。

第三,努力改革优化考核和奖励激励机制。开展技术技能创新服务工作,与学校原有的"朝九晚五"工作节奏和"45 分钟课堂"等工作量计算办法可能会产生矛盾和冲突,也会影响常规工作秩序,我们一定要解放思想、更新观念,用改革的思路研究新情况和新问题,采用鼓励和激励的方法支持教师和专业技术人员积极开展技术技能创新研究开发和社会服务,以此扩大学校的社会合作面,履行学校的社会责任,努力把专业群建设、师资队伍建设提高到新的水平。

【参考文献】

[1]教育部、财政部关于实施中国特色高水平高职学校和专业建设计划的意见[Z].2019.

[2]陈子季.以大改革大发展推动职业教育全面振兴[J].中国职业技术教育,2020(1).

[3]谢俐.中国特色高职教育的方位、方向与方略[J].现代教育管理,2019(4).

[4]别敦荣.双一流建设与大学战略[J].江苏高教,2019(7).

[5]任占营.高职院校专业群建设的变革意蕴探析[J].高等工程教育研究,2019(6).

(本文原载于《职教论坛》2020 年第 8 期)

高水平专业群建设：政策、理论与实践

摘　要：中国特色高水平高职学校和专业建设计划采用高水平高职学校和专业群两类布局模式，大大提升了专业群的地位，强化了专业群建设的重要性；但究竟专业群建设的重要性有多大，专业群应该如何组建和运作，如何有效推动高水平专业群建设。本文从教育部有关政策文本分析出发，在学内专业学者意见的基础上对此进行了全面分析。在此基础上，提出关于建设高水平专业群的具体思路。

关键词：专业群；政策分析；理论解析；实践对策

《教育部、财政部关于实施中国特色高水平高职学校和专业建设计划的意见》（教职成〔2019〕5号）开宗明义："为深入贯彻落实全国教育大会精神，落实《国家职业教育改革实施方案》，集中力量建设一批引领改革、支撑发展、中国特色、世界水平的高职学校和专业群，带动职业教育持续深化改革，强化内涵建设，实施高质量发展。"在总体目标中又明确："围绕办好新时代职业教育的新要求，集中力量建设50所左右高水平高职学校和150个左右高水平专业群，打造技术技能人才培养高地和技术技能创新服务平台，支撑国家重点产业、区域支柱产业发展，引领新时代职业教育实现高质量发展。"一石激起千层浪，专业群和专业群建设作为一个重要而关键的概念马上引起了高职战线的重视，引起了理论界的高度关注。那么，应该怎样来认识和理解专业群的内涵呢？怎样来把握专业群与中国特色高水平高职学校之间的关系呢？怎样来建好专业群，进而推动中国特色高水平高职学校建设呢？

一、关于专业群建设的政策文本表述

关于专业群建设在职业教育中的重要性和地位，无论是教育部门还是财政部门，认识上都比较清楚，政策支持力度都比较大，并为此采取了许多有力措施加以推动和促进。关于专业群如何在政府主导推动下进行重点建设，目前各方面关注的还不是很多，但仔细发掘一下，也并非为零。早在国家示范建设和骨干校建设时期，其重点和方向就已十分明确，只是后来重视不够。也就是说，今天关于重点专业群建设也是推陈出新、细题新作，当然政策含义可能不尽相同，认识高度和目标要求也不尽相同。

（一）国家示范建设（教高〔2006〕14号）如是说

为贯彻2005年全国职业教育大会精神，教育部、财政部于2006年启动实施了国家示范性高等职业院校建设计划,并发布了《教育部、财政部关于实施国家示范性高职院校建设计划,加快高等职业教育改革与发展的意见》(教高〔2006〕14 号)文件,明确了示范建设的主要内容,在具体任务中明确强调:"支持 100 所高水平示范院校建设,60 万以上在校生直接受益,为社会提供各类培训 200 万人次;重点建成 500 个左右产业覆盖广、办学条件好、产学结合紧密、人才培养质量高的特色专业群……"与此同时,文件明确了示范建设的五个具体内容,即提高示范院校整体水平,推进教学建设和教学改革,加强重点专业领域建设,增强社会服务能力,创建共享型专业教学资源库。其中"加强重点专业领域建设"中明确规定:"中央在 100 所示范院校中,选择 500 个左右办学理念先进、产学结合紧密、特色鲜明、就业率高的专业进行重点支持。造就一批基础理论扎实、教学实践能力突出的专业带头人和教学骨干;建成一批融教学、培训、职业技能鉴定和技术研发功能于一体的实训基地或车间;合作开发一批体现工学结合特色的课程体系,形成 500 个以重点专业为龙头、相关专业为支撑的重点专业群,提高示范院校对经济社会发展的服务能力。"从上可以看出,2006 年开始的国家示范性高职院校建设计划,以重点专业带动专业群建设,提高示范校建设水平和服务经济社会发展服务能力的目标是明确的。尔后的国家骨干高职院校建设计划沿袭了国家示范校政策。因此,除了强化校企合作体制和激励地方改善投入环境等新要求外,以重点专业带动专业群建设的要求和举措是基本一致的。

(二)"双高计划"文件关于专业群的建设要求

《教育部、财政部关于实施中国特色高水平高职学校和专业建设计划的意见》(教职成〔2019〕5 号)在明确采用高水平学校和高水平专业即"双高"模式的同时,特别强调了专业群建设,并在文件第七条,即改革发展任务第四条明确了打造高水平专业群的建设要求和目标,具体表述如下:"面向区域或行业重点产业,依托优势特色专业,健全对接产业、动态调整、自我完善的专业群建设发展机制,促进专业资源整合和结构优化,发挥专业群的集聚效应和服务功能,实现人才培养供给侧和产业需求侧结构要素全方位融合。"同时又明确,"校企共同研制科学规范、国际可借鉴的人才培养方案和课程标准,将新技术、新工艺、新规范等产业先进元素纳入教学标准和教学内容,建设开放共享的专业群课程教学资源和实践教学基地"。还要求"组建高水平、结构化教师教学创新团队,探索教师分工协作的模块化教学模式,深化教材与教法改革,推动课堂革命"。与此同时,方案还强调"建立健全多方协同的专业群可持续发展保障机制"。

在随后由教育部和财政部发布的《中国特色高水平高职学校和专业建设计划项目遴选管理办法(试行)》(教职成〔2019〕8 号)第十二条中,对专业群建设又做了相关明确,尤其强调"专业群定位准确,对接国家和区域主导产业、支柱产业和战略性新兴产业重点领域。专业群组建逻辑清晰,群内专业教学资源共享度、就业相关度高,形成优势互补、协同发展的建设机制。专业特色鲜明、行业优势明显,有较强社会影响力"。同时要求:"专业群有高水平专业带头人和教学创新团队,校外兼职教师素质优良。实践教学基地设施先进、管理规范,基地建设与实践教学项目设计相适应、相配套。校企共同设计科学规范的专业群课程体系,反映行业领域的新技术、新工艺、新规范,信息技术深度融入教育教学,线上线下课程资源丰富。"文件还明确要求:"专业群生源质量好,保持一定办学规模。建立毕业生就业跟踪调查机制,学生就业对口率、用人单位满意度、学生就业满意度高。与行业企业深入合作开展科技研发应用,科研项目、专利数量多。"

应该说,"双高计划"文件对专业群建设要求明、内容多,需要我们认真研究并切实加以落实。

二、高水平专业群与高水平学校建设之轻重点

中国特色高水平高职学校和专业建设计划采用"双高"的建设模式,应该说学习和借鉴了我国正在实施的一流大学与一流学科即"双一流"建设模式,这无疑顺理成章。与此同时,本科高校采用以一流学科为基础的建设重点,而高等职业教育根据其类型特点采用专业和专业群建设模式也符合逻辑。需要讨论的问题是,专业群与高水平学校究竟孰轻孰重呢?这看起来有点像蛋和鸡的关系,在决策之初,曾经有传言,本轮高水平高职学校建设主要采用重点专业选择模式,凡两个以上专业入选的学校自动归入高水平学校,凡入选一个重点专业的学校则归入高水平专业建设单位。但传言毕竟是传言,后面的操作和政策文件规定似乎没有体现出这层意思,还是以学校综合得分的排序决定了高水平学校建设单位与高水平专业单位的次序。同样,综合得分也排定了学校和专业的 A,B,C 档次。也就是说,按照遴选办法,综合得分起了决定性作用。

(一)"双一流"建设中一流大学与一流学科关系的分析及启示

关于一流大学与一流学科之间关系的论述确实不少。如眭依凡[1]在《"学科"还是"领域":"双一流"建设背景下"一流学科"概念的理性解读》一文中,在分析"双一流"建设何以紧迫和"一流学科"之于世界一流大学建设之重要性的学理中,认为很有必要讨论一流大学与一流学科的关系,即"双一流"究竟指的是"单"还是"双"。在综合分析的基础上,作者认为,凡世界一流大学在世界一流学科的遴选和支持上无不采取"有所为"或"有所不为"的选择,即世界一流学科仅是世界一流大学的若干学科发展的目标,世界一流大学是以世界一流学科为基础的;而判断一所大学是否为世界一流大学的依据来自其是否拥有世界一流学科。"单"与"双"的逻辑因此而清晰,一流学科决定一流大学。

无独有偶,卢晓中[2]教授则直接以《世界一流大学与一流学科建设:孰轻孰重》为题分析,并强调指出,学科建设是大学的龙头,世界一流大学必然有一流学科作为支撑,一流学科建设是世界一流大学建设的基础,世界一流大学的学科并非都是世界一流,世界一流大学既与一流学科的数量关系密切,也取决于一流学科的质量;并指出,通过世界一流大学与一流学科关系的实然状态的简要分析,实际上也为如何思考世界一流大学与一流学科建设关系提供了一个基本向度,即以一流学科建设为基础推进世

界一流大学建设。

联系高等职业教育的实际,个人认为,高职教育作为高等教育的一个类型尚在确定之中,高职教育的发展历史也不长,粗放式发展的阶段也还没有完成,内涵建设、特色发展、创新发展的任务还十分艰巨。在这种背景下,"双高"建设把重心和基点放在专业和专业群建设上,有利于学校重心下移、责任下沉,有利于推进内涵建设和高质量发展,也有利于打造高职学校的类型特色、行业特色和区域特色,为整体上推动中国特色、世界水平的高职教育做出应有的贡献。当然,高水平学校离不开党的领导,离不开高水平师资队伍和信息化水平、国际化水平的提升,也需要通过学校治理水平和社会服务能力来彰显,对此应该加以综合考虑;但无论如何,学校的根本任务是立德树人。高职教育的具体任务是培养区域经济社会发展需要的高素质技术技能人才,从专业为基础推进"双高"建设,有利于把人才培养工作开展得更好。这正是习近平总书记反复强调的,只有培养出一流人才的高校,才称得上一流大学。因此更有理由认为,高水平专业和专业群建设在高职教育发展和"双高"建设中显得尤为重要和关键。

(二)任占营关于专业群和学校关系的分析与思考

任占营[3]在《高职院校专业群建设的变革意蕴探析》一文中明确提出,专业群建设是推进高职院校提高教育供给质量、增强核心竞争力的重大制度设计。第一,它是学校专业结构优化的重要抓手,以专业群为单位优化专业结构,能更好地适应新技术引发的快速职业迭代,发挥聚焦效应,保持发展活力,凸现职业教育类型特色,会使对接需求更加有效,调整变动更加有序,协同发展更加有力;第二,它是推进资源共建共享的重要方式,通过专业群配置教学资源,可有效破解单个专业普遍存在的资源稀释、分散、封闭、不均衡等瓶颈问题,促进宏观调控效益最大化,使资源配置更具指向性,资源效益更具集约性,资源共享更具可持续性;第三,它是学校治理体系重构的重要机遇,从职业教育产教融合的教育模式、校企合作的办学模式、工学结合的人才培养模式看,它要求建立并完善以调和、联动、多元、共识等为特征的内部治理体系,而专业群建设正是构建柔性、灵活治理机制的助推器,可很好地应对产业调整快速化、生源类型多样化、学习需求个性化、教学边界模糊化等多重挑战,可以打破堡垒,使组织体系更开放,可推进权责下沉,使基层活力更充沛,通过以群建制,使对接市场更高效;第四,它是凝聚办学特色的重要途径,通过专业群发展的方式,既有利于持续优势,又便于与时俱进,在共享、竞争、变革中塑造具有职业教育特色的类型文化,既有利于促进发挥传统优势,也易于实现开拓创新,从而引导形成品牌标识。

应该说,任占营是系统分析专业群建设意义的学者之一,在他的分析中也隐含了专业群建设与高职学校改革发展之间的关系。其实,在此之前,任占营在《新时代高职院校强化内涵建设的关键问题探析》一文中,就通过专业融合集群模式,以谋求主动适应需求变化进行了分析,认为专业群建设是高等职业教育与社会对人才需求的桥梁和纽带,是主动适应经济发展和产业升级的关键环节,他强调应当明确专业群的构建逻辑,确定专业群的核心内容,构建科学有效的管理方式,形成导向清晰的评价机制,并由此使高职教育实现组织效率变革,拉动教育新生态的形成,更好地适应和满足产业发展和经济社会变革的需要。任占营对专业群及其在学校建设发展中地位的分析比较系统、全面、客观。

(三)聂强关于专业群及其地位的思考与实践

与任占营身处教育行政主管部门的身份不同,聂强是一位长期从事高职教育管理的校长,且处在学校专业建设的第一线,他对专业群建设的重要性也有自己的认识。聂强[4]在《专业群引领下的"双高计划"学校建设策略》中明确提出,从专业、院系、学校三级管理维度出发,"双高计划"要以专业集群式对接产业为核心,厘清专业产业对接的时代逻辑,找准专业产业对接的方法,以专业群拉动二级院(系)改革为抓手,形成专业群合力,激发二级院系活力。他认为,第一,专业产业链式对接。职业教育的关键在跨界,而产教融合是跨界的一种实现方式,学校和企业必须全面打通,在合作价值链的基础上,实现专业集群对接产业发展,只有基于专业群(专业链)与产业链融合、学习链与生产链融合的产教融合命运共同体,才能让中国职业教育引领世界职教发展,才能增强我国产业的核心竞争力和世界影响力。基于专业群如此重要性的认识,聂强在文章中具体阐述了专业产业对接的时代逻辑和路径方法。第二,要以专业群拉动二级院系改革作为抓手。关于这一点聂强的理解与任占营大致相同,他认为以专业群为抓手,可以重组资源,形成专业群合力,促进专业结构的优化调整、专业资源的整合强化,以专业群为基础构建二级学院,可以激发二级院(系)活力,尤其是以专业群为基础重构二级学院后,可以实现责权下移,激发主体活力,调动基层的积极性和创造力。第三,以专业群建设为抓手有利于推进院系治理和定位变革。也就是说,通过专业群与有关产业行业对接,通过校企深度合作,有利于内外办学要素形成对接和合作机制,从而有利于优化学校院系治理,促进学校发展格局的变化。在具体阐述中,聂强还结合重庆电子工业职业技术学院的实际,做了相应的实证和佐证。

三、专业群究竟应该怎样科学组建和发挥作用

教育部、财政部在发布《关于实施中国特色高水平高职学校和专业建设计划的意见》后,又及时发布了《中国特色高水平高职学校和专业群遴选办法》,对专业群组建等问题提出了明确要求。应该说,专业群组建再次成为一个理论和实践的热点,关于这个问题,其实在国家示范建设甚至更早的时候,国内学者已有过一些研究,包括袁洪志、应智国、石伟平、沈建根、徐国庆等。

(一)袁洪志的分析

从目前看到的文献看,袁洪志[5]是较早对专业群及其构建做过分析的学者。他在《高职院校专业群建设探析》中指出:"什么是专业群?就是由一个或多个办学实力强、就业率高的重点建设专业作为核心专业,若干个工程对象相同、技术领域相近或专业

学科基础相近的相关专业组成的一个集合。"其主要特征是"专业群内的专业往往是围绕某一行业设置而形成的一类专业。各专业具有相同的工程对象和相近的技术领域""专业群内的专业是学校长期办学过程中,依托某一学科基础较强的专业逐步发展形成的一类专业,各专业具有相同的学科基础"。袁洪志同时认为,高职院校的专业设置与普通高等院校专业设置有着根本不同,它面向不同的职业分工来设置专业。关于专业群建设的意义,作者认为,它是高职院校专业发展规划的重点,是形成办学特色的关键,也是提高办学效益的有效途径。至于专业群如何构建,袁洪志认为,一是围绕产业链构建专业群,二是围绕岗位群构建专业群,三是围绕学科基础构建专业群。基于专业群建设的内容,袁洪志表示应主要包括专业群人才培养模式、双师型教师团队建设、共享的实训基地、共享型专业教学资源库等。

(二)沈建根、石伟平的分析和论述

沈建根[6]在石伟平指导下对专业群做了系统的分析,他们共同发表的《高职教育专业群建设、概念、内涵与机制》一文认为,专业群概念预示着高职教育组织观念的转变,是经济社会发展新背景下专业发展方式的转变。专业群有时被作为教学管理单位即专业作为课程的组织形式,将专业群作为学校内部资源使用与人才产出的实体组织,再以专业群为单元组建二级学院;有时被作为教学基本单位,即以专业群为背景开发课程。两者含义不同但都有其意义,大多数高职院校的专业群建设侧重于教学管理单位,他们强调,必须研究高职教育专业群的内在联系,但学科联系不符合高职教育的特点,与产业、职业岗位群对接的职业联系是高职教育专业群的现实依据。职业联系的本质是工作要素的关联,以岗位群或行业为主兼顾学科,这是国家宏观层面编制高职教育指导性专业目录的主要原则。据此,他们提出了高职专业群组建的具体思路,一是学校对接产业的选择与专业群的组建方式,二是对接产业的专业群设置与数量选择,三是群内专业的设置。与此同时,作者对以专业群为基础的组织保障机制改革和建设提出了思考。

(三)徐国庆的论述

徐国庆教授对中国特色高水平高职学校和专业建设计划给予了诸多关心和系统研究,对专业群建设也有专门论述,详见《基于知识关系的高职学校专业群建设策略探究》。徐国庆[7]教授认为,专业群建设是中国特色高水平高职学校和专业建设计划的重要内容,但专业群要真正产生成效,需要经历一个非常复杂的过程。目前高职教育组建专业群比较常见的逻辑依据主要是各专业所对应的相关性或者所对应岗位的相关性。然而专业作为一个知识传递和生产的载体,其最根本的逻辑要在知识的相关性中寻找,专业群建设逻辑只有沉降到知识论层面,才能促进专业群的有效生成。徐国庆教授认为,"高职教育专业群编组比本科教育编组复杂得多,因为本科教育的学科分类就是依据学科知识的逻辑关系进行划分的,其一级学科与二级学科之间的关系比较清晰";而高职教育的专业不是根据知识之间的逻辑关系设置的,而是以具有相对独立

性的技术和职业为参照点设置的,高职教育的专业大类与具体专业之间并不存在必然的人才培养内在逻辑,这就使得高职教育的专业群编组首先要回答专业群的编组逻辑问题,正常有三种,即产业逻辑、岗位逻辑、内容逻辑。通常的编组方式有立柱模式、扣环模式、车轮模式。也就是说,高职教育专业群的编组,不能简单地把一些看似相关的专业集中在一起,而是据此构建起专业群的平台课程构建策略,首先要寻求平台固定课程,然后要研究专业平台课程。很显然,这样的构建是需要一个过程的,要经历初创期、合作探索期、成熟期,然后可实现专业群建设机制可持续化。

(四)欧阳河的新思考

欧阳河教授长期从事职业教育理论研究,并经历了具体实践,其学术论著颇丰,近期就专业群建设发表了十分精短的论述《以范式改革推进高水平专业群建设》,颇有新意。[8]欧阳河教授认为,由专业建设转向高水平专业群建设,是专业建设范式的一次重大变革,将对我国职业院校办学产生重大影响。要完成有效的变革,应紧紧抓住一个"群"字,从"群"出发,衍生出群理念、群生态、群逻辑、群课程、群建设、群治理等,形成一个完整的范式,以范式改革全面推进,才有可能达成高水平专业群的预期目标。欧阳河理解的专业群理念,是指职业院校内服务同一个产业链、岗位群,或有着学科基础的多个专业的集合,它们由于共性和互补性而联结在一起。以专业群为单位推进高职改革和建设,有利于促进产业链、人才链、教育链、创新链的有效衔接,服务经济社会高质量发展,实现资源最优配置,降低管理成本,提高管理绩效。欧阳河还认为,引入群概念后,专业建设就由一个单一的专业层级,发展到四个层级,即专业、专业群、专业群落、专业群系统,由此形成了学校和行业或区域的群生态。至于组群的逻辑,欧阳河认为,组建专业群不能生拉硬凑,而要符合组群的逻辑,方式有三:一是对接产业链组群,二是对接相同或不同产业的相近岗位群组群,三是对接相关学科组群。但不管如何组群,都必须符合三相一共,即专业基础相通、技术领域相近、职业岗位相关和教学资源共享。与此相适应,也必须关注并重视群课程、群建设,有力推进群治理。

(五)潘家俊的思考

潘家俊教授长期从事职业教育,随着上海职教一起较早研究和关注专业群。他认为,在本轮"双高计划"中,专业群是一个创新点,这与国务院办公厅《关于深化产教融合的若干意见》(国办发〔2017〕95号)提出的推动学科专业建设与产业转型升级相适应,建立紧密对接产业链、创新链的学科专业体系的要求相一致,也与中国高等教育学奠基人潘懋元教授在2012年为《高职院校涉农专业群改革与建设——以广西职业技术学院为例》一书所作的"序"中用过的提法类似:种植、加工、流通、营销、信息组成了现代农业产业链,作物生产技术、食品加工技术、物流管理、市场营销、信息技术组成了培养现代农业人才的专业链,每个专业都可以在专业链中各自定位,服务于产业链中的相应环节。可以理解为专业链、专业体系与"双高计划"所讲的专业群是一致的,专业与专业群仅一字之差,都反映了高职教育从封闭式、学科导向到开放型、能力本位的转变。潘家俊教授在文中反复强调,专业群建群逻辑就是基于产业链,而问题关键是基于组群逻辑,对现有教学组织进行整合和重构,创新教育组织形态,建立跨学科、跨专业的教学组织和科研组织,形成优势互补、协同发展的建设机制,在此基础上形成第三部基于专业群的课程建设,重构能力本位的课程体系,开发适应产业需求的课程教材,满足学生多元成才的路径设计并积极创造条件,挖掘互联网背景下的全球资源。

(六)其他专家学者的建言

"双高计划"文件印发后,教育部职能司局组织了一批院(校)长和专家学者对文件进行了解读,其中关于专业群建设的相关问题,崔岩、温贻芳等专家做了解读。

崔岩教授认为,高水平专业群是高水平高职学校建设的关键,它作为高职专业建设的升级版,要实现对接产业吻合度高、资源整合共享度高、人才培养产出度高的目标,同时要以专业群为基础搭起融合化的产教协同平台,实现产教协同、教研互促、育训结合,在此基础上以专业群为基点建立结构化团队、开设模块化课程、打造开放式培养模式。

温贻芳教授则认为,一定要把准高水平专业群建设方向,具体而言,要立足引领改革,适应产业需求,实现结构重构、课程重构;要立足支撑发展,担当时代使命,面向产业链,以团组融合方式供给技术技能人才,聚焦技术链,以平台方式提供整体方案服务;要立足中国特色,坚定政治方向,围绕立德树人,培养中国特色社会主义建设者和接班人,实现德技并修;要立足世界水平,打造国际品牌,在专业群建设中令师生登上国际舞台,彰显国际影响力,资源实现国际共享,展现国际对话能力,进入国际标准俱乐部,掌握国际话语权。关于专业群的内涵及组建逻辑,建群目标和路径、策略等还有不少专家学者已经有许多论述,或者在思考之中。

四、正确打造高水平专业群的核心要义

众多专家和学者都已明确认为,高水平专业群建设相当重要,建设高水平专业群对建设高水平高职学校具有决定性意义。因此,我们有理由认为,必须把建设高水平专业群作为"双高"建设的重点工作或重中之重;与此同时,必须认真研究推动高水平建设的核心策略。

(一)坚持以科学组群为前提

关于如何把握专业群的组建逻辑,虽然不同专家学者站在不同视角有不尽相同的理解和表述,但从理论分析和实践要求看,基本认识大致统一,即"三相三共":专业群的学科基础相通,技术领域相近,职业岗位相关;同时,专业群构建要实现基础课程共用,教学资源共享,教师队伍共育。在此基础上,要努力实现专业链与产业链、人才链、创新链的对接。需要特别强调的是,本轮高等职业教育质量工程作为党中央、国务院的重大决策和中央财政支持的与"双一流"相匹配的重大项目,除了要建设一批引领改

革、支撑发展、中国特色、世界水平的高职学校外,同时着力建设一批服务、支撑、推动国家重点产业和区域支柱产业的高水平专业群。专业群绝不是不同专业之间的机械结合,而是一场对传统专业范式的革命,必须走出一条不同于以往的新道路,一定要防止专业群建设中形聚而神散、各自为政、新瓶装旧酒,以及关起门来搞建设、闭门造车的情况,真正把群的科学概念树起来。

这里千万不可忽视的一个大前提是,科学组群要选准选好重点(特色)专业,即龙头专业。因为就本质来说,专业群是以重点专业为龙头、为引领;对学校来说,重点专业应该是直接服务于国家重点产业、区域支柱产业和战略新兴产业,社会需求大,学校实力强的专业,当然也包括在全国和区域或行业范围内人无我有、人有我优、人优我强的特色专业。一般来说,选择重点专业可以用四象限分析法确定并进行决策:(1)市场需求大,办学条件好——重点发展。(2)市场需求大,办好条件弱——积极发展。(3)市场需求小,办学条件好——审慎发展。(4)市场需求小,办学条件弱——放弃发展。也就是说,重点(龙头)专业一般是第一种情况或者科学论证后的第二种情况。

当然,专业群在组建过程中需要突出强调校企共建,正如"双高计划"文件中提出和要求的那样,校企共同研制科学规范、国际可借鉴的人才培养方案和课程标准,将新技术、新工艺、新规范等产业先进元素纳入教学标准和教学内容,产教融合、校企合作、依托行业、面向企业建设重点专业和专业群,这是组群的逻辑和前提。

(二)坚持以立德树人为根本

高等职业教育作为高等教育的一种类型,其核心任务是培养区域经济社会发展需要的高素质技术技能人才,建设中国特色高水平专业群,必须把人才培养工作放在首位,坚持德才兼备、以德为先、德技兼修、五育并举。在德的方面,要坚持以习近平新时代中国特色社会主义思想武装头脑,努力抓好新思想进课堂、进教材、进头脑的"三进工程";要培育和践行社会主义核心价值观,让富强民主文明和谐、自由平等公正法治、爱国敬业诚信友善的要求内化于心、外化于行;要加强思想政治理论课建设,培养学生正确的世界观、人生观、价值观、道德观、法治观;要积极构建素质教育体系,加强思想政治教育,培养学生做人高度,加强人文素质教育,培养学生做人厚度,加强身体素质培养,解决做人长度,加强心理素质培养,解决做人宽度,加强职业素质培养,解决做人深度,加强创新创业素质培养,解决做人强度,加强劳体美艺教育,解决做人欢迎度。在才的方面,要遵循学生成长成才规律和市场运行发展规律,构建人才培养机制和模式;要根据新技术发展要求,把现代信息技术与教学内容紧密结合;要按照专业设置与产业对接、课程内容与岗位对接、教育教学过程与生产(经营)过程对接的要求,着力在专业知识、专业技术技能等教育培养上下功夫,尤其要重视如何解决好面向未来、面向发展之间的关系,努力把新工艺、新技术、新规范纳入教学要求和标准,使毕业生不仅能适应今天、适应明天,还有较强的未来适应能力;要把学生真正培养成德才兼备的人,成为首岗欢迎、转岗适应、长期发展可持续的人。

（三）坚持以产教融合为主线

国内外大量实践已经证明,职业教育包括应用型教育,技术技能人才培养包括应用型人才培养必须走产学研相结合的路子。对此,习近平总书记曾做出重要指示,"职业教育要坚持产教融合、校企合作、坚持工学结合、知行合一"。在国内众多学院（校）的探索中,已经围绕合作发展、合作办学、合作就业、合作育人进行了积极的探索,并形成了许多很好的经验。国务院办公厅为推动产教融合、校企合作的深入开展,还专门发布了《关于深化产教融合的若干意见》（国办发〔2017〕95 号）,对推动产业链、人才链、教育链、创新链有机衔接,推动校企合作办学,合作育人提出了具体指导意见。各省市也进行了具体部署,特别是《国家职业教育改革实施方案》（国发〔2019〕4 号）发布后,国家发改委等部门启动实施了产教融合型企业实施办法。在全国范围看,产教融合型城市、产教融合型企业的活动正在不断开展,国家也明确对产教融合型城市和企业在"土地＋信用＋财政＋金融"等方面给予优惠,这些举措必将推动产教融合的深入发展。作为中国特色高水平高职学校和专业群建设单位,必须充分认识和把握职业教育规律,充分利用国家有利政策,主动构建产教融合育人机制、校企合作发展机制、工学结合人才培养机制,提升集团化办学质量,打造具有自身特点又富有成效的产教融合、校企合作模式,使产教融合真正成为贯穿人才培养全过程的主线,切实提高人才培养质量。

（四）坚持以优质就业为导向

就业是最大的民生,也是最大的政治。近几年,在应对国内外经济社会挑战时,中央反复强调"六个稳",其中把稳就业放在六稳之首,从侧面体现了对就业工作的重视。对于一个国家来说,就业是社会和谐运行的稳定器;对于一个家庭来说,就业是幸福生活的命根子;对一所学校来说,就业是教育质量高低的试金石。因此,重视坚持专业群建设过程的以就业为导向的教学,是需要认真研究的问题。为此,既要正确定位专业群建设目标,把培养适应区域经济社会发展需要的技术技能人才作为基本要求,又要积极创造条件,贯彻《国家职业教育改革实施方案》对高职教育高质量发展的要求,积极承担起培养大国工匠和能工巧匠的重要责任,切实提高学生就业能力。要研究创新学校就业工作体制机制,坚持专业立足就业、教学面向就业、教师引导就业、学生自主就业、家长支持就业、校友助力就业、考核激励就业、全校重视就业,形成就业工作齐抓共管的良性格局;要积极开拓就业市场,通过产教融合、校企合作、社会服务及品牌建设等途径,不断巩固原有市场、开拓就业新市场、稳固市场关系,为学生就业发展创造条件。当然,在新的历史条件下,尤其是在构建现代职业教育体系、推进职业教育国际化的背景下,鼓励学生创业、升学和出国深造,也不失为一项举措,需要认真研究。

（五）坚持以教学工作为中心

如果说专业建设是学校工作的龙头,专业群建设是"双高"建设的基石,那么,专业群建设过程中必须坚持以教学工作为中心,要围绕教育教学制订好人才培养方案,着力在优化课程、做实课程、做好课本、搞活课堂、丰富课余、发展课外上下功夫。在贯彻落实《国家职业教育改革实施方案》的过程中,教育部对职业院校人才培养计划的制订与实施发了专门文件,提出了明确的改革完善要求。作为以打造高水平专业群为目标的建设单位,要结合教育部的总要求,结合专业群建群逻辑,正确把握重点专业与专业群的关系,贯彻"三相三共"的要求,制订既独立又相互联动的各专业人才培养方案并科学有效地加以实施。特别重要的是,适应新时代职业教育打造类型特色的要求,要在深化教师、教材、教法即"三教"改革上下功夫。教师队伍建设要贯彻素质精良、结构合理、数量充足的总要求,着力在双师型结构化创新团队上下功夫;教材改革要牢牢把握意识形态主导权,在探索活页式、工作手册式上下功夫;教法改革要注重适应云、物、大、智和 VR 技术,引进最新技术,把技术和内容结合起来,把内容和方法结合起来,切实提高教育教学效率和人才培养质量。

(六)坚持以全面发展为目标

建设高水平专业群,既要突出重点,又要全面发展。高水平专业群是高水平学校建设的支撑,要抓住人才培养这个中心环节,同时必须认真履行科学研究、社会服务的职责;要围绕国家重点产业、区域支柱产业和新兴战略产业,通过构建产学研协同创新平台,构建校政行企合作机制等路径,切实提高专业服务产品研发、技术升级、企业经营管理等方面的能力,把人才培养和科学研究有机结合起来;要注重专业群建设过程中的文化传承创新功能。一方面,要通过人才培养,把好的工艺、好的文化传承下去,并创新发扬光大,尤其是要通过联系劳模工作室、大师工作室,让劳模进校园、大国工匠进校园等,达成文化传承创新功能;另一方面,在国际化背景下,专业群如何走向世界、引领改革、支撑发展更值得研究。

(七)坚持以标准引领为使命

中国特色高水平高职学校和专业建设计划,明确提出:到 2022 年要形成一批有效支撑职业教育高质量发展的政策、制度和标准;到 2035 年,职业教育高质量发展的政策、制度、标准体系更加成熟完善,形成中国特色职业教育发展模式。在第一轮 197 个专业群建设单位开建的 253 个专业群中,涵盖了高职教育发展的大部分专业领域,通过较长时间的建设,对形成国际先进水平的制度标准,具有十分重要的意义。这也是实现职业教育现代化和职业教育走向世界的重要基础,"双高"建设专业群具有这样的使命,要在吸纳借鉴的基础上,适应"一带一路"倡议和人类命运共同体构建的需要,创造中国高职教育的经验、范式,为世界职业教育发展提供中国方案。为此,各专业群都有探索积累的责任,形成标准的使命,更有提供世界参考的担当。

(八)坚持以品牌发展为目标

中国特色高水平专业群是高水平学校的基础和前提,它不仅与自身的生存和发展相关,更与学校的发展息息相关,与区域(行业)产业发展的需求密切联系在一起。从这个意义上说,它与中国高职教育的国际地位关系密切。因此,高水平专业群在建设中必须研究可持续发展机制。也就是说,在建设过程中,必须密切关注行业、产业和企业发展的技术化趋势,关注市场需求动态,关注国内外产业变革诉求,并据此适时调整组群的内涵和外延,优化群内设计。正是从这个角度看,任占营同志在《高职院校专业群建设的变革意蕴探析》中强调科学组群要有外部适应性、内部相关性、内外协调性,要抓住课程重构这个核心,进行一体化设计、模块化课程和项目化资源,并选择适合学生个性化培养的方案。建立柔性化管理机制,微观层面可以专业群为组织实体,中观层面可以项目制建立协同机制,宏观层面构建多元治理新颖体系,这是非常有指导意义的。其实,要真正把专业群打造成可持续发展的相对独立的教育教学实体,不仅要有持续更新优化的动态机制,更要在动态发展中着力加强高水平专业群带头人和教学科研团队建设,加强办学条件保障及提升机制建设,加强国内国际、校政行企合作机制建设,加强专业群的理念提升与文化建设,真正使高水平专业群建设行进在可持续发展的宽广大路上。

【参考文献】

[1]眭依凡,李芳莹."学科"还是"领域":"双一流"建设背景下"一流学科"概念的理性解读[J].高等教育研究,2018(4):23-33,41.

[2]卢晓中.世界一流大学与一流学科建设:孰轻孰重[J].探索与争鸣,2016(7):27-30.

[3]任占营.高职院校专业群建设的变革意蕴探析[J].高等工程研究,2019(11):4-8.

[4]聂强.专业群引领下的"双高计划"学校建设策略[J].教育与职业,2019(7):16-20.

[5]袁洪志,高职院校专业群建设探析[J].中国高教研究,2007(4):52-54.

[6]沈建根,石伟平.高职教育专业群建设、概念、内涵与机制[J].中国高教研究,2011(11):78-80.

[7]徐国庆.基于知识关系的高职学校专业群建设策略[J].现代教育管理,2019(7):92-96.

[8]欧阳河.以范式改革推进高水平专业群建设[N].中国教育报,2020-03-03(9).

(本文原载于《高等职业教育》(天津职业大学学报)2020年第3期)

着力构建"双高计划"与高水平师资队伍的良性互动机制

摘　要:师资队伍建设既是"双高计划"建设的重要任务之一,也是推动高水平高职学校和专业建设的关键性引领和带动力量。文章从中共中央、国务院关于加强教师队伍建设的要求出发,从高职学校尤其是"双高"建设要求着手,对"双高计划"文件中关于打造高水平师资队伍的要求进行了具体分析和解读。在此基础上,作者进一步对如何推进师资队伍建设提出了自己的思考和建议。

关键词:"双高计划";师资队伍;建设机制

《教育部、财政部关于实施中国特色高水平高职学校和专业建设计划的意见》明确了"双高计划"的指导思想、总体目标和改革发展任务,其中突出强调要坚持以习近平新时代中国特色社会主义思想为指导,到2035年,通过项目支持的方式建设一批具备国际先进水平的高职学校和专业群,引领职业教育实现现代化,为促进经济社会发展和提高国家竞争力提供优质人力资源支撑,职业教育高质量发展的政策、制度、标准体系更加成熟完善,形成中国特色职业教育发展模式。[1]为此,教育部、财政部在"双高计划"文件中提出了改革发展的十大任务,即"一加强、四打造、五提升",打造高水平双师队伍作为重要任务写入其中。本文结合"双高计划"建设要求,就高水平双师队伍建设做些探讨和研究。

一、高水平"双师型"队伍是"双高计划"顺利实施的基础

(一)充分认识加强高职学校教师队伍建设的重大意义

《中共中央、国务院关于全面深化新时代教师队伍建设改革的意见》明确指出,"教师承担着传播知识、传播思想、传播真理的历史使命,肩负着塑造灵魂、塑造生命、塑造人的时代重任,是教育发展的第一资源,是国家富强、民族振兴、人民幸福的重要基石"[2]。2018年9月10日,习近平总书记在全国教育大会上发表重要讲话,进一步强调,教师是人类灵魂的工程师,是人类文明的传承者,承载着传播知识、传播思想、传播真理,塑造灵魂、塑造生命、塑造新人的时代重任。习近平总书记在讲话中回顾了改革开放以来尤其是党的十八大以来,我国在推进教育改革和加强师资队伍建设等方面的经验,总结了"九个坚持"和"六个下功夫"。在"九个坚持"中,习近平总书记明确强调我们要坚持把教师队伍建设作为基础工作。在中共中央、国务院印发的《中国教育现

代化2035》中,明确提出要"建设高素质专业化创新型教师队伍",要"大力加强师德师风建设,将师德师风作为评价教师素质的第一标准,推动师德建设长效化、制度化",要"加大教师表彰力度,努力提高教师政治地位、社会地位、职业地位"。习近平总书记又在许多重要场合具体阐述了教师队伍建设的重要性:"一个人遇到好老师是人生的幸运,一个学校拥有好老师是学校的光荣,一个民族源源不断涌现出一批又一批好老师则是民族的希望。"与此同时,习近平总书记还明确提出了高校师资队伍建设的目标,即大力培养造就一支师德高尚、业务精湛、结构合理、充满活力的高素质专业化教师队伍。"师德高尚",是指高校教师队伍建设要把师德放在首位,确保每位教师能积极弘扬高尚的师德精神,具有明确高远的教育理想、正确的自我价值实现尺度,重视良好师德师风对学生的引领和导向作用,恪守职责和义务,形成教师师德的内在自觉;"业务精湛"则体现教师职业的本质属性,要求高校教师不仅要有明确的教育理想、积极的教育情感、深邃的教育智慧,更要有良好的专业能力,能够用专业的思维思考和解决教育问题,致力于高深学问和专业知识的传授,培养一代又一代具有专业知识和能力的学生;"结构合理",是对教师队伍总体要求而言的,希望能在一定区域和行业乃至全国形成一个年龄、性别、专业、智能都较合理的结构,以提高立德树人和教书育人成效;"充满活力",既是教师队伍建设的目标,也是对教师队伍建设的要求。个体要朝气蓬勃、充满活力,能够伴随着新技术的发展和学生学习的特点,开展符合技术变革、学生身心及教育规律的教育教学活动,形成良好氛围,提高教师队伍的整体水平,形成愿为人师、乐于从教的良好局面。

(二)高水平"双师型"队伍建设对"双高计划"作用尤其重大

中国特色社会主义进入新时代,各方面工作要有新气象。以习近平同志为核心的党中央从我国国情出发,明确提出要推动新时代职业教育改革。为此,国务院印发了《国家职业教育改革实施方案》。为贯彻落实文件精神,教育部、财政部实施了中国特色高水平高职学校和专业建设计划。根据职业教育改革发展和"双高计划"要求,教育部等四部门联合印发了《深化新时代职业教育"双师型"教师队伍建设改革实施方案》,指出要"把教师队伍建设作为基础性工作来抓,支撑职业教育改革发展",经过一个周期的培养,"基本建成一支师德高尚、技艺精湛、专兼结合、充满活力的高素质'双师型'教师队伍";明确要求到2022年,"双师型"教师占专业课教师的比例要超过一半,建成360个国家级职业教育教师教学创新团队等,进一步提出了建设分层分类的教师专业标准体系,持续推进以"双师"素质为导向的新教师准入制度改革,构建以职业技术师范院校为主体、产教融合的多元培养培训格局,完善"固定岗+流动岗"的教师资源配置新机制,建设"国家工匠之师"引领的高层次人才队伍,创建高水平结构化教师教学创新团队,聚焦"1+X"证书制度开展教师全员培训,建立校企人员双向交流协作共同体等举措。应该说,该实施方案具体明确、可操作性强,既针对目标和问题导向强调了重要性,又明确了"双师型"重点和结构化特征,充分体现了高等职业教育对师资队伍建设的基本要求。

二、对"双高计划"文本中关于高水平师资队伍要求的解读

打造高水平双师队伍作为"双高计划"的改革发展任务之一,是高职院校高水平建设、高质量发展的关键,是培养经济社会发展需要的高素质技术技能人才的保障。有了高水平的师资队伍,才能培养高素质的人才,才能建设高水平的学校和专业。"双高计划"中关于"打造高水平双师队伍"建设任务,具体分为六个方面。

(一)以"四有标准"打造高水平教师队伍

习近平总书记指出,做好老师,是每一个老师应该认真思考和探索的问题,也是每一个老师的理想和追求。2014 年 9 月 10 日,习近平在与北京师范大学师生代表座谈时对老师的素养和标准进行了清晰诠释,即"有理想信念、有道德情操、有扎实学识、有仁爱之心"。"四有标准"从思想素质、道德行为、学识能力和师生关系等方面提出并界定了"好教师"的基本标准,既反映了新时代我国教育事业发展对教师队伍建设的现实需要,也为培养和造就高素质教师队伍指明了方向,并为我们客观全面公正地评价教师提供了可操作的模式。"四有标准"是教师的价值准则,要求高职学校的教师从价值观念、情感态度等方面认同教师身份,提升精神品格、道德智慧、职业能力、教育教学水平,成为党和人民尤其是学生欢迎的好教师。

在 2016 年 12 月召开的全国高校思想政治工作会议上,习近平总书记又一次强调,要加强师德教风建设,提出"四个相统一"。"四个相统一"与"四有标准"是一脉相承的,要求高校教师重新审视自己应承担的社会责任,准确把握国家和民族的重大需求,把自己的教学科研与国家要求紧密结合起来,知行合一,将个人价值与责任担当相统一,主动融入推动经济社会发展的洪流,勇于在变革中承担社会责任,以正确的价值观影响和引导社会公众,以实现社会、国家和人民的福祉,坚守育人之道,通过自己的言传身教,给学生以启迪,引导学生健康成长成才。

高校的师资队伍基础在于一个个优秀的个体,同时,也需要总体和结构。对此,"双高计划"进一步强调了数量充足、专兼结合、结构合理的要求。数量充足就是要适应高等教育和学校办学规模的需求,按师生比的规范,建设相对充足的教师队伍,这是满足开展教育教学的基本要求。对此,教育行政主管部门已经提出了明确的基本要求;至于结构,既包括宏观结构,也包括微观结构。对于一所学校而言,应从不同维度来分析公共基础课(包括思想政治、体育、语文、数学、信息技术、艺术等)和专业课(包含专业基础、专业知识、专业技能)。而从每一个专业看,又有不同专业之间的合理结构问题。当然,从更理想的角度看,又有性别结构、年龄结构。这是一门复杂的艺术,需要我们认真研究。专兼结合主要是针对专业课程教师的,这是职业教育和应用型高校的重要特征,也是我们需要解决的重中之重,更是高水平师资队伍建设的重点和关键点。

(二)引进和培育一批高水平专业带头人和业务领军人才

"双高计划"文件明确强调:"培育引进一批行业有权威、国际有影响的专业群建设带头人,着力培养一批能够改进企业产品工艺、解决生产技术难题的骨干教师,合力培育一批具有绝技绝活的技术技能大师。"这实际上有以下几层意思。

1. 要着力培养高水平专业(群)带头人

高职教育的基本特点是专业教育,专业是高职教育的龙头,必须紧紧依靠高水平专业带头人。专业带头人既是专业人才培养方案的总设计师,也是课程的主体承担者,甚至对专业文化都有明显影响。更何况,中国特色高水平高职学校和专业建设计划是一个学校和专业并重且以专业为基础的"双高计划",在此专业带头人尤为重要。优秀的专业带头人应该是:教育高水平,行业有影响,国际能交流。如果能够把真正的行业权威,国际有影响力的专业带头人引进学校,那一定能推动专业建设迈向更高水平。

2. 要建设一支高素质高水平骨干教师队伍

如果说专业带头人在专业建设中起着带头作用,那么一大批骨干教师则起着基础性和支撑性作用。这些教师大多数默默无闻,却承担着主体课程建设、教育教学乃至学生管理等方面的工作,并在区域经济社会发展、中小微企业技术研发和产品升级、多层次职业培训等方面发挥着很大的作用。因此,我们既要保证其数量要求,还要保证其质量水准,更要激发和调动其积极性,也需要有引进和培养相结合的机制。

3. 要合力培育一批技术技能大师

《国家职业教育改革实施方案》明确强调,要把发展高等职业教育作为优化高等教育结构与培养能工巧匠和大国工匠的重要途径。要培养能工巧匠和大国工匠,就需要一批能工巧匠和大国工匠来校执教,他们既是榜样,也是精神上、知识上、技能上、品格上的示范者。"双高计划"提出要培养一批具有绝技绝活的技术技能大师,这既是从技术技能人才需要讲的,又是从高职学校培养人才的目标上讲的。对此,"双高"建设单位要着力解决。

(三)聘请行业企业领军人才、大师名匠兼职任教

专兼结合是高职院校建设高素质高水平教师队伍的重要特征,聘请行业企业的经营行家、管理专家、业务能手和技术领域的名师名匠来本校任教,或通过大师工作室、劳模工作室的形式是较好解决校内专业和技术领军人才不足,高水平专业人才不充分或缺乏的问题,[3]各学校都在进行积极努力、探索,教育、人社等部门也在研究政策支持。对此,在教育部等四部门印发的《深化新时代职业教育"双师型"教师队伍建设改革实施方案》中,用专门的篇幅进行了明确,其中第四条明确提出完善"固定岗+流动岗"的教师资源配置新机制,允许并要求建立健全职业院校自主聘任兼职教师的办法,打通高层次技术技能人才兼职从教渠道,推动形成"固定岗+流动岗"、双师结构与双师素质兼顾的专业教学团队。应该说,主管部门的政策已十分明确,关键是如何实施

落地。

从每一个学校和专业的具体情况看,我们认为,从产业、行业、企业特点出发,充分把握校友资源是一个比较重要的方式和路径。一所具有几十年办学历史的高职院校,一般都会培养出一大批行业专家、管理精英和技术能手,他们不仅可以在岗位上为社会做贡献,也完全有条件为母校培养学生做出贡献。校友作为兼职教师的来源,不仅有利于人才培养、科学研究、社会服务工作的开展,而且有利于文化的传承和文化育人工作的开展,故我们应当认真做好这项工作。

(四)构建全方位职教师资培养体系

职业教育有其特点,其培养培训体系也需要全面系统且有其特点。"双高计划"文件明确要求"建立健全教师职前培养、入职培训和在职研修体系",我们认为,这是非常正确的。

1. 整个国家需要建立职教师资培养体系

在历史上,我们曾经有过许多师范大学,也有过八大职业技术师范学院,国家也建立过若干职教师资培训基地,但由于种种因素,师范教育体系被打乱,职业技术师范学院则纷纷改名易业,这是我们的教训。《深化新时代职业教育"双师型"教师队伍建设改革实施方案》明确提出"构建以职业技术师范院校为主体、产教融合的多元培养培训格局"。通过进一步提高和增强职业技术师范院校的地位和作用,发挥高水平高职院校开设职业技术师范专业的优势,通过在职教师"双师"素质培训进修等方式培养职业院校发展需要的师资队伍,并进一步提出了许多具体措施。应该说这些都是十分有意义的,关键是要坚持和落实。

2. 抓好岗前入职培训

入职培训是十分重要的一环,有时候甚至会影响和决定教师的一生。在技术师范教育体系不是十分健全的情况下,有些人专业能力强但不熟悉教育规律,有些人懂教育却不懂专业,有时候匆匆上岗,不仅不利于有效开展教育教学,弄不好还会误人子弟。即使在技术师范教育体系逐步健全后,入职培训仍然是十分重要的。通过入职培训,可以系统地了解高等职业教育的历史、现状及办学理念,了解国家对高职老师的要求乃至学校的基本规章制度。应该说,现在已经有高等职业学校的入职培训,对入职教师也要求学习"高等教育学"等四门课程并进行考试,可谓十分严格和全面,但针对性不强、系统性不够、时间上不充足等问题仍然存在,我们必须进行系统研究和改进提高。

3. 健全在职研修体系

关于高职院校教师的在职研修体系,应该是一个复杂的问题。我们有过一些规定,如工作满半年必须下行业企业实习(实践)半年,但究竟怎么构建才能做到理论上提升、实践上提高,确实是一篇大文章。这既需要国家设立(建立)一些培训点(类似于党校和行政学院),也需要各所学校有这样的体系和机制,更需要与考核评价晋升晋级结合起来。

(五)以建设教师发展中心为抓手促进教师发展

如前所述,构建教师培训体系,既需要宏观上有设计,也需要各所学校从自身特点出发,认真加以研究。就一所学校而言,建立教师发展中心,是一条十分重要而正确的道路。正因为如此,"双高计划"在打造高水平教师队伍的条目中明确强调,"建设教师发展中心,提升教师教学和科研能力"。从目前情况看,有些学校尚没有设立教师发展中心,即便设置,设置的模式也不尽相同,有些称"教师教学发展中心",有些称"教师发展中心";有些是中层独立机构,有些隶属于教务处,有些隶属于人事处。我们认为,教师发展中心是一个综合性机构,应当独立设置。学校建立教师发展领导小组,需要由组织、人事、教务、科研、信息中心等部门参加,由学校主要领导或党政分管领导任组长,配备专兼职相结合的工作人员提供指导服务,更需要有专门的经费和场地保证。同时,教师发展中心应该有一个系统的工作计划方案,由人事和教务及各二级学院提出培训名单,由教师发展中心实施。教师发展中心培训的内容可以包括教学能力提升、科研能力提升、社会服务能力提升、教师综合修养等。教师发展中心不是可有可无的,而是非常重要的,必须从高水平建设,从以人为本,从学校可持续发展等高度,切实把教师发展中心工作抓好。

(六)规范建立科学的教师考核评价机制

习近平总书记在全国教育大会上提出要"坚决克服唯分数、唯升学、唯文凭、唯论文、唯帽子的顽瘴痼疾",这实质上也对我们教师的考核评价机制提出了要求。从现实情况看,一方面,教师考核评价中的大锅饭现象比较严重;另一方面,教师考核中的唯论文、唯文凭(职称)情况也比较突出。正因为这样,在"双高计划"文件中明确强调,"创新教师评价机制,建立以业绩贡献和能力水平为导向、以目标管理和目标考核为重点的绩效工资动态调整机制,实现多劳多得、优绩优酬"。对此,我们是这样理解的。

1.多劳多得、优绩优酬是基本方向

这要求我们必须打破平均主义和大锅饭的教师绩效工资考核分配办法,真正让绩效工资发挥应有的功能。不仅要打破干与不干一个样、干多干少一个样,还要体现不好不坏、干优干劣不一样,尤其是要向承担课程课时多,承担学生管理和学生事务多,指导学生第二课堂多,社团、各类赛事多,本人参加教师教学类比赛项目多且成效大的教师给予更多倾斜。对立德树人绩效明显,为学校争得各类奖励、荣誉和品牌的教师,一定要给予大奖、重奖,真正实现优绩优酬。

2.业绩贡献和能力水平是考核导向

要提倡和鼓励教师多挑教育教学重担,为学校改革发展、创新建设多做贡献,在人才培养、科学研究、社会服务、文化传承与创新、国际交流与合作等方面多做贡献。同时,我们一定要通过自我激励及外部考核约束等方法,促进教师能力水平的提升,努力让教师成为符合"四有标准"、德才能艺兼备的好教师、名师、大师。

3.采用目标管理和目标考核的有效方法

目标管理法是企业经营管理中重要的方法,引入高职院校教师考核工作中有一定意义,但这个目标主要围绕教育教学工作、科学研究工作、社会服务工作来设立,不同职称、不同专业门类、不同课程分组的当量可以有不同的子目标权重,最后考核形成综合得分,给予相应的奖励和绩效工资。当然,教师是学校工作的主人,量化考核和绩效考核固然重要,但更为重要的是要加强师德师风建设,培育教师的敬业爱岗和职业奉献精神,提高教师教育教学水平和能力。从这种意义上说,"四有标准"是最基本的,师德师风是第一位的。

三、"双高"建设学校要在师资队伍建设上精准发力

教师作为学校最重要、最宝贵的资源,是开展人才培养、推进院校发展、进行技术研发等的主体,影响着"双高"建设学校质量,关系着高等职业教育的未来。要推进中国特色高水平高职学校建设,就必须把师资队伍建设好。前面从六个方面解读分析了文件要点,就每所学校而言,必须从实际出发,突出重点,找准对策,精准发力。

(一)着力提升教师思想政治素质

《中共中央、国务院关于全面深化新时代教师队伍建设改革的意见》规划了今后五年和面向 2035 年的师资队伍建设目标,其中明确提出要使"教师综合素质、专业化水平和创新能力大幅提升",其中特别强调提升教师思想政治素质,全面加强师德师风建设。这也是贯彻习近平总书记"四有好教师"的首要条件。具体来说,一要努力加强教师党支部和党员队伍建设,坚持把党的政治建设摆在首位,用习近平新时代中国特色社会主义思想武装头脑,落实一个教师党员就是一面教书育人旗帜的要求,把党建引领育人工作落到实处,扎实做好专业带头人兼任党支部书记的"双带头人"建设工作。二要着力提高教师思想政治素质,要在广大教师中切实加强理想信念教育,紧紧以习近平新时代中国特色社会主义思想武装教师,树立教师崇高理想信念,引导教师树立正确的历史观、民族观、国家观、文化观,坚定"四个自信"、强化"四个意识",切实做到"两个维护",带头践行社会主义核心价值观,带头弘扬中华优秀传统文化、革命文化、社会主义先进文化和爱国主义精神,在教书中不忘育人使命,挖掘课程中的育人元素,有力推动课程思政建设,切实提高爱国、敬业、奉献意识,为学生做出示范和表率。三要努力构建师德师风长效机制,鼓励引导各学校开展师德师风提升计划,严格师德师风评价考核,推行师德考核负面清单制,加强师德师风问题惩处,实行选人用人、评奖评优、职称评聘等工作的师德师风问题一票否决制,引导广大教师以德立身、以德立学、以德施教、以德育德,身教与言传相统一;要及时表彰奖励师德师风先进人物,讲好优秀人物故事,弘扬和传递正能量,打造一支政治素质高、思想品德好、忠诚于党且学有专长的教师队伍。

(二)着力加强"双师型"教师队伍建设

"双师型"队伍建设是高职教育的重要条件,是提高学校办学治校和建设水平的重

要内容,也是衡量高职院校师资队伍建设水平的重要标志。一要着力提升现有教师的"双师"素养。要建立起比较完备的教师挂职锻炼、社会实践和社会服务基地,建立严格规范的教师参加社会实践和顶岗工作制度,加强考核并落实到专业技术职务评聘和晋升之中,从而切实解决"三门教师"实践能力不够和业务经历空白问题,使专业课教师的实践水平有显著提高;可利用"双高"建设的有利条件,适当增加专业课教师编制,并实行社会实践轮岗制度。二是积极创造条件引进"双师型"教师。充分利用国家大力营造尊师重教良好氛围,不断提高教师社会地位和待遇等政策条件,认真贯彻《国家职业教育改革实施方案》关于"从具有三年以上企业工作经历并具有高职以上学历的人员中公开招聘"职业院校老师的有关规定,充分发挥和发掘校友资源,加大招聘具有三年以上实践经验教师的力度,并不断扩大占比。三是认真落实兼职教师队伍建设机制。为了优化结构、提高效果,在提高专任教师"双师"素质、引进具有实践经验的一线人员担任教师的同时,提倡学校采用柔性引进、兼职聘用等办法挖掘"双师型"教师资源,打造高水平"双师型"教师队伍。在这方面,各校都有一定经验,各地也有一些鼓励措施,[4]"双高"建设学校要增强主观能动性,尤其在建设以优秀校友为主体的兼职教师队伍建设上下功夫、出成效。

(三)着力加强大师名家培养

《国家职业教育改革实施方案》明确发展高等职业教育的目的是"优化高等教育结构和培养大国工匠、能工巧匠",同时,"双高计划"也明确其建设目标为培养高素质技术技能人才。正因为这样,我们认为,"双高"学校在构建大师名家引领型教师队伍上必须积极作为。一是建立高层次人才直聘和特聘制度。可通过特设岗、特定岗酬制度和大师名师工作室的方法直接从企事业单位引进一批大国工匠、能工巧匠和名师名家作为专业带头人和骨干教师,成为"双高"建设新的重要的引领力量。二是着力培养和打造一批名师名家,通过特定的人才培养计划和项目,一人一策、激励兼容、不拘一格,着力培养打造自己土生土长的大师名家。[5]当前,特别要注重从中青年教师中加大培养力度,让中青年尤其是青年教师脱颖而出,尽快成为专业带头人和学术领军人才。三是着眼于国际高端化人才培养,围绕精通外语、精通业务、了解实践等要求,注意从境外招聘高学历高层次人才,提升我国高职院校教师国际化水平,为我国高职教育走向国际创造更好条件。[6]

当然,高水平师资队伍建设是一项复杂的系统工程,既需要我们统筹兼顾,加强全面建设,也需要我们突出重点,着力加强紧缺人才培养,更需要在德才兼备、提高教师综合素质上科学引导,力求实效。

【参考文献】

[1]教育部,财政部.教育部、财政部关于实施中国特色高水平高职学校和专业建设计划的意见[EB/OL].(2019-04-01)[2020-01-10].http://moe.gov.cn/srcsite.A07/moe_737/s3876_qt/201904/t20190402_376471.html.

［2］中共中央、国务院关于全面深化新时代教师队伍建设改革的意见［EB/OL］.（2018-01-20）［2020-01-10］. http://www. gov. cn/zhengce/2018-01/31/content_5262659.htm.

［3］王武林.产学研结合与高职师资队伍的培养［J］.黑龙江高教研究,2014(10)：72-74.

［4］苏志刚,尹辉.科教产教融合,建设高水平应用型本科师资队伍［J］.中国高校科技,2018(11)：8-11.

［5］周建松.提高质量：高职院校师资队伍建设的着力点［J］.教育研究,2012(1)：138-140.

［6］周建松.基于高水平目标的高职院校教师队伍建设方略［J］.高教探索,2018(12)：92-96.

（本文原载于《职教发展研究》2020 年第 2 期）

基于"双高"建设的校企合作体制机制深化研究

摘　要:校企合作是高职教育发展的重要内容,随着高职教育内涵式发展的推进,中国特色高水平高职院校建设明确把提升校企合作水平作为重要任务之一,校企合作进入新阶段。基于"双高"建设,高职院校要在遵循教育规律与市场规律的基础上,深化校企合作体制机制改革,在课程教学、专业群建设、人才培养目标等方面积极探索校企协同育人模式创新,提升高职院校服务产业转型升级的能力,推动高职院校和行业企业形成校企合作命运共同体。

关键词:"双高"建设;校企合作;"双元"育人;体制;机制

校企合作作为推动职业教育优化人才培养、改革完善教学内容、提高人才培养质量的重要途径,已经成为社会共识,并逐渐推广到应用型本科人才培养模式的构建中。就高职教育领域而言,高职教育从国家示范校建设开始,已在不断探索校企合作之路,研究构建起一个有效的校企合作体制机制来充分调动行业和企业参与职业教育的积极性,并取得了一定的成效。[1]"双高计划"在改革发展十大任务中,再一次把"提升校企合作水平"作为重要任务之一,并明确提出把校企合作纳入"双高计划"建设任务中的要求,建设任务要抓住校企合作的要害和核心,使校企合作水平成为衡量高职院校办学治校水平的重要内容之一,成为衡量"双高"建设水平的重要标志之一。新时代要结合"双高"建设,通过各种途径全面推进校企合作,切实把校企合作体制机制构建好,努力提升校企合作水平。

一、我国现代职业教育校企合作体制机制及其发展

《国家职业教育改革实施方案》开宗明义,职业教育与普通教育是两种不同教育类型,具有同等重要地位。高职教育作为高等教育中的一种类型,肩负着培养面向生产、建设、服务和管理第一线需要的高技能人才的使命。校企合作体制机制能否深度构建,影响着"双高"建设任务能否顺利完成。

(一)构建校企合作体制机制是打造职业教育类型特点的重要内容

我国现代职业教育的发展有着悠久的历史,如果从黄炎培先生创办的中华机器学校算起,也有一百多年,黄炎培先生提出的"使无业者有业,使有业者乐业""手脑并用、双手万能"的理念,至今仍影响和激励着我们不断探索和践行职业教育的真谛——要

培养知行合一的人才。

改革开放以来,我国的职业教育不断得到重视,短期职业大学、中等职业教育先后不断发展,并形成较大规模。就高职教育而言,经历 20 世纪 80 年代初短期职业大学的探索阶段,后又经过"三不一高""三教统筹""三改一补"的努力,进一步推动了高职教育的发展。直到世纪之交,我们明确了大力发展职业教育,尤其是高等职业教育的政策,并且把大力发展高职教育作为推进高等教育大众化的重要抓手,还下放了高等职业(技术)学院设置审批权限。高职教育作为一个新的类型,迅速成为高等教育的半壁江山;在这过程中,我们也一直在探索高职教育的类型特征,我们也不断向发达国家和地区学习和借鉴。如加拿大能力为本模式、美国社区学院模式、德国双元制模式、英国现代学徒制模式、新加坡教学工厂模式、澳大利亚 TAFE 模式、日本官产学研模式等,不断探索基于一个教育类型的内涵特征。我们把人才培养目标定位为高素质技术技能人才,把服务面向定为生产建设管理服务一线,同时也逐步总结出办好高职教育的基本要求。例如,以专业建设为龙头,建设双师型教师队伍和双师结构教育教学团队,建好校内实训(实验)基地和校外实践(实习)基地,培养有双证的学生等,从而进一步总结形成了以服务为宗旨、以就业为导向、走产学研相结合的道路,而真正推动这个模式有效形成的、实现人才培养规格和目标的、达成共识的就是校企合作或者进一步拓展为校政行企合作。也就是说,高职教育作为高等教育的一个类型,要办出特色、办出水平,必须有一大批理念相同的校企合作伙伴,构建起有效的校企合作体制机制。因为只有这样,实践性教学问题、校内外实习实训问题、双师型教学团队建设问题、就业市场和基地问题、学生的实践和动手能力问题等才有可能有效解决。[2]

(二)新世纪以来国家推进校企合作体制机制建设的举措

从新世纪开始,我国的高职教育进入规范化运行阶段,从新世纪教改项目到 2004 年统一高职教育名称,到 2006 年开始实施国家示范性高职院校建设计划,再到 2010 年进一步实施国家示范性高职院校建设计划——国家骨干高职院校建设项目,以及 2015 年开始的《高等职业教育创新发展行动计划(2015—2020 年)》,都是在政府层面乃至中央财政层面有明确的支持校企合作的项目。

2006 年开始实施的国家示范性高职院校建设计划,是这个时期影响比较大且成效十分显著的中央财政支持项目,既明确提出行业企业参与、产学结合紧密等,也明确要把聘请行业企业技术骨干与能工巧匠作为专兼结合教学团队的重要组成部分,建设重点也逐渐从提高示范院校整体水平、推进教学建设和教学改革、加强重点领域专业领域建设、增强社会服务能力、创建共享型专业教学资源库等,最后重点落实到校企合作、工学结合的重点专业人才培养模式上,从而唤起了高职院校对校企合作的重视,吸引了一大批有识企业家对教育教学的参与。2008 年在北京 798 艺术区举行的百所名校、百家名企对接交流活动就是一个很好的证明。

2010 年国家进一步实施示范性高职院校建设项目——国家骨干高职院校建设,教育部、财政部明确提出创新办学体制机制,推进合作办学、合作育人、合作就业、合作发展,增强办学活力,并要求实现行业企业与高职院校相互促进,区域经济社会与高职教育和谐发展。特别值得一提的是,国家骨干高职院校建设方案的第一条就是"校企合作体制机制建设",并明确要求,地方政府与行业企业共建高职院校,探索建立高职院校董事会或理事会,形成"人才共育、过程共管、成果共享、责任共担"的紧密型办学体制机制,发挥各自在产业规划、经费筹措、先进技术应用、兼职教师聘任、实习实训基地建设和吸纳学生就业等方面的优势,促进校企深度合作,增强办学活力,深化内部人事管理制度改革,落实教师密切联系企业的责任,引导和激励教师主动为企业和社会服务,开展技术研发,促进科技成果转化,实现互利共赢。加强校企合作体制建设成为中共中央以及其他政府部门共识之举,不仅在政策、经费等方面给予支持,还明确提出建设标准与考核要求,已上升到国家战略层面。

综上所述,从国家层面看,近二十年来各级政府一直在推动校企合作不断深化,鼓励积极争取行业企业支持,激励行业企业参与职业教育,包括随后的集团化办学、现代学徒制等。

二、以实施"双高计划"为契机,持续深化校企合作机制改革

"双高计划"明确了中国特色高水平高职院校建设的指导思想、总体目标、基本原则,并明确了"双高"建设改革发展的十大任务,包括"一加强、四打造、五提升"。其中,"五提升"中的第一条即总任务的第六条为"提升校企合作水平",具体包括以下六个方面内容。

(一)打造校企合作命运共同体

"双高计划"任务六第一款明确指出"与行业领先企业在人才培养、技术创新、社会服务、就业创业、文化传承等方面深度合作,形成校企命运共同体"。应该说,命运共同体的要求把"双高"建设关于校企合作的要求提到了新的高度。所谓命运共同体,一般是指无论兴衰荣辱都休戚与共,将命运紧紧联系在一起的人群所构成的组织或团体,或者称之为相同条件下结成的命运攸关的集体。这一理念和思想最早起源于人类命运共同体,它是指全人类都生活在同一地球上,共处于一个利益攸关的集体中,各国要在追求本国利益时兼顾他国合理关切,在谋求本国发展中促进各国共同发展。构建人类命运共同体思想,既是习近平新时代中国特色社会主义思想的重要内容之一,也是中国对世界的贡献,把命运共同体理念引入职业教育和"双高"建设中,充分说明了校企合作对于高职教育建设和发展的重要性,同时也说明了"双高"建设对于提升校企合作水平的关心和重视。

与此同时,"双高计划"强调与行业领先企业在人才培养、技术创新、社会服务、就业创业、文化传承等方面深度合作,这实际上又明确了两个要求。一是校方寻求的合作企业应该是行业领先企业,一定要代表着行业的先进生产力、先进文化、先进技术,代表着行业发展的方向。只有技术先进、管理规范、质量优异、效益优等的企业,既有

利于推进高职院校的专业课程建设和人才培养工作,也有利于中国高职教育标准和制度的建设。二是校企合作涉及的领域是全方位的、综合性的。它既包括人才培养,也包括社会服务,还包括技术创新,更包括就业创业和文化传承。[3]对学校来说,人才培养和就业创业是最重要的,而从宏观方面看,文化传承创新是更有意义的,同时社会服务、技术创新离不开校企相互理解、相互支持、相互合作。

(二)推进校企"双元"协同育人

"双高计划"任务明确指出"把握全球产业发展、国内产业升级的新机制,主动参与供需对接和流程再造,推动与专业建设相适应,实质性推进协同育人",这实际上道出了我们提倡校企合作、营造企业支持职业教育良好氛围、构建校企合作体制机制的目的和根本所在。[4]高职院校在办学、办专业,尤其是"双高"建设中要密切关注全球产业发展,国内产业升级的机遇和趋势,主动对接需求和流程,从中找到、找准专业建设改革和教学内容优化的契机和信号,主动适应发展变化和技术进步的环境。校企联动、协同育人,通过构建校企合作的机制,要能够有效利用企业的技术和设备,利用企业工程师、技术员的资源,利用车间和实训环境,积极开展育人工作,在育人体系中充实企业元素,真正培养出知行合一以及有理论、有技术、能动手的优秀毕业生。有效衔接、对接适应,校企合作的重心是推动专业建设与产业发展相适应,专业对接产业,课程对接岗位,教学过程对接生产(经营)过程,促进教学与实践零距离的形成,促进毕业与上岗零过渡目标的实现,提高学生首岗适应能力、岗位迁移力,实现可持续发展。

(三)优化现代学徒制培养模式

关于校企合作培养人才,多年来高职院校积极开动脑筋进行探索,努力在学校与合作企业双方互利共赢的基础上进行实践和创新。订单式人才培养曾经被认为是一种较好的人才培养模式,在校企合作过程中,由企业根据生产经营对人才培养的需求,提出订单培养计划(正常为二年级下半年,也有招生即签约订单培养的)。由学校、企业共同选拔有意愿的学生,然后组专班进行培养,企业参与订单培养过程,包括共同商定教学内容,共同制订教学计划,委派部分教师乃至班主任共同参与班级管理,营造企业文化等,完成教学经考核合格后由订单单位根据合约安排工作。

近二十年来,订单培养这种方式得到了学校、企业和学生的普遍欢迎,在既定的时间内实现了学历教育与岗位培训的有机结合,但在实践中也暴露出一些不确定因素,主要是企业和学生可能存在的违约风险,以及企业参与度不够深入的问题。现代学徒制被认为是比较先进可行的职业教育人才培养之路,通过校企联合,贯彻双主体原则,遵循招生即招工机理,比较好地解决了学校与企业紧密合作、教师与师傅有机融合、课堂教学与企业实践(实操)协调统一的问题,也更有利于实现"招生—培养—就业"一体化,有利于提高人才培养针对性,有利于学生就业早知道、早落实,有利于使企业心中有数,真正实现了学生、学校、企业三赢,使校企合作真正结出硕果。正因为如此,现代学徒制在政府推动下不断扩大试点,并逐步推广。

（四）推行面向真实环境的任务式人才培养

高职教育要办出特色、办出水平，要培养好高素质技术技能人才，关键在于人才培养模式的有效性，基础在于真实生产环境的营造。针对"双高计划"提出的"推行面向企业真实生产环境的任务式培养模式"，高职教育要努力实现校内基地生产化和校外基地教学化。所谓校内基地生产化，实际上就是学校要根据各专业人才培养工作的需要建设真实生产工艺环境、技术和流程的车间工厂，建设仿真环境，真正把生产功能的工厂引进学校，在生产实践中培养学生的能力和本领。当然，由于学校场地和条件比较有限，也会受到工种、工艺、场地、设备等限制，积极开拓校外工作实践场所，即推进校外基地教学化，也就十分必要了，达到充分发挥合作企业工厂车间的教书育人功能。

（五）推进职业教育集团化建设

"双高计划"明确强调："牵头组建职业教育集团，推进实体化运作，实现资源共享。"这实际上强调了不仅要建设职业教育集团，还要使职业教育集团实质性运行，从而为学校办学治校和人才培养服务。职业教育集团是职业院校、行业企业等组织为实现资源共享、优势互补、合作发展而组织的教育团体，其成员包括政府机构、行业组织、企（事）业单位、职业院校、研究机构和社会组织等六大类。据统计，到目前为止，全国共组建了 1400 多个职业教育集团，覆盖了 90% 以上的高职院校、100 多个行业部门。推进职业教育集团化办学，有利于整合多方力量，推动现代职业教育体系建设，有利于建立健全政府主导、行业指导、企业参与的职业教育办学机制，有利于深化职业教育校企合作，系统培养技术技能型人才，并推动人才培养质量的提高。职业教育集团化的建设、运行，需要高校牵头并推动职业教育集团实体化运作。

（六）建设校企合作产业学院

"双高计划"明确强调"吸引企业联合建设产业学院和企业工作室、实验室、创新基地、实践基地"，这也是对校企合作落地要求的举措之一。产业学院一般是指学院与龙头企业紧密融合，政府、行业、其他企业参与，以行业（企业）的生产链、产品链、技术链和服务链为对象开展人才培养和科技服务的应用型专业学院。这种教学组织正常采用虚实相结合的模式，所谓"虚"主要是建立一种合作机制，所谓"实"就是实体性的学院，以虚为主还是以实为主，取决于学校与行业的真实需求。总体而言，产业学院与专业学院、素质教育学院相整合，是培养有理论、有知识、有技能、有基础、能适应、能发展的技术技能型人才的重要途径；同时也要积极探索企业工作室、实验室、创新基地、实践基地等人才培养新型组织的建设，适应不同专业人才培养的要求。

三、"双高"建设背景下深化校企合作体制机制的具体措施

提升校企合作水平是一个长久的课题，"双高计划"明确提出引领改革、支撑发展、

中国特色、世界水平的目标要求,同时确立质量为先、改革导向、扶优扶强的原则。要实现上述目标,改革是手段。从当前和长远的发展来看,"双高"建设背景下深化校企合作体制机制的具体措施主要有以下几条。

(一)鼓励探索行业办学体制改革

行业办学曾经在一段时间内非常盛行,从20世纪50年代开始一直在我国得到了较好的发展,20世纪70—90年代也非常活跃,办学层次从中专、高专到学院、大学均有,形成了明显的行业特色,也培养了一批特色名校。"八大工学院""四大法学院""八大技术师范""十大商学院"等在民间流传甚广,应该说行业办学对满足行业发展急需和适需的专业人才起到了十分重要的作用,成绩不容低估。20世纪90年代以后,随着改革开放的深入,尤其是社会主义市场经济体制的确立,行业办学也存在学科门类、专业布局、人才培养观念、教育教学资源整合、学科支撑等许多方面的冲突和矛盾,逐渐为人所诟病,甚至有人认为这就是计划经济的产物。据此认识,国家进行了多轮调整改革,经过改革调整后,除了极少数行业突出的部门以外,行业办学一般不再保留,进而调整为教育部直属或下放地方政府主管主办。这些调整,确实也促进了我国高等教育的新发展,跨学科交流和资源整合效率也十分明显,但一些单科性学院综合化发展、重复低水平办学和大而全、小而全、特色不明显的情形也随之发生。

职业教育与普通教育是两种不同教育类型,它主要为生产建设管理服务第一线培养职业化专门人才和技术技能型人才。面向市场、依托行业、服务企业是职业教育的基本原则。因此,如何发挥行业企业的作用是不可忽视的。对此,教育部还专门发布过《关于充分发挥行业指导作用 推进职业教育改革发展的意见》(教职成〔2011〕6号),并明确强调,行业是建设我国现代职业教育体系的重要力量。强调行业指导是职业教育提升服务能力的重要保证,要大力支持行业主管部门和行业组织履行实施职业教育的职责,鼓励行业企业全面参与职业教育教学各个环节,并充分发挥作用。根据这些指导思想,教育部积极会同有关行业,组建了行业职业教育指导委员会。近年来的实践也证明,行业举办职业教育的确有其优势,对"双师型"教学团队建设、对实践性教学和毕业生就业创业及发展、对构建校企合作体制和现代学徒制培养都具有十分重要的作用,更有利于职业教育办出特色、办出水平。正因为如此,在"双高"建设进程中,坚持并实施行业办学体制,建立与行业的合作共建机制,高职院校与行业协会建立深层次协作机制,从而推动"双高计划"尤其是专业建设行稳致远,实现特色化高质量发展。

(二)探索混合所有制办学机制建设

《国家职业教育改革实施方案》明确强调,经过5—10年的努力,要实现"三个转变"。其中,第一个转变就是要基本完成由政府举办为主向政府统筹管理、社会多元办学的格局转变。这个格局的转变,实际上就是要鼓励社会力量积极参与职业教育,使职业教育发展形成更大格局。高职教育一直倡导的产教融合、校企合作从育人理念向办学格局转变,影响着教育结构。在校企合作进程中,必须做到学院(产业学院)方案(人才培养)共商、人才共育、责任共担、利益共享,其核心就是责权相结合的发展机制。

事实上,调动有积极性的企业参与的方式就是入股办学,建立混合所有制办学体制机制。一是整体混合所有制。结合高水平学校建设,吸收业内标杆企业,以土地、建筑、人才、资金等要素投入学校,与学校构建混合所有制办学实体,根据专业群布局情况,可吸收多家企业或行业协会参与,对学校进行整体化设计和改造,具体可参照国有企业特别是国有金融企业的模式,使学校成为一个"以政府主导为主、企业广泛参与"的新型事业单位,真正实现校企合作办学、协同育人、合作发展、协同就业。二是局部混合所有制。重点选择高水平专业群,吸收国内外标杆企业和研发机构进行混合所有制改造,同时要把学历教育、职业培训、"1+X证书"、职业资格证书(特殊行业)、产品(技术)研发结合起来,形成相对独立的准法人的办学或法人组织,推进教育教学和人才培养创新。从当前情况看,这种模式可行性比较大一些。

在混合所有制和吸引社会力量参与办学的问题上,需要充分发挥行业协会的牵头作用,这是由行业协会自身特点以及其在社会力量办学的优势所决定的。比起单个企业,行业协会更广泛、更多元,相比行业主管部门行政化特点,行业协会参与牵头社会力量办学既便于操作,也有利于发挥聚合作用,更符合社会主义市场经济大趋势。[5]

(三)以专业群为基点构建校企合作共同体

高职教育已经进入内涵建设创新发展、打造特色、迈向一流新阶段,"双高计划"更明确要求建设学校走在前面、引领发展。因此,校企合作也必须走深走细,它要求高职教育在功能上从单一走向复合,在行动上从单向走向互动,在平台上从宏观走向基层,在机制上从整体走向局部先行,在形式上从简单走向复合。这就是说,在行业办学体制转换难、混合所有制办学突破难的情形下,从不同专业群特点出发,探索多功能、多形式产教融合校企合作共同体的具体模式。

1. 主体专业群构建校企合作综合体

一般而言,无论是地方性高职院校还是行业性高职院校,尤其是行业特色鲜明型高职院校,如机电、交通、旅游、金融、卫生等都有明显的主体专业群。主体专业群一般也都是中国特色高水平重点建设的专业群,这样的专业群应该探索建立集人才培养、科学研究、社会服务、文化传承创新、国际交流合作于一身的校企综合体,在开展大面积订单培养、行业人才预测与规划、行业发展预测与规划、行业人才再教育等方面全方位合作,使专业群真正成为行业和大企业的后花园和发展平台。如浙江金融职业学院的金融专业群,就与金融行业合作建立了相应的应用型人才研究院、订单培养的银领学院、发展规划研究的地方金融发展研究中心、金融高层次人才培养中心(含考证中心)等。

2. 特色专业群构建校企合作有机体

大多数学校都可能拥有若干个特色专业群,形成了特殊的资源禀赋和生存发展条件,如建有研究中心、研究院所,创办过较多的服务公司(企业)等。它们在人才培养、学生实践就业等方面又相互联系,这样的专业群就可以把它们有机地组合起来,发挥合作办学、合作发展、合作教学、合作就业、合作育人综合功效。例如,浙江金融职业学院充分利用学校外部资源和内部人力条件创办了杭州资信评估公司,会计学院与评估公司高层互兼、中层互聘、基层互任,打通了教师与业务人员边界,校企良好合作,促进了各自的良性发展。

　　3.特殊专业群构建校企合作共生体

　　创新创业教育和人才培养是高职教育的重要使命,以创业带动就业也是党和国家的一项要求。对于若干具有创新创业特质的专业来说,需要充分利用优势推动校企合作,以创业带就业,以就业促创业,打造创业、就业一体式校企合作共生体。所谓校企合作共生体,就是学校培养学生的创业能力,帮助学生培育企业,而这些企业同时也作为在校生实践基地和就业创业基地,形成共生互动体制。当前,工商管理、市场营销、电子商务等专业具备校企合作共生、共发展的条件,如何发挥具有创新创业特质的专业群建设,打造创业与就业共生圈,高职院校也在积极行动和实践中。

【参考文献】

[1]国务院办公厅.关于深化产教融合的若干意见[Z].2017.

[2]周建松.构建以专业群为基点的多功能校企合作点[J].中国高等教育,2011(3):55-57.

[3]周建松,谢峰.经济类高等职业院校工学结合人才培养模式改革的系统设计与实践[J].中国高教研究,2009(1):79-81.

[4]方向阳,丁金珠.高等职业教育校企合作双方动机的冲突与治理[J].现代教育管理,2010(9):85-87.

[5]周建松,吴国平.基于供给侧改革理念的高职教育创新发展策略研究[J].职教论坛,2016(24):5-8.

(本文原载于《黑龙江高教研究》2020年第7期)

提升服务发展水平:"双高"建设的关键着力点

摘　要:提升服务发展水平是"双高计划"明确的改革发展重要任务之一,对此,"双高计划"文件做了详细阐述,并提出了明确要求。本文在分析提升服务发展水平对中国特色高水平高职学校建设的重大意义的同时,详细解析了"双高计划"文件关于提高服务发展水平七个层面的具体内涵及要求。在此基础上,对"双高"建设学校如何正确理解文件含义,切实提高服务发展水平做了具体分析和思考。

关键词:"双高计划";高职教育;提升服务发展水平

一、提升服务发展水平对于高职教育的重要意义

在明确建设的指导思想、基本原则、主要目标的基础上,"双高计划"着重阐述了改革发展的十大任务,其中第七条明确提出要"提升服务发展水平"[1],此项工作要求具有重大意义。

(一)社会服务是高职院校的重要职能之一

自大学诞生以来,人们对高校所承担的职能处于一种不断深化与持续发展的认识过程。从最初高校承担的人才培养职能,逐渐发展到同时承担科学研究职能,后来又拓展到社会服务职能,特别是近现代以来,特别强调高校与区域经济社会发展互动,将大学办在城市,寓大学于城市之中,大学承担的社会服务职能正不断增强。2011年,在清华大学百年校庆时,时任中共中央总书记胡锦涛提出了大学的文化传承与创新职能,这被称为大学的第四项职能。在2016年全国高校思想政治工作会议上,习近平总书记发表了重要讲话,同时印发的《中共中央国务院关于加强高校思想政治教育若干意见》明确指出,高校承担着人才培养、科学研究、社会服务、文化传承与创新、国际合作与交流等职能。一般认为,高校最基本的职能是人才培养。党中央反复强调立德树人是高校的中心环节、根本任务,是贯穿高校各项工作的主线,也是检验办学成效的根本标准。习近平总书记在全国高校思想政治工作会议等场合多次强调,只有培养出一流人才的高校,才称得上世界一流大学。然而,在科学技术日新月异、经济社会发展波澜壮阔的今天,高校不可能游离于科学技术与经济社会之外而独立发展,在高等教育进入大众化乃至普及化的背景下,高校更不可能仅仅在象牙塔里抓好所谓的教书育人工作。新时代的高校毕业生大多从事的是应用技术研发和经济社会活动中一线的具

体工作,高等教育必须与科学技术与经济社会同频共振,才能更有效地发挥高校的人才培养职能,才能培养出适应现代化建设需要的人才。更为重要的是,高校的五项职能之间是相互支持、互为促进的,人才培养是本职,科学研究、社会服务、文化传承与创新、国际交流与合作等能够全方位支持并促进人才培养质量的提高,也为高校更好地提升地位发挥更大作用奠定基础。如前所述,高等教育发展到今天,其以人才培养为核心,兼具科学研究、社会服务、文化传承与创新、国际交流与合作等一系列多元职能的认识已形成共识,关键在于践行。作为兼具高等教育和职业教育双重属性的高等职业教育,应当把握这些职能,并从自身特点出发,在做好人才培养本职工作的基础上,争取在拓展服务功能、提升服务发展水平方面有新的作为。在"双高"建设进程中,更应以此为动力,进一步激发活力、提升水平。

(二)服务发展是职业教育的一项重要使命

习近平总书记在 2014 年为全国职业教育做出了重要指示,这也是党和国家最高领导人第一次就职业教育发展做出的专门指示。在习近平总书记的指示中,不仅明确了职业教育的地位,即职业教育是国民教育体系和人才资源开发的重要部分,是广大青年打开通往成功成才大门的重要途径,肩负着培养多样化人才、传承技术技能,促进就业创业的重要职责,必须高度重视,加快发展。与此同时,习近平总书记明确要求职业教育要坚持产教融合、校企合作,坚持工学结合、知行合一,要牢牢把握服务发展、促进就业的办学方向,深化体制机制改革,创新各层次各类型职业教育模式。[2]习近平总书记已经明确把服务发展、促进就业作为职业教育的办学方向,把服务发展摆上了职业教育十分突出的位置。这里的"服务发展"既包括服务企业、服务行业、服务区域经济社会等方面,同时要在服务发展中促进就业,必须把握服务发展的内涵,并切实提升学校服务发展的水平。

(三)服务发展水平能够衡量高职院校的办学实力

尽管衡量一所高职院校的办学治校水平是多方位的,但人才培养应当摆在第一位。其实,这也是服务发展的最重要标志之一,因为人力资源是第一生产力,经济社会发展离不开这个关键要素。与此同时,发展必须依靠技术进步,一所高职院校能否通过帮助支持所在区域的企业开展技术研发,解决企业产品升级和技术开发过程中的关键问题,能否急企业所急、想企业所想,归根结底就是学校的能力问题。此外,区域经济发展需要是多方位的,如多层次立体化的培训体系、区域经济社会发展的专项工作,如特色小镇的设计开发与建设维护,乡镇振兴与新农村建设的设计开发与推进发展等。单从研究本身看,绝大部分面向企业、面向应用的技术研发和应用,本身就是社会服务的范围。一所地处特色区域的高职院校,能否应景、应急、应需、应时满足区域内行业企业的这种需求,进而满足其发展所需,既是思想意识和办学观念的体现,也是办学水平的标志。我们强调以服务求生存、以贡献求发展,其实就是这个意思。只有增强了服务意识,提高了服务能力,提升了服务水平,才能彰显高职院校的办学水平。

二、"双高"文件关于提升服务发展水平的内涵表述

《教育部、财政部关于实施中国特色高水平高职学校和专业建设计划》（教职成〔2019〕5号）第三部分改革发展任务中明确包含"提升服务发展水平"的要求，也就是"双高计划"建设发展任务之七，对提升服务发展水平的内容和要求做了系统阐述，具体有七个方面。

（一）培养高素质技术技能人才

打造技术技能人才培养高地是"双高计划"改革发展任务的第二条，对此，文件包括十分明确的六个方面的内涵，笔者也做过专门的研究和阐述《基于双高视阈的高素质技术技能人才培养思路研究》，将技术技能人才纳入学校服务发展的重要内容，一方面说明服务具有广义性、综合性、多样性，需要从更宽视野把握服务发展这个问题；另一方面，提升服务发展水平中的第一款明确："培养适应高端产业和产业高端需要的高素质技术技能人才，服务中国走向全球产业中高端。"这实际上进一步强调了"双高计划"建设中作为服务发展需求的高素质技术技能人才培养的新要求，即适应高端产业和产业高端，能够服务中国走向全球产业中高端。关于适应高端产业和产业高端方面，"双高"建设学校要在"高"字上下功夫，真正体现高职教育的高技能性、高适应性，要在高等教育大众化乃至普及化过程中研究和实施高职精英教育，以适应产业高端和高端产业的高目标。因此，高职教育不应该只停留在专科层次上，从构建现代职业教育体系为出发点，"双高"建设学校应积极探索和创新本科层次职业教育，着力培养应用型专业硕士。也正因如此，"双高计划"的这一要求与《国家职业教育改革实施方案》（国发〔2019〕5号）提出的"要将高等职业教育作为培养大国工匠和能工巧匠的重要途径"这一高质量发展目标要求是一致的。[3]服务中国产业走向全球产业中高端必然要求高职院校把培养复合型技术技能人才作为今后工作的重心之一。复合型技术技能人才的内涵，一是充分利用专业群建设优势，在专业领域实现并达到复合要求；二是面向"一带一路"、走向全球，培养"语言＋技术技能"的复合型国际化人才。

（二）开展立地式应用技术研发

"双高计划"任务第七条第二款明确要求，"以应用技术解决生产生活中的实际问题，切实提高生产效率、产品质量和服务品质"。实际上是对"双高"建设学校和教师提出了围绕区域、行业和企业需求开展应用技术研发的要求，这就是通常所说的解决区域内行业企业技术关键问题的立地式研发。[4]这就要求我国高职教育要根据定位、面向经济建设主战场，具体包括以下要素：从服务的面向看，要关注生产生活中的实际问题。也就是说，高职教育中的科研工作不是主要以高大上的重大技术研究、重大理论研究为目标，而是应以本服务区域内行业企业和城乡居民生产生活中的实际问题为目标，解决的是具体问题，如节能节水、生活便捷等方面。从解决的问题看，主要为了解

决提高生产效率、产品品质、服务品质。所谓生产效率,就是解决一个投入产出绩效的问题,即通过技术改造和改进,尽可能使投入产出最高;所谓产品品质,就是通过改进工艺、优化流程、完善配比,使产品质量更高更好;所谓服务品质,就是通过技术改进等途径,使顾客的实际感受高于预期、超过期望,实现最佳。技术研发主要在于实际应用,要求细致和细心,应成为高职院校开展科研工作的重点。

(三)聚焦产品升级和成果转化

"双高计划"任务七第三款明确要求"加强新产品开发和技术成果的推广转化,推动中小企业的技术研发和产品升级,促进民族传统工艺、民间技艺传承创新"。该部分与前面所提的内容其实具有相似性,它要求高职院校教师能经常深入生产、了解生活,立足企业所需,充分利用学校设备和工艺条件,开发一些具有区域特点、民族特色的新产品,从而发展好当地的特色经济,对于山区特别是民族地区而言,这就显得更为必要。这些技术通常具有短平快的特点,也有可能出现小而散的情形,经济效益不一定非常突出,但对传承文化、形成特色块状经济作用明显,是高职教育新的希望所在,广大高职院校要在打造特色专业以及发挥专业特色等方面下功夫。

(四)服务脱贫攻坚和民众福祉

脱贫攻坚是党中央的重大战略,2020年是脱贫攻坚的决战之年。党中央下了很大的决心,明确强调这是一场硬仗,越到最后越要紧绷这根弦,不能停顿,不能大意,不能放松。脱贫攻坚的最低要求是"两不愁、三保障",即不愁吃、不愁穿和义务教育、基本医疗、住房安全有保障。对此,职业教育尤其是"双高"学校应当担负具体的任务。首先,要积极参与。要按照所在地区党委和政府的要求,积极主动承担脱贫攻坚的具体帮困任务,虽然不同地区的名称和做法不尽相同,但目标和方向是一致的,各学校要积极承担社会责任,有人的出人、有钱的出钱、有力的出力,从学校特点出发,最好出智力。其次,要吸引就学。也就是说,要积极创造条件、研究政策,吸引鼓励贫困地区的学生到双高学校学习培训。从专业建设看,要研究相应的对策,吸引招收贫困地区学生就学,并妥善落实就业事宜;从培训工作看,要充分利用专业和课程资源及教师优势,为贫困地区开设专门的培训班次,帮助贫困地区的适龄人员用科技和知识脱贫。从长远来说,高职院校还需解决好"三区三川"等深度贫困地区脱贫以后因病返贫等问题,做到扶上马送一程,积极响应党中央提出的脱贫过渡期内"摘帽不摘责任,摘帽不摘政策,摘帽不摘帮扶,摘帽不摘监管"的要求,并在此基础上通过对口支援、人才培养培训等努力实现在脱贫基础上走上致富之路。

(五)助力乡村振兴和农民致富

中国是一个农业大国,幅员辽阔,经济社会发展不平衡,农业、农民、农村问题基础薄弱、问题复杂,为此,党中央国务院高度重视,每年都以一号文件的形式推动三农工作,乡村振兴是三农工作的基础。正如习近平总书记指出的那样,小康不小康关键看老乡,职业教育作为一个大众化的教育,在乡村振兴中责无旁贷。乡村振兴战略是习近平总书记在 2017 年 10 月 18 日党的十九大报告中提出来的党中央国务院的重大战略,2018 年 1 月 2 日中央发布了一号文件即《中共中央国务院关于实施乡村振兴战略的意见》,党中央国务院并做了具体规划。之所以如此重要,因为乡村是具有自然、社会、经济特征的地域综合体,兼具生产、生活、生态、文化等多重功能,与城镇互促互进、共生共存,共同构成人类活动的重要空间,乡村兴则国家兴、乡村富则国家富,它对建设现代化经济体系、建设美丽中国,传承中华优秀传统文化,健全现代社会治理格局,实现全体人民共同富裕具有重大意义,"双高计划"要服务乡村振兴战略,必须旗帜鲜明讲政治,充分利用自身条件抓服务,特别是面向三农的培训和服务方面要做出更大的努力。

(六)开展区域紧缺型人才培训

"双高计划"任务七第六款明确要求"面向区域经济社会急需紧缺领域,大力开展高技能人才培训"。这不仅是对"双高计划"建设学校的要求,也是每一所高职院校的本职工作。"双高计划"学校更要承担社会责任,在主动上下功夫,一方面是指主动发现,即需要通过调查研究,问计问诊来取得;另一方面是指主动承担,即开发适合区域经济和产业发展需要,企业拓宽市场服务急需的包括新技术和产品升级,工艺改进内在的培训工作,急区域所急、急企业所急,真正成为区域发展和企业发展的亲密伴侣。

(七)主动承担起继续教育职能

"双高计划"任务七第七款明确提出"积极主动开展职工继续教育,拓展社区教育和终身学习服务"。关于高职院校开展社区教育和服务终身学习的问题,这既代表着国家教育行政部门一贯的要求,也是职业教育作为一个类型而存在发展的基础之一。早在 2014 年,国务院发布的《关于加快发展现代职业教育的决定》(国发〔2014〕19 号)就明确提出要加强社区教育和终身学习服务,而《国家职业教育改革实施方案》在推进高职教育高质量发展中再次强调了这一点,"双高计划"的相同点在于重申,不同点在于明确提出"积极主动"。完善职业教育和培训体系是党的十九大对职业教育提出的具体任务,也是新一轮职业教育改革发展的具体要求,实际上要求职业教育不仅要实现高质量发展,从学历教育视角培养高素质技术技能人才,同时还要帮助区域和地方政府、行业企业承担职工教育和社区教育职责。所谓社区教育的职责,它要求高职院校不仅要面向生产服务经营管理和建设,还要面向生活,如开展老年教育,把面向生产与面向生活有机结合起来,真正为建成全面小康社会做出应有的贡献。

三、双高建设学校提升服务发展水平的具体路径

前面分析了"双高计划"文件关于提升服务发展水平的内涵表述,对于每一所学校和专业群而言,必须切实把握内涵要求,认真做好方案,狠抓具体落实。

（一）提高认识明职责

关于高等教育的职责和职业教育的方向,党中央国务院都有明确要求,理论界和学术界也是高度统一,达成了共识,但具体到个体而言,人们的理解还不尽相同。因此,立项学校要把"双高"建设的过程当作思想统一和认识提高的过程,将"双高"建设任务的分解,作为明确职责的过程,进一步将人才培养、科学研究、社会服务、文化传承与创新、国际合作与交流视为学校自身的基本职责,而不是附加在学校身上的"毛",这些任务应该一并规划、一并分解、一并落实。而"双高计划"文件列举的七个方面内容,则同样是服务发展的内在要求,每所学校每个专业群虽然有不同侧重点,但都是必须要做好的工作、承担的职责。

（二）创设载体抓落实

"双高"建设要把服务社会发展任务落实到位,也需要通过一定的载体加以推进。首先,专业建设是基础,无论是技术研发还是培训服务或服务脱贫攻坚和乡村振兴,都应该囊括在专业建设之中,以专业为团队开展相关工作,以专业教育科研团队来具体实施,在专业群建设机制的背景下,可以放大到以专业群为单位加以落实和推进。其次,相关组织是推动力,结合开展技术研发、服务中小企业、助力脱贫攻坚等目标任务,学校可以组织一些刚性组织或柔性组织来加以落实和推动,如××技术开发研究中心、××服务脱贫攻坚领导小组办公室、××服务乡村振兴领导小组办公室、×××培训中心、××社区学院等,以便更好地把任务落实到位。再次,强化考核是保障,要切实提高服务发展水平,必须强化从中央到地方、地方到学校、学校到院系、院系到个人的考核,只有明确目标任务,才更有利于任务的落实和完成。最后,人才队伍是关键。提高学校和专业群服务发展水平,关键是要培养和打造一支具有服务意识和服务能力的高素质人才队伍。他们不仅要增强服务意识,善于了解需求,更重要的是要有扎实的理论和实践功力,能够帮助企业和地方解决具体问题,或者具备实际问题的解决能力,能够真正站在本领域技术研发前沿。从这个意义上说,高职院校要发展,应该秉持"人才为王"的办学理念。

（三）深化合作谋双赢

要提高服务发展水平,高职院校必须发现需求、了解需求、研究需求,从而根据具体需求来积极应对,认真作答。因此,必须在深化学校与政行企合作上下功夫。一是与地方政府合作建立社区学院,融学校建设发展与社区合作互动之中,有效、及时解决社区之所需。二是与行业合作建立培训中心,努力将行业发展进程中各阶段、各层次、各类型的人才需求调研清楚,构建立体化多样性的培训体系,为行业发展提供人才支撑。三是与企业合作建立研发中心,建立学校教学科研人员与企业技术人员互聘互兼机制,在合作中找课题,寻求突破,推动企业技术进步,实现企业兴旺发达。

(四)服务战线创品牌

"双高"建设的使命是引领改革、支撑发展、中国特色、世界水平,带动职业院校深化内涵建设,实现高质量发展。因此,"双高"建设学校必须强化为高职战线同行服务的意识,尤其是要在对口支援和服务边远地区、贫困地区、民族地区发展上下功夫。与此同时,可通过举办专题师资和干部培训,通过建立联盟等形式,为同行和战线服务。更为重要的是,通过双高建设形成具有国际先进水平的专业课程体系和标准,探索形成中国职业教育发展模式和道路。[5]因此,广大高职院校必须联手同行、抱团合作、集中智慧、群策群力,共同建设。从某种意义上说,这既是服务发展水平的提升,也是品牌建设努力的方向。

【参考文献】

[1]中华人民共和国教育部,财政部.教育部、财政部关于实施中国特色高水平高职学校和专业建设计划的意见[EB/OL].(2019-04-17)[2020-03-02]. http://www.moe.gov.cn/srcsite/A07/moe_737/s3876_qt/201904/t20190402_376471.html.

[2]谢俐.中国特色高职教育发展的方位、方向与方略[J].现代教育管理,2019(4):1-5.

[3]周建松.以"双高计划"引领高职教育高质量发展的思考[J].现代教育管理,2019(9):91-95.

[4]赵蒙成.四新背景下职业教育德技并修研究的现状与反思[J].高等职业教育探索,2020(1):1-7.

[5]宋乃庆.新中国成立70年来我国高等职业教育发展探析[J].职业技术教育,2019(36):7-12.

(本文原载于《高等职业教育探索》2020年第4期)

"双高"建设背景下高职院校治理能力提升研究

摘 要:推进治理体系和治理能力现代化,不仅是党中央的一项重大决策部署,更是 2035 年实现教育现代化的必由之路。文章在充分认识高职院校治理能力提升重要意义的基础上,从宏观层面对"双高计划"关于提升学校治理水平的内涵表述进行了科学、全面的分析,并有针对性地提出了提升高职院校治理能力的关键节点,包括围绕核心价值确立善治为本的治理观念、聚焦类型特色完善校本治理框架与结构、提升全员素质推动治理工作落实落地。

关键词:"双高计划";高职院校;治理能力提升

党的十八大以来,以习近平同志为核心的党中央高度重视治理体系和治理能力建设。党的十八届三中全会正式提出治理体系和治理能力现代化的新要求,中共十九届四中全会再次专门研究部署了推进国家治理体系和治理能力现代化问题,这对于正在进行的中国特色高水平高职学校建设具有重要的指导意义。如何结合"双高"建设,将我国高职院校的内部治理水平提到一个新的高度,是我们必须认真思考与切实解决的重大课题。

一、充分认识高职院校治理能力提升的重要意义

衡量一所学校办学水平的高低,判断一所学校是否为一流学校,除了一些显性指标外,还有隐性指标。治理能力作为一项颇具代表性的隐性指标,对高职院校发展具有重要意义。

(一)治理能力高低是衡量高职院校办学水平的重要指标

评价一所学校的优劣,最为经典的是清华大学老校长梅贻琦先生的名言:"所谓大学者,非大楼之谓也,乃大师之谓也。"梅先生充分强调了大师的重要性。在新的历史条件下,人们在充分肯定大师重要性的同时,不断有人强调大楼(物质设施、办学条件、经费保障)及大爱(大学文化、师德师风、尊师重教)的重要性。因此,人们普遍认为"大楼、大师、大爱"均是衡量学校优劣的显性指标。

高职教育于 20 世纪 80 年代兴起,目前学校数量和学生规模已占据高等教育的半壁江山。在这一背景下,关于高职教育的各种排行榜层出不穷。一般而言,位居排行榜前列的应该是办学水平相对较好的学校,这符合总体规律。而真正衡量一所高职院

校的办学水平需要关注以下八个方面。第一,人才培养质量佳,具体表现在毕业生就业率、签约率及用人单位满意率及岗位发展能力等方面。第二,专业建设水平高,具有一批招生受青睐、就业受欢迎、办学实力强且有特色的专业。第三,社会服务能力强,学校在多层次培训和服务行业区域发展过程中能展现较强的实力,在科学研究中有较多的成果。第四,师资队伍水平较高,学校拥有素质优良、结构合理、数量充足的专任教师,并具有一大批理念认同、数量适当的兼职教师。第五,校企合作紧密,学校贯彻产教融合、校企合作、工学结合、知行合一的原则,拥有大批紧密合作伙伴并积极发挥育人功效。第六,办学基础条件实,学校既有现代化的校园建筑及技术先进的实验实训设备,拥有充裕的财政保障条件,也有较强的资金筹措能力。第七,学校治理水平高,学校能正确处理好政治权力、行政权力、学术权力、民主权力及师生发展权利的关系,保证党委政治权力不偏、师生发展权利不缺,并形成同心发展最大公约数,包括有比较好的投入产出绩效。第八,外部品牌声誉美,学校能正确处理与党政部门、社会各界及新闻媒体的关系,积极承担社会责任,具有良好的社会声誉和品牌影响力。一所学校的品牌和声誉是综合的,而治理能力和水平对其他方面具有重要影响。

(二)高职治理能力提升是国家治理体系建设的重要体现

无论是有关教育体制机制改革的文件,还是国家关于"双一流"和"双高建设"的有关文件,都将治理体系建设、治理能力提升、治理现代化等问题摆上重要议程。首先,《中国教育现代化2035》明确要求我国教育率先实现现代化,其中包括治理体系和治理能力现代化。国务院发布的《统筹推进世界一流和一流学科建设总体方案》明确把"完善内部治理结构"作为改革任务之一,具体包括以章程为统领的制度体系建设、以学术委员会为核心的学术管理体系建设、以教职工代表大会为主要内容的民主管理机制建设等。中共中央办公厅、国务院办公厅印发的《关于深化教育体制机制改革的意见》明确指出:要健全促进高等教育内涵发展的体制机制,依法落实高等学校办学自主权,改进高等教育管理方式,不断提升治理能力。教育部、财政部发布的《关于实施中国特色高水平高职学校和专业建设计划的实施意见》明确把"提高学校治理水平"作为改革发展的十大任务之一。这些足以证明党中央、国务院对学校治理体系和治理能力建设的重视。高职院校作为一个微观单位,其治理能力和水平既是整个国家推进治理现代化的基础环节,也是国家优化治理结构和水平的重要内容。目前大部分高职院校具有千亩校园、万名学子,并进入内涵发展阶段,正在朝着类型特色鲜明、中国一流乃至世界先进水平的目标前进。在这一新时代、新阶段,内部治理体系构建和治理能力提高应该被纳入内涵建设内容,同时也应该成为学校改革发展的重大任务。关于这一点,无论是从落实"五位一体总体布局"和"四个战略布局"的要求,还是从推进实现国家教育治理体系和治理能力现代化、推进高职教育的内涵建设和特色办学等要求来看,都是有意义且必要的,必须被纳入重要议事日程。

二、深刻理解"双高计划"对治理能力提升的内涵表述

"双高计划"明确了中国特色高水平高职学校建设的指导思想、总体目标和基本原则,更明确了学校开展的改革任务,其中任务八"提升学校治理水平"又可细分为六个方面的内容。深刻理解文件表述,是未来高职院校提升治理能力的前提。

(一)完善以章程为核心的现代职业学校制度体系

任务八的第一款明确提出"要健全内部治理体系,完善以章程为核心的现代职业学校制度体系,形成学校自主管理、自我约束的体制机制,推进治理能力现代化"。毫无疑问,将章程建设视为"提升学校治理水平"的首要要求是正确的。完备的章程建设和良好的章程执行是学校贯彻依法治国思想的重要体现,必须贯穿于学校运行的各个方面。一要重视章程建设程序。章程建设程序要规范,要认真贯彻《中华人民共和国宪法》《中华人民共和国教育法》《中华人民共和国高等教育法》《中华人民共和国职业教育法》,具体落实《高等学校章程制定暂行办法》,努力做到定位准、内容全、程序规、核准到、监督力,尤其要将《深入学习习近平关于教育的重要论述》《中华人民共和国宪法》《中国共产党章程》中已经明确的内容清晰地体现在章程中。要写明"公办高等学校实行党委领导下的校长负责制",写清建立学术组织、教职工代表大会等要求,明确立德树人这一根本任务,明确在中国共产党领导下培养中国特色社会主义建设者和接班人这一基本使命和职责。章程既要具体明确,也要抓大放小,经规范程序讨论通过并经核准后要及时公布、严格认真宣贯及执行。二要强化章程执行力度。要提高以校长为首的行政管理体系对章程的敬畏感和执行力,学校要设立章程执行监督小组,由校长每年向教职工代表大会报告章程执行情况,使章程的执行具有严肃性,真正做到按章程办事,发挥章程的刚性约束力、强制执行力。三要弘扬遵章办事精神。要提倡学习章程、尊崇章程、遵守章程,自觉形成弘扬章程的良好校风。应按正常程序修订不完善、不适时的章程,修订时坚持科学规范和程序严格,一经确定必须严格遵守。从某种意义上说,章程建设水平体现了学校的整体治理水平。

(二)健全校、行、企、社多元主体共同参与的校理事会

党中央、国务院的一系列文件都强调坚持产教融合、校企合作,"双高计划"也要求坚持产教融合,创新高职教育与产业融合发展的运行模式,精准对接区域人才需求,提升高职院校服务产业转型升级的能力,打造高职院校和行业企业形成命运共同体。因此,完全有理由认为,校企合作是职业教育的基本特征,也是"双高计划"的基本要求。为此,必须在治理体系建设上提供组织保证,在党委统一领导下,认真组建学校、行业、企业、社区共同参与的理事会或董事会,以发挥对办学治校、管理运行、专业建设等方面的咨询、协商、议事和监督作用,从根本上促进产学合作,提高人才培养质量。

(三)设立统筹行使学术事务职权的校学术委员会

"双高计划"在"提升学校治理水平"条款中明确说明"设立学术委员会,统筹行使学术事务的决策、审议、评定和咨询等职权"。应该说,学术权力是高职院校作为高等学校的重要特征,是构建党委领导、校长负责、教授治校、民主管理的重要原因所在。高职院校作为高等教育的重要组成部分,必须坚持其学术性,确保相应的学术地位,将学术委员会建设作为行使学术权力的重要载体,通过学术委员会将"教授治校"落到实处。要认真贯彻落实《高等学校学术委员会规程》,并结合高职特点和本校实际制订具体可行的、有可操作性的学术委员会章程,明确总体目标、组成规则、职责权限、运行制度等,明确对哪些学术问题做出决策、对哪些问题进行审议、对哪些事由进行评定、对哪类事项进行咨询,充分发挥学术委员会在学风建设、学科建设、专业建设、学术评审、成果转化等方面的积极作用。

(四)设立校级专业建设委员会和教材选用委员会

"双高计划"的一大创新点是强调"设立校级专业建设委员会和教材选用委员会,指导和促进专业建设和教学改革"。这既说明专业建设在高职院校办学治校中的重要性,也表明在新的历史条件下教材建设和选用工作的重要性。

在职业教育发展之初,随着规模的不断扩大和内涵建设的不断深入,尤其是明确打造类型特色要求后,高职院校对专业建设重要性的意识逐渐提高。为此,教育部、财政部不断通过项目引领的方法推动高职教育专业建设,从21世纪教改项目到国家示范校、骨干校建设,从专业服务产业升级项目到高职教育创新发展行动计划,进一步将重点、特色、优势、骨干专业放到重要位置。新时代国家职业教育改革发展,更是直接采用"双高计划"这一形式,再次把高职教育的专业建设提到新的高度。学校从治理层面建立专业建设委员会,对专业的设立、结构优化和布局调整进行审议。这既有利于正确处理好行政权力与学术权力的关系、充分发扬学术民主,也有利于不断提高专业建设水平。专业建设委员会不仅要正确处理好与学术委员会的关系,也要借鉴校企合作理事会中的部分合理内核,积极吸纳来自产业一线和行业企业专家的意见建议,从而更好地推进专业建设适应经济社会发展和产业发展需要。

关于教材选用,以往虽对教材建设有一些要求,但将其上升到学校治理高度还是第一次。以习近平总书记为核心的党中央高度重视意识形态工作,多次强调"经济建设是我党的中心工作,意识形态是一项极端重要的工作"。为确保意识形态工作符合中国共产党治国理政的要求,党中央明确要求建立意识形态工作责任制,重视思想政治课建设,强调积极开展课程思政并加强教材建设。为此,国家建立了教材建设委员会,教育部设立了教材局,强化了教材编写、出版、发行、印刷管理机制,并对各校教材选用提出了要求。"双高建设"学校必须提高政治站位,在学校党委领导下,建立由宣传、教学等多部门参加的教材建设与选用委员会,并确保其充分有效地发挥作用。

（五）发挥好教代会在审议学校重大问题中的作用

"双高计划"在提升学校治理水平条目中明确强调"发挥教职工代表大会作用,审议学校重大问题"。这实际上包含多层含义:首先,必须建立教职工代表大会制度;其次,要发挥好教职工代表大会制度的作用;最后,强调重大事项决策要通过教职工代表大会。应当说,教育行政部门和高等学校对于教职工代表大会制度一直是比较重视的。早在2011年,教育部就以中华人民共和国教育部第32号令的形式正式发布《学校教职工代表大会规定》,文件明确了基本要求、职权、代表产生、组织规则、工作机构等内容。在实际执行过程中,各校实施的情况不尽相同,但一般而言,每年开年之初召开一次教职工代表大会,同步召开工会代表大会,讨论审议的内容一般为"1+1+1+X":第一个"1"是校长工作报告,第二个"1"为学校财务预决算报告,第三个"1"为工会工作报告,"X"则为学校改革发展中的重大问题和事关教职工切身利益的问题。一些学校也通过代表提案的方式进一步反映教职工的诉求,有些提案经大会主席团确认后由有关部门研究落实,有些提案则供有关部门参考。教职工代表大会的常设机构在工会工作办公室,教职工代表大会的工作在校党委领导下进行。会议方案由党委审定,按程序产生大会主席团,主席团领导大会工作。主席团应由党政工团和高层次人才代表组成,以体现群众性、民主性。

（六）建立健全学校院系两级管理体制和运行机制

"双高计划"在提升学校治理水平第六款进一步强调"优化内部治理结构,扩大二级院系管理自主权,发展跨专业教学组织",这实际上是行政管理组织体系中的组织设置和二级运行机制问题。

一要优化学校内部治理结构。学校层面,要在学校党委统一领导下,认真把握党委领导下校长负责制的正确内涵,建立健全党委会、校长办公会议议事规则和决策机制,建好学术委员会并正常发挥作用,健全教职工代表大会体制机制,充分发挥民主监督作用。要适应高职教育特点和要求,建立健全校政行企理事会。要建好教材选用委员会,突出强化专业建设委员会职能,使政治权力、行政权力、学术权力、民主权力正常运行、相互约束,形成最大公约数,为学校发展画出最大同心圆。二要积极创造条件推进校院两级管理。当学校办学发展到一定规模时,尤其是学校进入内涵发展和质量创优阶段,从有利于推进管理机制优化、提高管理效能,有利于调动基层办学积极性和主动性、推动产学合作等多角度看,必须改变集中于一级的粗放式管理模式,积极构建两级管理新机制。在学校发展规模达到万人、教育部着力推进以专业群为基础的"双高"目标战略时,我们必须解放思想,在推进校院两级管理上加大力度,真正让人、财、物向基层延伸。三要完善二级管理体系。随着校院两级管理体制的推进,院级单位逐渐从教学实体向办学实体提升,这就要求院级单位必须拥有人、财、物的自主权,同时配备相应的管理力量。要建立党政工团组织体系,完善院长办公会议及党政联席会议制度。按照中央的要求,二级院系目前实行党政共同负责制,因此,要规范议事规则和决策程序,配强配足党政班子尤其是主要领导,配备适量的管理服务人员,以确保二级管理运行顺畅、工作到位。四要发展跨专业教学组织。对跨专业教学组织这个问题,目前尚存在一定争议。有专家认为,专业群组建前可以跨学院,组建后应及时调整到位;也有专家认为,为提高管理效能、教育质量和科研水准,我们始终需要保持并发展跨专业、跨学科的教学科研组织,通过柔性团队的方式推动教育教学和科研工作的开展。跨专业教学组织要从实际出发,因校制宜,适度保留和发展。

三、着力抓准高职院校治理能力提升的关键节点

"双高计划"对提升学校治理水平的要求,重点是围绕治理结构和治理内容展开的。作为一项工作要求,它无疑是十分必要和正确的,我们应当努力按此要求建设。然而,我们必须认识到:一流学校必然有一流的治理,建设中国特色高水平高职学校,实际上就是建设全国乃至世界一流的职业院校。对此,"双高计划"表达得十分清楚,"引领改革、支撑发展、中国特色、世界水平"。正因如此,我们必须抓准治理理念、治理结构、治理效能三个方面的关键节点,以整体提升高职院校的治理能力。

(一)创新治理理念:围绕核心价值确立善治为本的治理观念

善治是治理的一种高阶形式,其基本含义是实现公共利益最大化的社会管理过程。善治并非仅指一种管理时尚,而是社会发展进步到一定阶段的需要和产物,其本质上可以理解为若干核心价值观在治理过程中的体现,即要求在实现治理目标的过程中更加强调法治、更加民主、更具效率。因此,结合高职教育发展实际,确立以善治为导向的治理观念,必须把握好以下四点核心价值观:一是坚持法治性,即强调治理过程和治理依据,强调依法办事,尤其要强调认真贯彻国家的法律和法规。对于学校组织而言,还要重视章程的作用,以章程来统领学校各项工作的运行,维护章程的权威,强化章程的作用。二是提倡民主性。在高校治理体系中,党的领导是一个重大政治前提。在党的领导下,我们要正确处理政治权力、行政权力、学术权力之间的关系,努力寻求最大公约数,充分发扬民主,提高政策的最大受惠面和受惠率。三是强调包容性,坚持在治理过程中强调尊重个性、尊重差异,坚持激励兼容、有奖有罚、以奖为主,以充分调动各方面的积极性,尤其是高层次知识分子的积极性。四是注重整体性,即强调学校内部各主体之间、学校与发展利益相关方之间是一个整体。要讲究整体认同,尤其是在教师、学生、校友三者之间坚持教师为基、学生为本、校友为宗,致力于打造教师、学生、校友发展共同体。

(二)优化治理结构:聚焦类型特色完善校本治理框架与结构

总体而言,我国高职院校的治理结构大多数是参照大学制度建立的。高职院校在发展初期,通过仿效大学制度,逐渐具备了高等教育形态,实现了办学升格、管理升级。然而,随着类型特色目标的确立,我们必须对传统的治理结构进行优化,研究建立与高

教性和职教性双重属性匹配的治理结构,即从构建基本的治理框架、打造特色的治理结构两个层面出发优化治理结构。

一是构建基本的治理框架,即高等教育治理体系的四大支柱——党委领导、校长负责、教授治学、民主管理。在党委领导校长负责的体制内正确处理各种关系,强调以书记、校长为首的领导班子精于治校,以学术委员会为载体体现的教授精于治学,以一大批爱岗敬业的行政服务工作者精于治事,形成高水平学校的基本结构,体现结构现代化。具体来说,要坚持"一个前提"即坚持和完善党委领导下的校长负责制。要坚持党委统一领导学校各项工作,坚持党的领导,坚持党委总揽全局、协调各方,坚持党要管党、从严治党,坚持"三重一大"党委决策制度。二是打造特色的治理结构。高职院校治理必须重视企业的参与,从某种意义上说,要通过校政行企的合作,通过企业代表参与学校治理,改善学校的发展环境,从而提升学校的治理效能。此外,学校接受财政拨款,使用纳税人的钱,也必须接受财政、审计等部门的监督检查,考核投入产出绩效。因此,现代治理结构建设还需要接受社会监督,由此形成"党委领导、校长负责、教授治学、民主管理、企业参与、社会监督"的治理新结构,其中,党委领导是核心、校长负责是关键、教授治学是基本、民主管理是基础、企业参与是特色、社会监督是保障。

(三)激发治理效能:提升全员素质推动治理工作落实落地

先进的理念需要人来执行,完善的结构也需要人去运行。完善治理理念、结构框架、运行机制等固然重要,但更新人的思想、提升人的能力才是当务之急。对于高职院校来说,上至领导班子的整体水平,下至一般行政管理人员的服务能力,都是高职院校提升治理效能的重中之重。

一要加强学校领导班子建设。领导班子在学校改革发展和运行中起着重要作用,必须按照中央的要求,按照社会主义政治家和教育家的要求抓好落实,坚持忠诚担当、学习研究、开拓创新、服务示范、勤勉清廉的要求,提升领导班子的个体和整体水平。二要加强中层干部能力建设。中层干部在学校组织中起着承上启下的作用,必须培养好一支结构合理、素质优良、敢于担当、能力突出的中层干部队伍,尤其要培养其学习创新能力和大局观念。从当前看,在青年教师干部队伍中培养一支面向2035年能担重任的人更为必要。三要注重管理服务队伍的专业化建设。建设高水平高职学校,关键在于高水平师资队伍,这无疑是正确的,也应当是我们的工作重心。但是,从提高治理水平角度看,我们也必须培养好忠于职守、办事有力的行政管理人员,从而把提升学校治理水平工作落到实处。

【参考文献】

[1]别敦荣.治理体系和治理能力现代化与高等教育现代化的关系[J].中国高教研究,2015(1):29-33.

[2]张建.教育治理体系的现代化:标准、困境及路径[J].教育发展研究,2014(9):27-33.

[3]周建松,陈正江,吴国平.关于高等职业院校治理体系建设的思考[J].教育与职业,2016(16):29-31.

[4]周建松,陈正江.学校发展系统:理论建构与实践探索[J].高等工程教育研究,2015(3):58-63.

[5]眭依凡.论大学的善治[J].江苏高教,2014(6):15-21,26

（本文原载于《教育与职业》2020 年第 14 期）

"双高"建设中的文化存在及其路径研究

摘　要：文化是一个复杂的命题，复合的概念。在高职发展进入"双高"建设新阶段，须学习借鉴"双一流"建设经验，把文化建设摆上新的高度，在"双高"建设中提升文化的存在及影响力并积极推动其建设。通过对高职文化建设的整体性分析，提出了以文化引领的"双高"建设理念，并通过着力提升师生文化自觉，切实增强引领文化自信，有序推进全方位文化建设，推进高职院校文化建设和文化育人工作不断迈向新高度。

关键词："双高"建设；文化建设；路径研究

2019 年，党中央国务院全面部署并正式启动《国家职业教育改革实施方案》（国发〔2019〕4 号，简称"职教二十条"），明确提出实施"1＋X"证书制度改革、建设产教融合型企业、打造"双师型"教师队伍，推进现代学徒制和集团化办学及混合所有制改革，全面推进教师、教材、教法为主要内容的"三教"改革，全面深化人才培养模式改革等，在促进现代职业教育体系建设的进程中，体现了空前的改革力度和政策支持力度。具体在高等职业教育领域，《教育部、财政部关于实施中国特色高职学校和专业建设的意见》（教职成〔2019〕5 号，简称"双高计划"）则是聚焦总目标，提出"围绕办好新时代职业教育的新要求，集中力量建设 50 所左右高水平高职学校和 150 个左右高水平专业群"，[1]并明确了改革发展的十大任务。在研制方案中，不少学校认真对答十大改革发展任务，努力完成规定动作，也有部分学校结合区域特色与自身优势，研究自选项目。其中，令人注目的就是高职教育中的文化建设与文化育人等，对此，我们确需引起重视和思考。

一、高职发展新阶段及其与文化建设的关系

（一）"双高计划"标志着高职发展进入了新阶段

作为新时代职业教育改革实施方案重要而关键的一招，"双高计划"明确提出："要集中力量建设一批引领改革、支撑发展、中国特色、世界水平的高职学校和专业群，带动职业教育持续深化改革，强化内涵建设，实现高质量发展。"与此同时，"双高计划"进一步明确了努力目标，即到 2022 年形成一批有效支撑职业教育高质量发展的政策、制度、标准，到 2035 年职业教育高质量发展的政策、制度、标准体系更加成熟完善，形成中国特色职业教育发展模式。这些表达和要求表明了"双高"建设明确的方向和宏大

目标。"双高计划"的实施充分表明,落实《中国教育现代化 2035》和"职教二十条"的各项要求,中国高职教育进入了一个新的阶段。这一新阶段,也应该有更新的建设内容和要求。

(二)高职教育发展新阶段的核心内容:文化建设的应然要求

进入新时代和发展新阶段的中国高等职业教育,要引领职业教育改革、支撑发展,并富有中国特色,达到世界水平,必须有其相应的内涵建设水平和外显特征。关于高职教育,从 21 世纪初开始,我们一直在探索适合中国国情、符合中国文化的高职教育模式,并采用"学习借鉴、自主探索和项目引领"相结合的方式进行探索。在学习借鉴方面,我们曾经花了比较多的力气研究德国的双元制,引进澳大利亚的 TAFE,也花了比较大的精力学习美国社区学院、加拿大能力为本的培养模式、新加坡的教学工厂模式及日本、中国台湾地区的官产学研模式,对英国现代学徒制有较多借鉴,在关注瑞士、瑞典的职业教育上也倾注了心血。在自主探索方面,围绕克服本科压缩饼干,建立工学结合、校企合作、产教融合机制,建设"双师型"教师队伍等方面进行了较大努力。更为重要的是,通过中央财政支持拉动、引导地方财政聚力,并通过国家教学成果奖评审引导等,对在宏观、中观及微观领域探索中国特色高职教育发展道路和发展模式给予了奖励和激励。这些探索与取得的成就聚焦在办学模式、人才培养模式、师资队伍建设模式、教学资源建设、信息化建设、国际化推进等方面。关于文化建设、治理体系与能力建设等内容在示范建设时期也有探索和研讨,但路径不甚明确,成效不甚明显。有鉴于此,我们有理由提出,作为办学治校和学校改革发展建设的重要内容之一,文化建设应当提上"双高计划"的重要设程,必须引起我们更多的思考。对此,我们从另一个重要文件中可以感受到它的价值。《国务院关于印发统筹推进世界一流大学和一流学科建设总体方案的通知》(国发〔2015〕64 号)确立了"双一流"建设的十大任务,其中第四条明确强调了传承创新优秀文化,明确要求"加强大学文化建设,增强文化自觉和制度自信,形成推动社会进步,引领文明进程,建设各具特色的一流大学精神和大学文化……"并进一步强调要"认真汲取中华传统文化的思想精华,做到扬启传承、转化创新,并充分发挥其教化育人作用,推动社会主义先进文化建设"。诚然,关于培育和践行社会主义核心价值观,并将其贯穿于教育教学全过程等文化建设的相关内容,在"双高计划"中关于加强党的建设条目中也有明确表达。因此,从另一视角来认识,高职发展新阶段,"双高计划"新要求,文化建设也应拥有新地位。对此,"双一流"建设也给"双高"建设带来明确启示。

(三)推动学校发展迈向高水平:文化建设的价值存在

教育是传承悠久文脉的接力棒,是传播文化的留声机,是发展人类文明的推进器,在文化大发展大繁荣中起着十分重要的作用。中华民族要实现伟大复兴,归根结底是国民素质的提升和民族文化的继承发扬和创新。因此,教育尤其是高等教育的责任和使命就更加明显,文化传承和创新的功能要求也会更加突出,成为义不容辞的历史担当。

作为一所高水平的大学，要追求"有灵魂的卓越"，有形的校园固然重要，现代化的教学设备同样不可或缺，但无形的精神、文化学术氛围更加重要。实质上，我们必须充分利用"双高"建设的有利时机，利用中央财政的资金拉动和项目引领，抓住国家推进文化大繁荣大发展的历史机遇，高举文化引领大旗，切实推动文化建设上台阶上水平。从当前的现实情况看，党中央国务院对新时期弘扬中华优秀传统文化，重视中国革命和建设中的先进文化都有明确要求，学校重视文化建设既是履责所需，更当成为自觉之举。也就是说，如果我们把人才培养、科学研究、社会服务当作高等学校功能要抓实做好，那么，在新时代，在"双高"建设中必须审时度势，强化文化功能，实施文化引领战略，真正在文化建设引领上下功夫，推动学校发展迈向高水平。重视文化建设既是国家所需，也当是高校之责，这是高职学校文化建设的基本价值判断和合理性存在。

二、高职学校文化建设的整体分析与思考

文化是一个十分复杂的概念，也是一个复合性、综合性的概念。站在广义角度看问题，文化无处不在，无时不在，无事不在。正是从这一角度，有人解读文化就是人类社会所创造的一切物质财富和精神财富的总和。从狭义上看，文化被称作人的某种行为、某种习惯、某些习俗，如民族文化、地域文化、乡邻文化等。从教育角度去认识文化，关于高职学校所面临的文化建设问题，更有与职业教育相关的内在的特殊属性。

（一）高职学校文化的相关性分析

从高等职业教育和高职学校办学治校和内部运行角度看，高职学校文化与下列因素有关：一是大学文化。高等职业学校既是职业教育，也是高等教育。因此，高职学校在其发展和建设过程中必然带有高等教育的烙印。到目前为止，关于高等职业学校的政治标准、治理体系等都是按照高等教育来要求的，运行体系也是遵循二级管理的高等教育框架来建构的。大学文化是指大学在长期发展和建设过程中形成的激励大学师生前行的精神制度和行为等，其中最为重要的是指大学精神。正是鉴于这种意义，高职教育作为高等教育的一个类型，在文化建设中需要大学精神来引领。二是企业文化（或称产业文化）。企业文化作为企业人共同遵守的观念，行业文化作为全行业共同的操守和约束机制，是需要企业人员遵照和执行的。高等职业学校的主要任务是直接为生产建设管理第一线的企业服务，特别是为中小企业培养人才。学校面向市场，专业对接产业，课程对接岗位，教学过程对接生产经营过程是重要的要求。在高职学校的人才培养过程中如何融入产业文化、引入企业文化，成为我们改进和优化人才培养模式的重要选择。因此，我们需要在校园内，在人才培养过程中加以弘扬和培养。但由于不同企业、不同行业的价值观不尽相同，因此我们既要在实施教育的过程中对之认真分析，也要总结凝练共同的企业、行业文化，如诚信、忠诚、敬业、爱岗、团队、创新等。在实践过程中，我们也需要研究引入企业理念。三是职业文化。高职学校强调贯

彻以服务为宗旨,以促进就业为导向,培养职业化的技术技能人才,学校需要职业化场景和氛围,培养的学生需要职业化,专业建设和人才培养要与职业化紧紧连在一起,营造培养学生的职业理想、职业道德、职业良心、职业纪律、职业责任、职业习惯和职业能力等在内的文化氛围,必须成为学校工作的主旋律,成为文化建设的主轴。四是区域文化。高职学校的主要任务是培养区域经济社会发展所需要的技术技能人才,同时为区域内中小企业提供技术服务,为社区开展培训和实施终身教育服务。大多数高职学校是地方性学校,其区域特性明显是一个重要文化特征,特别是一些三线城市,其地域性更为突出。区域文化一般是一定区域内,处在特定条件下,在较长时间内形成的具有鲜明特色的生活方式、行为方式、价值观念和区域精神等。区域性高职学校不仅要传播区域文化,还要为挖掘和研究凝练提升区域文化做贡献,学校要成为区域文化传播研究中心。从这种意义上说,高职学校必然存在着区域文化渗入的问题。据此,从相关性角度看,高职学校的文化建设必然是"大学精神引领、区域文化渗透、职教规律办学、企业理念管理"四者高度相关,有机统一。

(二)高职学校文化建设的内在性解剖

高职学校作为相对独立的主体,其文化建设可以从不同层面加以解剖,或者说,它必须或必然要遵守物质建设的基本规律,也会通过一定的方式呈现,这就是文化的划分。关于这一点,人们一般从物质和精神两分法,物质、精神、制度三分法等角度进行解剖,也有学者提出过五分法之说。一般而言,人们相对统一地把文化进行四维度分析。一是物质文化。它是指学校和全体师生员工创造的各种物质成果、物质设施、物质环境等文化基础,它彰显着高职学校的文化特质,如楼宇文化、景观文化及各种文化建筑。物质文化是重要的基础,它能够比较直接地体现文化,如高职学校实践实习实训等场所多,器物等设备设施多,体现着职业教育的特点。二是制度文化。它是指学校在教育教学过程中总体形成的各项工作制度和管理制度,进而成为制度文化,它是学校师生需要共同遵守的活动准则,对规范师生行为具有重要的约束作用,对建立健全学校工作程序、生活程序、管理程序作用明显。三是行为文化。它是指学校在长期教育实践过程中形成的影响师生行为的文化特征。有时称为活动文化,如教研活动、科研活动、社团活动、工会活动,它对维持学校运行、凝聚师生人心、推动学校发展、打造学校特色等作用巨大,如工学结合、工学交替就成为高职学校重要的行为文化。四是精神文化。它是指学校在较长时间的办学实践过程中,受区域传承、社会文脉、意识形态影响进而成为全体师生员工公认的文化观念,一般具有深层次状态,如学校核心价值观、学校精神、校训等,一旦形成,长远坚持、影响深远。虽然,有学者和专家从不同层面对文化进行解剖和分解,如程序性文化、价值性文化、物质性文化等。但一般而言,对于文化,比较统一的认识是,物质文化是基础,制度文化是约束,行为文化是规矩,精神文化是内在,由此形成一个有机融合的系统。

三、以"双高"建设为契机，扎实有效推进文化建设

通过前面的分析，我们可以明确认识到，在高等职业教育进入新阶段，尤其是对于中国特色高水平的高职学校建设计划而言，应当充分抓住这一有利时机，把文化建设作为一项重点工作来抓，有序有效地把文化建设落到实处。

（一）"双高"建设的新理念：文化引领

"引领"一词，在现代汉语里，一般是指带动事物跟随他或他们向某一方向运动、发展。"双高"建设要选择一批办学水平比较高的学校和专业群率先推进内涵建设，实现高质量发展，但更重要的在于引领和带动，即引领全国高职学校深化改革、强化创新、实现高质量发展。关于示范引领，2006年实施的国家示范建设项目计划和2010年实施的国家骨干校建设项目计划，也有过类似的丰富经验和认识。引领高职学校探索工学结合的人才培养模式，引领高职教育教学整体改革；探索校企合作体制机制，引领整个战线从整体上以常态化开展校企合作。

随着高等职业教育进入新阶段，从更深刻的意义上分析，我们需要从文化层面去深入研究，把高职类型特色文化提上议事日程，进而重视育人机制建设上的文化存在、文化元素和文化力量。笔者从2008年起，曾发起并举办过六届"文化建设与高职可持续发展"论坛，就唤起高职教育的文化自觉，加强高职文化建设以及中华优秀传统文化进校园、产业（企业）文化进校园、大学精神进校园等进行探讨，曾提出"大学精神引领、企业理念管理、职教管理办学"的高职文化建设逻辑，更明确发出"示范建设的真谛：机制创新与文化引领"的声音。[2]

应该说，十多年来，我国高职学校在文化建设和文化育人方面有了一些探索，逐步形成了共识。如果能够通过双高建设计划有更大的推动，那无疑是极富意义的。我们在重视十大改革发展任务建设的同时，鼓励并创造条件，让部分乃至大多数学校在文化建设上有自选项目，把文化建设当作双高建设的新路径，意义则会非常重要。

把文化建设当作"双高"建设的新路径，实际上不仅要把文化建设作为一个子项目列入"双高"建设计划，而且"双高"建设要在主体价值观上有新的突破。要通过改革与建设形成一种新的高职发展价值观、质量观，如内涵发展、创新发展、特色发展，基于学生增值为评价主要参照的质量观，教师成才成长的质量观，毕业生初次就业与岗位可持续发展的质量观，学生教育教学中扬长与补短相结合的质量观等，从而引导学生学习方式的转变，教师教学方式的转变，形成新的教学文化。把文化建设当作"双高"建设的新路径，不仅是指文化建设如何重要，更要探索形成中国特色的高职类型文化，打造中国高职的制度、标准、模式，形成中国高职的品牌，为中国特色高职教育发展道路真正成型，为走向乃至引领世界创造条件。

(二)"双高"建设的新路径:文化建设

1. 着力提升师生的文化自觉

"文化自觉",借用著名社会学家费孝通先生的观点,它是指生活在一定文化历史圈子的人对其文化有自知之明,并对发展历程和未来有充分的认识。作为高职学校的文化自觉,首先要增强对文化建设重要性的认识,这至少包括以下几个方面。一是对高职文化复杂性的认识。前面已经谈及,高职文化从外部看,与大学文化、企业文化、职业文化、区域文化等紧密相关。从内部看,涉及物质文化、制度文化、行为文化和精神文化。对此我们要有所把握和思考。二是对高职文化重要性的认识。说文化建设重要,不仅是因为文化建设是学校内涵建设的重点,尤其是到了高职办学 40 年,规模上已经占据高等教育半壁江山的情形下,如果再不重视文化建设,势必会阻碍高职教育的发展,成为推进高等职业教育可持续发展和现代职教体系建设的障碍。[3]三是要提高对文化建设紧迫性的认识,由于复杂性及政策性因素的影响,我国高职学校的文化建设一直处于短板,既因为类型与层次之争,又因为全社会"本"文化因素之故;[4]更为重要的是,高职学校普遍存在着升格、迁址等诸多变动,相对于发展规模和发展阶段,文化建设是落后了、滞后了,必须摆上更加重要的位置并真正成为"一号工程"。从某种意义上说,高职之高应是文化建设水平之高,建设中国特色高水平高职学校就是高水平文化学校。所谓引领,就是文化引领;所谓高质量发展,就是文化伴生的发展。

2. 切实增强引领的文化自信

2016 年 7 月 1 日,习近平总书记在庆祝中国共产党成立 95 周年大会上的讲话中指出,坚持不忘初心、继续前进,就要坚持中国特色社会主义道路自信、理论自信、制度自信、文化自信……将文化自信提升到与三个自信同等重要的位置。关于什么是文化自信,专家学者有不同的认识;一般认为,文化自信是一个国家、一个民族、一个政党对自身文化价值的充分肯定,对自身文化生命力的坚定信念。对于中国共产党和中华民族而言,对于中华优秀传统文化,对马克思主义,对中国革命和建设文化都有充分的肯定和自信,构成了中国特色社会主义文化自信的基本内涵。联系高等职业教育的实际,我们认为,在改革建设的新阶段,要实现引领改革、支撑发展、中国特色、世界水平的目标,要落实职业教育与普通教育是两种不同教育类型、具有同等重要地位的要求,真正把高等职业教育作为优化高等教育结构和培养大国工匠、能工巧匠的重要途径,达成使城乡新增劳动者更多接受高等教育的目标,必须坚定对高等职业教育存在价值、发展前景及地位作用的高度认同。克服和改变高职学校中一定程度上存在的求"本"心切心理,认真按照国家教育部门的要求,坚持各级各类学校安于其位、办出水平、办出特色、争创一流,在立足自信的基础上,找到引领自身正确而科学发展的道路、精准而和谐发展的模式。

3. 有序推进全方位的文化建设

有了文化自觉、文化自信,就必须认真扎实研究文化建设的具体规律,并有力推动文化建设的各项工作。[5]一是要重视整体设计,要综合分析高等职业教育的特点以及学校所处的行业和地域特点,认真研究学校的历史和资源条件,结合学校发展所处的阶段,研究文化建设的总体理念、工作目标和实施方案。必要时,应结合学校五年发展规划或其他工程制订文化建设子规划,并通过广泛征询地方、行业、企业、校友等方面意见,形成文化建设共识。在这个过程中,学校要建立由党政领导牵头的文化建设委员会,并建立由校内外专家学者参与的文化建设咨询委员会。二是推进物质性文化建设。根据学校校区特点和基本建设规划,在楼宇布局、景观建设、场馆设施等方面研究切实可行的物质性文化方案。在进行物质性设施布局时,要贯彻总体的文化理念、形成浓厚的文化氛围,如建筑文化、景观文化、楼宇文化,尤其是雕塑、长廊等,都应有明显的文化内涵和外在表达。三是研究确定一定的程序性文化。根据学校的长期积淀,结合学校工作特点和周期运行,选择一些特殊的时点作为某个庆祝纪念和仪式活动的文化节日,如开学典礼、毕业典礼等。四是着力培养学校和师生员工的精神文化。精神文化在学校发展中起着十分重要的作用,它既激励着一届又一届学子勤奋学习、努力进取、不断攀登,又形成和推动学校良好办学治校氛围的形成。学校的校训、教风、学风以及与之相匹配的物质性设施往往既无形又有形地影响乃至决定着学校的发展,优秀的精神文化一定会滋润师生和校友的心灵,浸润于每一颗师生和校友的心,成为建设好学校的不竭动力。

四、着力高水平,不断迈向文化育人新高度

习近平总书记在党的十八大报告中指出,文化是民族的血脉,是人民的精神家园;在党的十九大报告中,习近平总书记又进一步强调,文化是一个国家、一个民族的灵魂,文化兴国运兴、文化强民族强,没有高度的文化自信,没有文化的繁荣兴盛,就没有中华民族的伟大复兴。可见,文化建设非常重要,文化自信尤为迫切。而作为高职学校,文化建设不仅在于物质设施的建设,更在于行为文化的养成和精神文化的培养。文化育人、以人化人,这是高职建设的新境界,更是"双高计划"的新视阈。

(一)充分认识文化育人的重大意义

第一,文化是教育之根。也就是说,教育与文化密切相关,从某种意义上说,教育即文化,文化对教育的作用具有直接和间接作用。直接作用指文化影响教育价值观、教育目的、教育内容和教育方法,影响甚至决定学生的成才成长和发展;间接作用主要是指文化对经济、政治、社会等方面的作用。[6]进一步分析,文化是教育之根,是学校各项制度实施的重要保障,必须高度重视文化对教育的价值和影响力。

第二,文化关系到国家软实力。一个国家的实力包括经济、科技、军事等实力,这称为硬实力,更包括以思想文化和意识形态为主要内容的实力,我们把它称为软实力。从某种意义上说,软实力不亚于硬实力。综观历史、放眼世界,重视学校文化建设、重视国民素质提升,就是提升国家竞争力尤其是软实力,而软实力又可成为推进硬实力的重要力量。

第三,维护国家文化安全。在全球化的背景下,世界各国之间的交流与碰撞日益频繁,文化融合成为一个不可逆转的趋势,不同文化之间的冲突也日趋激烈。正因为如此,文化育人不仅从政治意义而且从民族凝聚力等方面有着重要的影响。如何培养民族核心价值观,凝聚民族精神和力量,在世界文明交融中积极发挥作用并争取成为主流,这是高等教育必须认真研究解决的。正在进行的中国特色高水平高职学校建设,旨在建成一批引领改革、支撑发展、中国特色、世界水平的高职学校,形成中国职业教育的模式、制度、标准,必须把文化放在要位。

(二)三维文化育人:浙江金融职业学院的探索与实践

浙江金融职业学院是全国首批 28 所国家示范性高职学校之一,也是浙江省政府首批重点建设高职学校,当前正在谋划并实质性推进中国特色高水平高职学校建设。在制订"双高"建设方案和任务书的过程中,学校认真研究、精心谋划,除了高质量落实教育部、财政部提出的"一加强、四打造、五提升"目标任务外,学校实施 10+2"双高计划"建设方案,把研究形成中国特色高职教育话语体系,扎实推进高职研究引领学校建设和深入开展三维文化育人,精心打造高职文化育人标杆校建设作为自选目标。

学校从 2002 年开始研究实践高职文化建设,在 2003 年三维文化形成框架、2005年三维文化建设基本成局的情形下,于 2007 年开始在全校范围内全面实施文化育人实践活动,在以诚信文化、金融文化、校友文化为主要内容的三维文化理念引领下,从党委号召、行政推动、全员参与到校友助力,形成了三维文化的有效机制,诚信品格培育,金融文化熏陶日渐深入。特别是以"千名学生访校友、千名校友回课堂、百名校友上讲坛、百名校友话人生、百名教师下企业"为主要载体的校友文化育人,在实践中形成了良好氛围。诚信文化教会学生如何立身,金融文化让学生懂得如何立业,校友文化助力学生怎样立世,使学生在校最大增值,毕业生就业率、签约率、用人单位满意率等各项指标均名列全国前茅,初步彰显了文化育人的巨大成效。学校重视文化建设,注重文化培养,文化建设不断推向纵深。从 2008 年开始发起并立志推动全国高职文化建设,连续 6 年主办"文化建设与高职教育可持续发展"论坛,已有 500 多所高职院校参与研究,分别围绕文化自觉、文化建构、中华优秀文化进校园、产业(企业)文化进学校、文化育人及提升文化软实力等命题展开研究,具有较好的文化建设带动作用。

诚然,文化建设是一个十分复杂的系统工程,从唤起文化自觉、强化文化自信到重视文化建设、推动文化育人,需要我们坚持不懈、持续发力、久久为功。以"双高"建设为契机,以文化建设引领走向更高层面,即迈向文化治理的更高境界,尚需进一步探索,更期深入研究。

【参考文献】

[1]教育部,财政部.教育部、财政部关于实施中国特色高水平高职学校和专业建设计划的意见[EB/OL].[2020-02-13].http://www.moe.gov.cn/srcsite/A07/moe_737/s3876_qt/201904/t20190402_376471.html.

[2]王冀生.大学文化的科学内涵[J].高等教育研究,2005(10):9-14.

[3]刘洪一.中国特色高职文化的建构与实践[J].中国高教研究,2008(12):54-57.

[4]周建松.高职教育的文化定位与建构路径[J].高教探索,2017(12):89-92.

[5]李祥国.关于高职院校文化育人功能的思考[J].教育探索,2014(8):13-14.

[6]刘楚佳.高职文化的生成:制约因素及路径选择[J].中国大学教学,2012(7):85-87.

（本文原载于《中国职业技术教育》2020年第15期）

基于高水平建设的专业人才培养方案规范化建设机制研究
——学习贯彻《教育部关于职业院校专业人才培养方案制订与实施工作的指导意见》

摘　要:专业人才培养方案是职业院校落实党和国家关于技术技能人才培养的总体要求,组织开展教学活动,安排教学任务的规范性文件,是实施专业人才培养和开展质量评价的基本依据。通过回顾高等职业教育的发展历程,特别是21世纪以来推进人才培养工作规范化的历程,分析新时代高职教育人才培养改革的具体背景,结合《教育部关于职业院校专业人才培养方案制订与实施工作的指导意见》(教职成〔2019〕13号)文件精神,分析解读高职院校专业人才培养工作的指导原则和主要内容。基于此,提出制订规范专业人才培养方案的总体思路:全面加强党的领导,严格规范制订程序,重视标准开发应用,把教师、教材、教法改革推向纵深,努力把"三全育人"落到实处。

关键词:高水平建设;专业人才培养方案;制订;规范化;机制

习近平总书记在全国高校思想政治工作会议上强调,只有培养出一流人才的高校,才能够成为世界一流大学。办好我国高校,办出世界一流大学,必须牢牢抓住全面提高人才培养能力这个核心点,并以此带动高校其他工作。当前,高等职业教育战线正在奋力推进中国特色高水平高职学校建设进程,致力于打造一批引领改革、支撑发展、中国特色、世界水平的高等职业学校和高水平专业群。其核心目标是打造技术技能人才培养高地和技术技能创新服务平台,支撑国家重点产业、区域支柱产业和战略新兴产业。在改革发展的十项重大任务中,又明确把打造技术技能人才培养高地作为核心任务,这充分说明了人才培养工作对于推进高等职业教育高质量发展和高等职业院校高水平建设的重要性。要做好人才培养工作,解决好为谁培养人、培养什么样的人、怎样培养人、靠谁培养人等问题,必须守正出新、规范创新,制订与实施规范化的人才培养方案。基于此,结合学习贯彻《国家职业教育改革实施方案》、《教育部、财政部关于实施中国特色高水平高职学校和专业建设计划的意见》(教职成〔2019〕5号)、《教育部关于职业院校专业人才培养方案制订与实施工作的指导意见》(教职成〔2019〕13号)文件精神,开展专业人才培养方案规范化建设机制的研究。

一、高等职业教育人才培养规范化在改革创新中前行

由于基础教育的基点是课程,因此教育行政部门高度重视课程建设和教学标准(大纲)的制定。由于高等教育建设的基点是学科,因此各高等学校都十分重视学科的规划和方案的制订。近几年来,作为本科人才培养工作的要求,人才培养方案得到了应有的重视;而职业教育的核心任务是专业教育,旨在培养职业化的技术技能人才。专业人才培养工作作为职业教育的重中之重,历来受到各方面的高度关注,作为其基础性工作的人才培养方案的制订也一直为教育行政主管部门和各学校所重视。

1999 年,我国正式确定了高等教育大众化的方略,发展高等职业教育也因正式成为推进高等教育大众化的重要路径之一而得到了加强。为适应高等职业教育人才培养工作规范化的要求,2000 年年初,教育部印发了《关于制订高职高专教育专业教学计划的原则意见》(教高〔2000〕2 号)。该文件在指导高职高专院校科学制订教学计划,规范教育教学管理,保证高等职业教育人才培养的规格与质量,促进高等职业教育教学改革等方面,发挥了十分重要的积极作用。

随后,国家出台了一系列推进高等职业教育改革发展的重要文件,实施了诸项推进职业教育内涵建设的质量工程。教育行政部门与时俱进,出台了若干推进教育改革和人才培养工作的指导文件,如《教育部关于以就业为导向深化高等职业教育改革的若干意见》(教高〔2004〕1 号),明确提出了以服务为宗旨、以就业为导向、走产学研结合的发展道路,要求"找准学校在区域经济和行业发展中的位置,加大人才培养模式的改革力度,坚持培养面向生产、建设、管理、服务第一线需要的'下得去、留得住、用得上',实践能力强,具有良好职业道德的高技能人才"。又如,《教育部关于全面提高高等职业教育教学质量的若干意见》(教高〔2006〕16 号),明确提出了加强素质教育,强化职业道德,明确培养目标,服务区域经济和社会发展,以就业为导向,加快专业改革与建设,加大课程建设与改革的力度,增强学生的职业能力,大力推行工学结合,突出实践能力培养,改革人才培养模式,校企合作,加强实训、实习基地建设,注重教师队伍的"双师"结构,改革人事分配和管理制度,加强专兼结合的专业教学团队建设,加强教学评估,完善教学质量保障体系,切实加强领导,规范管理,保证高等职业教育持续健康发展等要求。

教育部把高职高专划归职成司管理后,根据构建现代职业教育体系的新要求,教育部对人才培养工作及高职改革建设提出了新的要求。其中《教育部关于深化职业教育教学改革,全面提高人才培养质量的若干意见》(教职成〔2015〕6 号)明确了职业教育立德树人、全面发展,系统培养、多样人才,产教融合、校企合作,工学结合、知行合一,国际合作、开放创新等五个人才培养改革的基本原则。该文件同时提出了落实立德树人根本任务,改善专业结构和布局,提高系统化培养水平等深化职业教育教学改革的具体要求,强调了推进产教深度融合,强化教学规范管理,完善教学保障机制等要点。其他一系列文件,尤其是国家示范、国家骨干高职院校建设的相关文件和《高等职

业教育创新发展行动计划(2015—2018)》(教职成〔2015〕9号)明确了人才培养改革创新,尤其是现代学徒制和集团化办学的具体要求。可以这么说,关于高等职业教育人才培养规范化建设,我们一直在探索、推进和创新。

二、新时代高等职业教育人才培养改革的背景

经过几十年的探索,中国特色社会主义进入新时代,我国高等职业教育面临的主要矛盾、生源结构、技术条件发生了重大变化,国际地位也发生了重大改变,需要我们认真审视当前的人才培养机制和模式,并在规范上更进一步。

(一)党的十九大对立德树人提出明确要求

党的十八大以来,党中央高度重视教育工作,习近平总书记发表了一系列关于教育工作的重要论述,并在很多场合反复强调立德树人是各级各类学校的根本任务和中心工作。习近平总书记在党的十九大报告中再次明确和强调,要抓住立德树人这个中心工作,把它贯穿于教育教学和教书育人的全过程,并落实到人才培养方案和课程建设之中,使立德树人真正落到实处。

根据立德树人的总要求,职业教育要特别重视思想政治理论课建设。习近平总书记专门主持召开了学校思想政治理论课教师座谈会,对办好思想政治理论课提出了"八个相统一"的要求,也对思想政治理论课教师提出了六个方面的希望。中共中央还专门下发了关于大、中、小学思想政治理论创新改革的具体意见,并进行了专门部署。随后,教育部出台了《新时代高等学校思想政治理论课教师队伍建设规定》(教育部令第46号)。在加强思想政治理论课建设的同时,教育部也在不断推动课程思政和课程育人机制建设,努力把习近平总书记提出的各门课要"守好一段渠、种好责任田"的要求落实到位。与此同时,党中央明确了弘扬中华优秀文化、社会主义革命和建设先进文化的具体要求,强调要落实立德树人根本任务,加强美育和劳动教育,培养德智体美劳全面发展的社会主义建设者和接班人。

(二)《国家职业教育改革实施方案》提出新理念

党中央、国务院历来重视职业教育的改革发展。改革开放以来,曾经先后召开了六次全国性职业教育会议。进入21世纪以后,国务院召开了三次重要的全国性会议,并以国务院名义发布了三项职业教育改革发展的决定意见。党中央、国务院的重视大大推动了我国职业教育的改革发展。目前,我国已建成世界上规模最大的职业教育体系,其社会影响力以及对经济社会发展的贡献正在不断扩大。当然,职业教育仍然存在特色不鲜明、质量不平衡的问题。鉴于此,党中央、国务院决定在新时代要花更大力气推动职业教育更大发展。2019年,国务院印发了《国家职业教育改革实施方案》(以下简称《方案》)。《方案》明确了今后一个时期的努力目标和近期要完成的主要任务,以切实推动现代职业教育体系的形成,推动职业教育实现高质量发展。

《方案》除了进一步鼓励和推动职业教育大改革大发展以外,十分重要的是强调了职业教育的标准和制度建设,特别强调了产教融合、校企合作、"双师型"教师队伍和结构化教学创新团队建设,以及"毕业证书＋若干职业技能等级证书(即'1＋X'证书)"制度试点建设。在随后发布的《教育部、财政部关于实施中国特色高水平高职学校和专业建设计划的意见》(教职成〔2019〕5号)中,对建设职业教育制度标准体系提出了更高要求,明确建成覆盖大部分行业领域、具有国际先进水平的中国职业教育标准制度体系,探索形成中国职业教育发展道路和模式。因此,制订人才培养方案必须认真落实党中央国务院的要求,切实做好相关工作。

(三)高等职业教育面临的各方面情况发生新变化

经过40年来的发展,我国的高等职业教育得到了长足的进步,初步实现了占据高中后教育半壁江山的格局,高等职业教育迅猛发展,特别是提出构建现代职业教育体系后,高等职业教育的内部环境发生了重大变化。我国的科学技术发展日新月异,"互联网＋"、云计算、大数据、物联网、智能制造等发展迅猛,这些都对我国高等职业教育人才培养工作提出了新要求。

但是回顾历史,从2000年教育部制订和发布《关于制订高职高专教育专业教学计划的原则意见》(教高〔2000〕2号)以后的近20年间,我国未发布过一个专门针对人才培养方案制订与实施的系统性的文件或方案。这在一定程度上表明,我国职业教育的人才培养方案规范建设工作尚未能与时俱进。

再进一步分析,近20年来,我国的教育结构已经发生了深刻变化,基础教育的内容和知识有了很大调整,中等职业教育升入高职教育的比例正在上升,高等职业教育的发展呈现多样化趋势。当前,职业教育的生源进入"00后"一代,学生的学习方式和生活观念呈现新变化,对创新创业、出国留学、升学深造及第二学校、第二国家和地区学习经历等都产生了新要求。总之,新时代的新要求促使我们从人才培养方案制订开始,规范人才培养工作,提高人才培养质量。当然,在新形势下完善人才培养指导意见,亦有利于明确要求和标准及规范格式,防止部分地区的部分学校出现不符合条件、不符合标准的情况,进而促进高等职业教育的高质量可持续发展。

三、正确把握高职院校人才培养方案制订与实施的指导原则

《教育部关于职业院校专业人才培养方案制订与实施工作的指导意见》(教职成〔2019〕13号)站在新时代职业教育高质量发展和构建现代职业教育体系,以及打造具有鲜明类型特色的高度,对如何制订好职业院校人才培养方案提出了指导思想和基本原则。结合高等职业学校实际,笔者认为必须认真把握好如下要求。

(一)贯彻指导思想

制订人才培养工作方案,必须把握好指导思想。在中国特色社会主义新时代,制

订人才培养工作方案必须以习近平新时代中国特色社会主义思想为指导,这是最基本的政治站位和政治前提。习近平新时代中国特色社会主义思想既是十分鲜明的,也是十分具体的。党的十九大报告中的"八个明确"和"十四个坚持"就是习近平新时代中国特色社会主义思想的核心内容,全国教育大会和全国高校思想政治工作会议的内容则是习近平新时代中国特色社会主义思想在教育中的具体化。因此,一定要认真学习习近平总书记关于教育的一系列重要论述,并把它贯彻落实到人才培养方案中。为此,一要坚持把立德树人作为根本任务,培养中国特色社会主义建设者和接班人,尤其要强调德智体美劳全面发展,德才兼备,以德为先。二要贯彻习近平总书记为全国职业教育工作会议所做的指示,坚持面向市场、服务发展、促进就业的方向,坚持产教融合、校企合作、工学结合、知行合一的要求,健全德技双修、工学结合的育人机制。三要认真贯彻习近平总书记在全国高等学校思想政治工作会议上的要求,把为人民服务、为中国共产党治国理政服务、为巩固和发展中国特色社会主义制度服务、为改革开放和社会主义现代化建设服务落到实处,并实现贯彻好"四个正确认识",即正确认识世界和中国发展大势,正确认识中国特色和国际比较,正确认识时代责任和历史使命,正确认识远大抱负和脚踏实地。四要适应产业变革和职业发展要求,推进教师、教材、教法改革,全面积极推进"1+X"证书试点,致力于培养高素质复合型技术技能人才。

(二)坚持基本原则

制订高职院校人才培养方案,必须确保规范科学,在把握指导思想的前提下,坚持基本原则。一是必须坚持全面发展原则。在坚持德才兼备、以德为先的同时,抓好系统培养、全面发展,正确处理价值引领、知识传授和能力培养三者之间的关系,确保习近平新时代中国特色社会主义思想进教材、进课程、进头脑,培育和践行社会主义核心价值观,努力把专业精神、职业精神和工匠精神融入人才培养全过程。二是必须注意科学规范。人才培养方案是人才培养的指导性文件,必须在格式、标准等方面努力做到具有科学性和规范性,要认真贯彻落实党和国家关于职业教育和高等教育的总要求,遵循职业教育专业标准及其他相关标准,在具体工作中要处理好各类课程之间的相互关系,处理好理论教学与实践教学、学历证书与各类职业技能等级证书之间的关系,同时把握课程与学时、学分之间的平衡,使人才培养方案成为一个科学而有机的整体。三是要努力体现培养特色。我国是一个区域经济社会发展不平衡的国家,各个行业具有鲜明的特色,高等职业教育要面向市场,服务区域经济社会发展,突出行业特色,必须在贯彻总要求和落实基本点的基础上,认真研究区域特点、行业特点和学校特色。要正确处理高教性和职教性的关系、行业性和区域性的关系,努力打造自身的亮点,培养有特长的人才,以特色彰显质量。四是要遵循基本规律。高等职业教育既具高教性,又具职教性;既是学历教育,也有技能和职业培训;既要从高等教育层面要求学生掌握知识与理论,又要从职业教育角度出发强化学生的技能和岗位适应能力,还要考虑普高毕业生、中职毕业生、退役士兵、下岗失业工人、农民工和新型职业农民等不同生源的多样化需求。因此,既要适应十八周岁基本段的青年成长规律,研究职业发展规律,还要为各个不同类型的学生提供成长空间,使各类人才都有出彩的机会。五是要做到持续改进。制订人才培养方案是一项严肃认真无法一劳永逸的工作,既要关注科技发展变化,也要紧跟产业变革发展趋势,尤其要重视行业人才需求变化,以此为依据修订完善人才培养方案,调整教育教学内容。同时,要注意内部反馈机制,从学生、教学督导、教师等教育教学反馈中研究对策、发现问题、适当修订完善,形成良性循环持续改进的机制。

四、全面梳理高职院校人才培养方案制订的内容要求

制订人才培养方案是一项兼具科学性、严肃性和政策性的工作,必须做到内容齐全、要素完整、格式规范,在思想政治性、业务科学性等方面全面贯彻党的教育方针和党和国家的总要求。具体来说,要把握好以下几方面内容。

(一)明确培养目标

培养目标是人才培养工作的基本定位。明确培养目标就是要解决好为谁培养人、培养什么样的人、怎样培养人三者之间的关系,把国家关于发展高等职业教育和建好高等职业院校的要求贯彻落实到位。就中国特色高水平高职学校和专业群建设而言,还要把建设一批引领改革、支撑发展、中国特色、世界水平的高职学校和专业群要求落到实处。

对于培养目标而言,从宏观角度来说,是要培养拥护中国共产党、拥护中国特色社会主义制度和改革开放及现代化事业的德智体美劳全面发展的中国特色社会主义建设者和接班人,特别是接班人及建设者的理念十分重要,必须牢牢把握。从高职教育特点和要求来说,应满足区域经济社会发展和行业企业发展要求,培养面向基层一线的生产建设管理服务领域的技术技能人才,这些人才具备良好的职业操守、职业精神、专业知识和业务技能,下得去、用得上、留得住。根据这些要求,职业院校人才培养要坚持以优质就业为导向,同时兼顾毕业生创业、升学等需求。与此同时,职业教育要考虑精英化培养的要求,为特长生或拔尖人才的培养创造条件,提供空间。具体到每所学校、每个专业时,一定要细化、具体化。

(二)规范课程设置

课程设置及其内容选择是人才培养的基础性工作,对人才培养目标的实现具有决定性作用。关于课程设置,在不同阶段,国家有不同的要求。教育部对主要专业制订了专业教学标准,明确了这些专业的主干课程。

总体来说,课程设置是人才培养方案中最重要的内容,它关系到教师队伍建设和基层教学组织建设。具体来说,规范课程设置要做到四点。第一,尽量开足公共课。高等职业学校应当按规定开好思想政治理论课、体育课、军事课、心理健康课等必修课程。研究把中华优秀传统文化、创新创业教育、职业发展与就业指导、第二语言等列为

必修课程的可能性。根据专业特色,研究开设语文、信息技术、数学、物理、化学等课程,为学生发展打好基础。第二,通过开设课程、举办讲座、开展社团活动等多种形式落实习近平新时代中国特色社会主义思想进课程的要求。习近平新时代中国特色社会主义思想进课程是贯彻立德树人的要求,更是坚定"四个自信"、强化"四个意识"、树牢"两个维护"的基本要求。第三,尽可能拓展公共素质教育。结合专业特点,围绕国家安全教育,节能减排、绿色环保、金融知识、社会责任、人口资源、海洋科学等内容开设相应课程及系列讲座。第四,注意专业课程的系统化。专业知识是学生在校学习的主要内容,包括专业基础理论、专业核心技术和技能等。专业课程不仅要整合优化,还要全面系统,确保必要的学分。

(三)合理安排学时

我国专科层次的高等职业教育基本学制为高中后3年,包括中职毕业后3年和普高毕业后3年。但是,根据《国家职业教育实施方案》要求,今后学前教育、护理、养老服务、健康服务、现代服务等领域要扩大对初中毕业生实行中高职贯通培养的招生规模,高等职业教育的学制也需要做相应调整。在进行学时安排时,职业院校要结合不同学制和不同生源类型进行研究,分别制订人才培养方案。在遵循学制3年、每学年40周、总学时不低于2500个,公共课学时不少于总学时数的四分之一,选修课学时不少于10%的前提下,贯彻落实学生取得有关证书可以折算成相应学分(一般16—18学时为1个学分)的要求。

(四)强化实践教学

实践性教学的加强是职业教育的一个特点,也是基本要求。高等职业教育作为类型教育,要办出类型特色,就必须把实践教学作为重要工作来做。从高职教育发展过程来看,我们一直强调要跳出"压缩饼干型"人才培养模式的桎梏。实际上,这与加强实践教学的要求有关。实践教学有两个基本要求:一是毕业前顶岗实习时间一般为6个月,二是实践教学总课时一般要达到50%以上。

关于实践教学的形式,一般包括认知实习、跟岗实习和顶岗实习。要落实加强实践教学的要求,必须统筹好下列关系。一是协调认知实习、跟岗实习及顶岗实习的关系,区分不同专业,结合校企合作伙伴的要求灵活调节。二是正确处理校内实习与校外实践的关系,把校内实习生产化和校外实践教学化有机结合起来。三是将文化育人、实践育人等结合起来,把学生的各类社会实践活动和社团活动结合起来。四是正确处理形式和内容的关系,要把各种不同形式的实习实践同育人目标结合起来,与就业为导向的教育教学改革结合起来。

(五)严格毕业要求

毕业标准和要求应是人才培养方案必须表述清楚的重要内容,因为它既是一项规范性要求,也是一个风向标,要根据国家行政部门的要求统筹教育结构,从学校和专业实际出发,做到细化和明确化。作为学生学习的一个指引和检验人才培养成效的标准,它事关学生就业和人生发展、学校品牌和品质,必须严肃认真对待。在新的历史条件下,为贯彻立德树人总要求,为严格学校和学籍管理,教育部明确要求取消"清考"、淘汰"水课"、打造"金课"。因此,必须在人才培养方案中贯彻落实高标准、规范化的毕业标准。

五、切实把规范人才培养方案制订与实施的工作落到实处

为认真做好职业院校人才培养制订与实施工作,确保落实落地,教育部专门印发了文件和通知,站在讲政治和抓落实的角度,对做好这项关乎职业教育质量和发展的工作提出了明确要求。结合教育部的要求,笔者认为抓好工作落实必须做好以下几项工作。

(一)全面加强党的领导

加强党的领导不仅是一项政治要求,更要有具体的内容。高等职业院校实行党委领导下的校长负责制,必须在人才培养工作中切实加以体现。一要提高政治站位,把人才培养方案的制订与实施工作纳入党委工作日程,作为党委中心工作、党委书记重要工作来抓。克服人才培养制订仅仅是教务部门的事,最多也只是教务部门和学生部门的事的狭隘认识,要在党委领导下组织学校党委和各行政部门成立学校人才培养工作委员会,统筹抓好人才培养工作。二要加强政策和理论学习,学校党委要认真学习党和政府关于高等职业教育发展和人才培养工作的方针政策和指示要求,尤其是针对党委宣传部门、教育行政部门下发的系列文件,要学懂、吃透精神实质,融合贯彻课程建设和专业人才培养方案工作。三要在党委领导下,在学习讨论的基础上,学校要组织人才培养调研起草小组,组织审订工作机制,并事先制订下发关于制订人才培养方案的指导意见,建立人才培养方案制定与实施组织责任体系,形成校内外及各方合力,明确考核和落实责任。从某种意义上来说,人才培养方案是学校至关重要的文件,要确保在党委领导下开展制订工作。

(二)严格规范制订程序

《教育部关于职业院校专业人才培养方案制订与实施工作的指导意见》(教职成〔2019〕13 号)对人才培养方案制订的程序提出了明确的指导意见,主要包括以下五个阶段。

第一,规划与设计。要求学校根据教育部指导意见,结合专业目录,组建由学校教研人员、一线教师、毕业生代表和行业企业专家共同组成的专业建设委员会,在专业群建设的理念下,可考虑以专业(群)为单位组建工作委员会,下设具体小组开展工作。

第二,调研与分析。各专业(群)建设委员会深入行业企业开展需求情况和人才结构调研,对毕业生适岗情况进行跟踪调研,对不同地区和类别的学生进行学情调研,进

一步明确岗位和职业所需要的知识、能力和素质,形成专题调研分析报告。

第三,起草与审定。学校结合党和国家关于立德树人的要求和教育部颁发的专业教学标准,准确定位人才培养目标与规格,统筹协调,合理构建课程体系,安排教学进程,明确教学内容和方法、教学资源及教学保障,形成初稿并组织行业企业、教研机构及校内外一线教师和学生代表进行论证,经学校教务管理部门初审,党委主要部门会审,提交学校人才培养工作委员会审议,最后经学校党委会审定。

第四,发布与公开。经过论证审定的专业人才培养方案,按程序发布执行,在报上级教育行政部门和主管部门备案的同时,通过网站主动向社会公开,接受社会监督,并印装成册,提供给教师和学生及教研教学管理部门。

第五,更新与完善。学校要建立人才培养实施情况评价、反馈与改进机制,根据经济与社会发展需求、技术发展趋势和教育教学实际,学习贯彻党和国家及教育部最新政策变化,及时优化内容,完善人才培养方案。

(三)重视标准开发应用

建立覆盖大部分领域、具有国际先进水平的专业教学标准制度体系,这是职业教育的改革方向和目标。对此,"双高"建设单位必须高度重视。与此同时,标准对专业教育教学具有引领作用,学校应高度重视。一般而言,思想政治理论课、重要公共基础课的课程标准由教育部根据中央部署统一开发制订,专业必修课的课程标准由教育部组织行业教育教学指导委员会开发制订;同时,教育部也鼓励学校单独或联合开发专业教学标准和核心课程标准。对于不同地区、不同行业,尤其是高水平高职学校和专业群建设单位,鼓励其开发并建立自己的标准制度体系,在此基础上推进教育教学规范化建设。

(四)把教师、教材、教法改革推向纵深

《方案》明确强调职业教育与普通教育是两种不同教育类型,今后的改革方向是要打造类型特色鲜明的职业教育,而打造类型特色鲜明的职业教育的前提是产教融合、校企合作,基础是教师、教材和教法改革。要做好人才培养工作,必须抓住三项基础性工作。

第一,教师队伍建设机制改革。核心是按照教育部等四部门印发的《深化新时代职业教育"双师型"教师队伍建设改革实施方案》(教师〔2019〕6号)的要求,抓好"双师型"结构化教学创新团队的组建工作,分层分类建立标准体系,推进双师素质导向,注重团队建设,探索"固定岗+流动岗"配置机制,提高教师教育教学能力和水平。

第二,教材建设机制改革。要重视教材在人才培养中的作用,把好教材选用关,抓好体现新技术、新工艺、新规范的高质量教材建设,提倡使用活页式和工作手册式教材。

第三,教学方法改进和优化。专业课教学要普遍推广项目教学、案例教学、情境教学、模块化教学等方式,广泛使用启发式、讨论式、参与式等教学方法,推广翻转课堂、

混合式教学、理实一体教学等模式,推动课堂革命,推进信息技术与教学内容有机融合,全面提升教师信息技术应用能力和线上教学能力。

(五)努力把"三全育人"落到实处

做好人才培养方案落实落地,其重心是要立德树人,培养德智体美劳全面发展的中国特色社会主义建设者和接班人。一方面,要抓好人才培养方案规范化的制订与执行;另一方面,要落实立德树人的目标,构建全面、全员、全过程育人体系。

要强化教师的师德和责任心,贯彻新时代教师职业行为准则,坚定政治方向、自觉爱国守法、传播优秀文化、潜心教书育人、关心爱护学生、坚持言行雅正、遵守学术规范、秉持公平诚信、坚守廉洁自律、积极奉献社会。

要强化课程思政和育人,积极构建"思政课程＋课程思政"大格局,始终与培养目标同向同行,努力把育人职责内化于心,形成齐抓共管育人大格局,抓好专任教师、行业企业兼职教师、班主任辅导员、教学管理队伍和党政干部等为主体的全方位育人主体建设,努力在人才培养过程中推进共同育人,实现为党育人、为国育才的宏伟目标。

（本文原载于《职业教育》2020 年第 4 期）

建设高水平"金融黄埔" 打造中国高职文化样板校

——访浙江金融职业学院党委书记周建松

摘 要：浙江金融职业学院在近50年的办学历程中，为浙江省乃至全国培养了近6万名优秀经济金融人才，被誉为金融界的"黄埔军校""行长摇篮"，是国家首批示范性高等职业院校、浙江省重点建设高职院校。站在"双高建设"的历史新起点，学校基于"双高建设"的理论研究，倡导以生为本、人文化成的培养实践，立足大财经，铸就大平台，共建大文化，立志打造中国高职文化样板校。

关键词："双高建设"；文化建设；专业群建设；中高职衔接

浙江金融职业学院于2002年正式成立，2006年成为全国首批"国家示范性高等职业院校建设单位"，2017年被确定为浙江省重点建设高职院校，2019年被教育部认定为"国家优质校"，并入选全国职业院校教学管理50强、学生管理50强，连续三年跻身"社会服务贡献"50强，2019年入选中国特色高水平高职学校和高水平专业建设计划的"高水平学校建设单位（B档）"，跻身中国特色高水平高职学校之列。可以说，浙江金融职业学院一路走来，一路辉煌。为了深入了解浙江金融职业学院辉煌背后的原因，找寻行业类高职院校高水平发展的规律，笔者专程采访了浙江金融职业学院党委书记周建松。

一、推动"双高建设"的理论研究：固本强基，精准施策

庄曼丽：周书记，您好！首先，我谨代表《职业教育》（评论版）主编单位——浙江省教育科学研究院恭喜贵校获得入选国家"高水平学校建设单位（B档）"的殊荣。众所周知，贵校是首批国家示范性高等职业院校、浙江省重点建设高职院校，此次入选"双高建设"名单，可以说是为打造中国高职文化样板校所取得的又一成果。您是全国高等职业技术教育研究会会长，长期从事高等职业教育发展研究，您对建设高水平高职学校有哪些见解？

周建松：其实我们学校是"双高建设"最早的参与者之一，这个与其他学校有所不同。2015年下半年，国家出台了三个文件：一是《国务院关于印发统筹推进世界一流大学和一流学科建设总体方案的通知》（国发〔2015〕64号），二是教育部、国家发展改革委及财政部联合发布的《关于引导部分地方普通本科高校向应用型转变的指导意见》（教发〔2015〕7号），三是教育部印发的《高等职业教育创新发展行动计划（2015—

2018年)》(教职成〔2015〕9号)。这三个文件的层次是不一样的。第一个"双一流"是国务院的文件,明确为国家战略。第二个不光是教育部,国家发展改革委和财政部也参与了,可以理解为"准国家战略"。第三个是教育部层面的举措。这三个文件的侧重点是不一样的,我觉得国家对高等职业教育重点校的建设,唯有上升到国家战略高度,通过中央财政的支持和撬动,建设一批高水平的高等职业院校,才能体现国务院一直强调的鼓励各类学校在各自的领域办出特色、办出水平的精神。我专门就此问题写过内参并报送中央领导同志,该内参还在《光明日报》上发表了,题目就叫《建设"双一流",高职应实现高水平》。

其实从2017年下半年开始,教育部职业教育与成人教育司也在酝酿相关议题,当时这个计划叫"特高",现在叫"双高",并被写进了2018年教育部的工作要点。因此,从那时起,大家就开始讨论"什么是高水平学校建设"。我也在综合各类观点的基础上,提出了自己的一些想法,包括后来我在《光明日报》上提出"专业建设是高水平建设的基石",在《中国青年报》上提出"学生发展是我们高水平学校衡量的根本标准",在《中国教育报》上提出"高水平高职院校建设需要精准施策""高水平高职院校建设教师队伍建设是关键"等观点,以及近期在《中国职业技术教育》上,我从政治、教育、社会、经济等角度,对新时代背景下建设中国特色高水平高职学校的意义进行了全面阐述。

从理论研究上来讲,我从2017年开始,就一直在关注高水平高职院校建设的必要性和路径,并于同年暑假写了一篇题为《基于类型特色的高等职业院校高水平建设方略》的文章,提出不同类型的高职院校高水平建设需要不同特色。2017年,我还在《中国职业技术教育》上发表了题为《基于内涵发展的高水平高职院校建设》的文章,其中提出"从内涵建设发展角度看,中国需要建设一批高水平职业院校",中国职业教育建设如果从1980年开始算起,已经差不多40年了,内涵建设也已进入新阶段,新阶段需要建设一批高水平职业院校。2018年,我在《职教论坛》上发表的《高水平高职院校建设的理念与思路研究》,系统阐述了"为什么要建设高水平高职院校""怎么建设高水平高职院校"的问题。这三篇文章实际上从两个视角表述了我对如何建设高水平职业院校问题的研究:从类型角度看"为什么要建设一批高水平职业院校",从内涵角度看"为什么要建设一批高水平职业院校以及对于高水平职业院校建设的统筹谋划"。后来,我又陆续丰富了相关理论,比如高水平建设的目的是引领整个高水平职业院校的发展,如何通过加强党的领导来引领高水平建设等。这些代表了我对高水平高职院校建设的五个基本理论思考点,分别是类型、内涵、学校本身、目的及党的建设,后来又通过八篇评论文章不断丰富上述理论。

二、立足"双高建设"的育人实践:以生为本,人文化成

庄曼丽:"理论是实践的先导,思想是行动的指南",您在高等职业教育研究方面可以说硕果累累。同时,贵校被誉为浙江省金融界的"黄埔军校""行长摇篮",可见您在理论研究和办学实践两方面都很有想法。所以,接下来,请您谈谈您是如何引领全校

师生将浙江金融职业学院打造成"金融黄埔"的。

周建松：针对我们学校自身来说，除了要加强理论研究，还要加强教育培养实践。我们学校是第一批进入"双高建设"的院校，在财经类高职院校中处于领先地位。

第一，在教学成果方面，我们学校虽不是综合性高职院校，而只是行业型院校，但从产出角度来说，我们学校的人才产出量很大，培养了一大批人才。从我们学校走出了将近 5000 名行长，其中包括大量银监会及总行层面的领导。"与 5000 名行长同一母校"已经成为新时代金院学子的身份标志和前行动力。对于我们这样一所办学层次不高的学校，取得上述成果实属不易。同时，在近些年的办学过程中，我们学校也取得了很多标志性成果，包括获得教育成果奖、学生技能大赛等相关奖项，以及建设职业教育国家资源库，并在全国职业院校教学管理 50 强案例、学生管理 50 强案例中均列第二。

第二，在机制建设方面，我们以"三千"项目为载体，构建以人为本的长效机制。首先，从 2017 年开始，学校设计并实施学生"千日成长"工程，推进"三全育人"工作，其理念是把学生在校三年约 1000 天的时间规划为三块：一年级"金院学子"，二年级"院系学友"，三年级"行业学徒"。确立每年的 5 月 23 日为"爱生节"，11 月 23 日为"深化爱生节"。这些举措唤醒了学校教师对学生工作的重视，也得到了学生的支持、家长的认可和同行的赞誉。其次，学校注重教师队伍的培养，进行高品质幸福队伍建设。我认为，教师队伍培养是高水平高职院校建设的关键。学校实行教师"千万培养"工程，即对教师队伍千万要重视，每年拿出千万资金专门用于青年教师的培养。此项工程也取得了重大成果，培养了一大批领域内的全国拔尖人才，教学名师全国仅 71 人，我们学校就有两人。最后，我们实施校友"千花盛开"工程，不但重视校友在岗位上的发展成长，而且凝聚校友力量为母校建设服务。学校设立校友节，重视成功校友，关心成长校友，巩固老校友，开发新校友，校友跟母校间有"2300"校友文化活动，即千名学生访校友（在校学生跟踪访问校友，启迪自身发展）、千名校友回课堂（校友利用学校资源再提高）、百名校友话人生（校友分享成功经验）、百名校友上讲台（校友兼职教育教学工作）、百名教师进企业（教师深入校友企业进行社会实践、社会调研和社会服务，构建良性循环机制）。

简言之，办学校就是办文化，我们学校通过实行"三千"工程，把三者联动起来，打造学生、教师、校友共同体。我们认为，办一所好学校，就是办一个好的共同体。这个共同体就是党和国家重视教育，学校把党和国家的政策转化为领导对教师的关心爱护，将教师的关心爱护转化为对学生的关心爱护，校友在工作岗位上获得成功后回馈学校、回馈社会，以此构成一个良性的循环机制。

第三，在内涵建设方面，鼓励教师通过教育教学创新，凝练教育教学成果。鼓励学校的高水平教师积极申报国家重大项目，教师组织、培养学生积极参加各种技能竞赛。在全国关于金融专业的职业教育民间排行榜中，我们学校在"武书连 2019 中国高职高专综合实力排行榜"中位列第 13 名，在"2019 年中国高职高专院校综合竞争力排行榜"中位列第 12 名，在"2019《广州日报》高职高专排行榜"中位列第 10 名，这些成绩都反映了社会对我们学校的认可。

此外,学校要提高国际影响力,在国际职业教育中具有话语权。多年来我们一直在响应国家号召,学习借鉴德国、新加坡、日本等国的相关经验,但关键是要走出自己的道路,从以前的学习借鉴到输出中国标准,我们走出了"专业＋语言＋国别研究"的职业教育国际化新模式。根据"一带一路"倡议中浙江省对接捷克共和国的实际情况,我们学校专门成立了捷克研究中心,并建立捷克馆,聘任中国社科院、北京大学、同济大学等高校作为顾问单位,每年用中、英、捷三种语言发布相关报告。教育部非常重视并认可我们的工作。2019年,教育部所属高校的国别研究中心会议就在我们学校召开。同时,学校机构改革后,捷克研究中心作为正处级单位已获批。

庄曼丽:刚刚您提到"办学校就是办文化",这里的文化指的是教师、学生、校友共同发展的文化,那么贵校是如何建设这一文化共同体的呢?

周建松:针对教育部就"双高建设"提出的"一加强、四打造、五提升"任务,我们学校提出"10＋2"的命题,"10"是教育部要求的命题,"2"是学校提出的两个命题。一是要构建中国特色高等职业教育话语体系。我们从2018年就开始研究中国特色高等职业教育是怎样的一条道路,有什么样的文化特征和制度标准,并已形成初步的理论成果,在《现代教育管理》和《中国高教研究》等杂志上发表了几十篇文章。既然国家提出了"引领改革、支撑发展、中国特色、世界水平"的要求,2035年要进入世界舞台的中央,我们就一定要有对于高职教育的道路和话语体系的研究。二是打造文化建设标杆校。一种教育类型有没有生命力、有没有影响力,关键看有没有文化。我们学校一直致力于文化建设、文化治理和文化育人,构建了三维文化体系。我把三维文化体系分为诚信文化、金融文化和校友文化。诚信文化教学生如何"立身",金融文化培养学生如何"立业",校友文化引导学生如何"立世"。通过"诚信·金融·校友"三维文化育人体系,学生的人格走向、从业素养和求学环境在一个切实的育人目标下达到了和谐统一,为学校持续快速健康发展奠定了坚实的文化基石。此外,我们在全国高校中首次发起两年一次的文化建设论坛,现已召开六次,并于2018年在召开论坛10周年之际出版了文化专著《浙水流金》。现在我们学校是省教育工委的文化建设试点学校。我希望在文化建设中,浙江金融职业学院能成为样板学校。

三、贯彻"双高建设"的行业标杆:聚焦金融,特色发展

庄曼丽:诚如您所言,贵校并不是一所综合性的高职院校,而是行业型院校,此次也有多所行业型院校进入"双高建设"50强,那么,您认为行业型院校应该如何打造特色专业群?

周建松:职业院校分两类,一类是由地方政府主办的综合性院校,满足地方产业发展需要,培养地方产业发展需要的人才;另一类是具备行业特色,聚焦行业发展需要,为行业提供精准服务的职业院校。当初我们学校为什么要把专业调整为7个专业群?一是要以金融为核心,由此把专业群分为面向银行业的金融管理专业群和面向保险与

资本市场的投资保险专业群。二是考虑到浙江省贸易发达和中小企业较多的实际情况，设立工商企业管理和国际贸易专业群，培养以贸易为主体、懂金融的中小企业经营管理人才和贸易人才。三是由于会计专业是一种基础性专业，各行各业都需要会计人才，所以我们既要为金融机构培养实务操作型人才，同时又要为中小企业培养懂金融的会计人才。四是由于人文艺术和信息技术带有一定的公共性，并且人文艺术和信息技术可以提升学生的人文素养与科学素养，我们开设了人文艺术和信息技术专业群。在这样的设计思想指导下，我们学校的专业群形成了以金融类专业为核心，财经类专业为主体，人文艺术和信息技术专业积极发展的结构。

高水平高职学校的建设要形成自己的特色。我们的特色与综合性、工科类学校不同，主要打造财经类的高校特色。我们学校的优点是行业特征明显，培养的人才有特色，容易打造品牌。我们的劣势是职业教育以前叫职业技术教育，甚至是技术教育，培养模板以制造类为主，财经类难上指标、难出水平；但财经类院校受家长欢迎、考生欢迎，学生基础好，考分高，这增强了我们充分利用"金融"这一金字招牌打造行业品牌的信心。当初在评国家级示范校时，全国财经商贸类的学校只有 5 所，现在入选"双高建设"的学校，如果不算综合性的山东商贸学校，进入 B 类财经类院校的就只有我们学校一所。从精品类课程与专业建设角度看，我们具有雄厚的基础。金融、财务和国际贸易等专业标准都由我们组织起草，职业教育国家资源库也由我们负责建设。按照本次"双高建设"的要求，允许有两个专业群进入"双高建设"。经过认真考虑，我们推出了以下两个专业：一个是金融管理专业群。因为推行"数字普惠金融"，能够更加惠及民生，培养金融技术技能型人才，实现量大面广、服务能力强的要求。另一个是国际贸易实务专业群。因为浙江是外贸大省，并且中小企业较多，数字贸易发达，我们的主要目标是结合跨境电商，推动数字贸易发展。我们要利用这两个专业群带领其余 5 个专业群实现大跨步发展，协调好"2"和"7"的关系，实现七彩专业交相辉映。

庄曼丽：目前贵校设置了多少个专业？

周建松：我们学校专业较少，专业数量控制在 20 个左右。

庄曼丽：您对于专业动态调整，或者传统专业和新兴专业的关系有何看法？

周建松：我认为行业特色学校设置的专业不能过多。职业院校不能在专业上贪多、求全，新专业的设置要能跟上产业发展的步伐。同时，专业要有一定宽度，培养的人才要适应产业发展的需要，学校要灵活应对产业发展的变化。

专业课程设置方面，我倡导充实一年级、丰富二年级、灵活三年级的理念。第一，充实一年级就是打好基础，不能放养，课时要多，辅以考试、早练等手段。第二，丰富二年级，意思是说二年级适合静心学习，课程设置要丰富，使学生学好专业课，为第三年就业打下基础。第三，灵活三年级，指要根据行业及用人单位需要，实行订单式培养；根据产业发展趋势及变动方向，及时调整专业设置。譬如，现在我们设置的大数据和人工智能专业，就是紧扣时代发展方向顺势而动。同样，对学生自身而言，则是要抓紧一年级，扎实二年级，抓牢三年级。

庄曼丽：现代学徒制鼓励订单式人才培养，那您又是如何看待的？贵校又是怎样实施的呢？

周建松：我主张订单式人才培养，但不主张一年级就确定企业。一年级刚招进来的学生想法还不确定，对于用人单位的需求也存在模糊性，应先打好基础，第五学期再谈订单式培养。比如，我们银领学院的定位就是经用人单位选拔后的银行订单学院，以培养耐用、实用、好用的实务型人才为主，从 2008 年创办至今已有 10 多年，培养了近 11000 名学生。从专业组成上看，银领学院是根据订单培养要求组成的一个综合学院，涉及了综合柜员、客户经理等不同专业。学生在学完两年专业基础课后，根据企业和个人意愿双向选择进入银领学院的不同专业学习。具体来说，每年 4 月底前，学校面向所有学生发布企业人才需求信息，五一假期学生与家人共同商量对企业和专业的选择，5 月初开始报名，5 月中下旬根据用人单位的选拔方式进行笔试或面试，暑假期间学生进入企业实习。同年 9 月开学后，学生即成为企业的准员工，学校与用人企业分别派班主任、教育培训人员入驻银领学院，培训结束后可到企业进行为期半年的顶岗实习。套用足金 99.99％纯度的说法，我们努力将银领学院打造成"四个九"的足金品牌，即每年保持 900 人左右规模，满足用人单位有效需求 90％以上，90％的学生都能顺利上岗，到岗后用人单位满意度达 90％以上。

庄曼丽：贵校毕业生就业的专业对口率是多少？或者说您是如何处理复合型人才需求与当前专业分工越来越细之间的矛盾的？

周建松：不同用人单位的要求不一样，有些单位强调专业是基础，有的则看中个人能力。大银行特别注重专业技术能力，而小银行则注重综合能力，我们为不同企业提供多元选择。根据这么多年的实践经验，有很大一部分贸易、文秘专业毕业的学生成为银行的业务骨干。总体来说，我们的专业对口率基本保持在 50％—60％之间。

四、依托"双高建设"计划：中高衔接，完善体系

庄曼丽：经济社会对人才培养规格的要求不断提高，家长、学生接受高质量教育的要求在提升，中职学生升入高职的比例也越来越高，但以前我们省内中职学校和高职院校都是各自为政的，您如何看待此问题？

周建松：以前都是中高职教育分开研究，高职和中职的联系确实比较少。根据教育部落实"职教二十条"改革的要求，今后以就业为导向的教育使命将更多地落在高职教育层面，中职学校的任务主要是培养升学的学生，这对高职的教育教学和课程设置提出了新的挑战。

以前我提出"横向发展"，即根据学生在中职阶段所学的内容进行简单扩展，如中职会计专业的学生可能对高职会计课程中的部分内容已相当熟悉，甚至能达到背诵的程度。为了避免这一情况的发生，我们简单地要求教师横向扩展专业内容，如会计专业增加部分金融及财务知识。现在看来，这种做法是简单地回避矛盾，也是不科学的。我们应该更多地研究中高职的教学大纲如何对接、内容如何整合、方法如何创新，应该将研究视野更多地投向高中阶段教育，关注本科教育，甚至要了解义务教育，明白究竟

如何因材施教。现在,在我们学校生源中,普高学生占70%,今后可能普高学生与中职学生会各占一半,甚至倒过来,中职学生生源人数更多。如何应对中职学生不断升入高职这一客观趋势,也是对我们高职院校的一大挑战。

庄曼丽:浙江省教育厅要求重新制订中高职一体化的人才培养方案,如果不能确定中职和高职的定位,就无法确定相对应的教学标准。您认为该如何确定中职和高职的定位?

周建松:有人认为国家专业教学标准是最高标准,但我认为,其实这是最低标准。学校标准要高于省级标准,浙江作为发达省份,省级标准也应高于国家标准。其实,更重要的是标准的宣传贯彻,如果国家颁布职业标准但后续没有贯彻下去,没有督查,也于事无补。你提到中职升高职的问题,这也引申出另一个问题,就是高职升本科的问题。如果大部分高职毕业生最终都能升本科,那明显又是与国家政策相违背的,因为高职教育毕竟是以就业为导向的教育。因此,为了优化高等教育结构和人才层次结构,根据国家提出的"高职扩招100万"的政策,目前我们奉行的是在遵循学生意愿的基础上进行正确引导的原则。

庄曼丽:您怎么看待四年制高职本科这一做法?

周建松:2014年,教育部酝酿启动高校转型改革,提出将600所国家普通高等本科院校转型为应用型本科院校,并计划启动本科层次职业学校试点,但没有推动。2018年,国家推动15所院校进行职业教育本科试点,并于近日公示了名单。对于推进职业教育本科的问题,教育部应该已经形成共识,但对于职业教育本科院校应如何设置、专业如何认定还需进一步探讨。我认为主要有两种途径:一种是职业技术大学办职业技术本科;另一种是学校名称不变,根据产业需要选择重点专业办职业教育本科。相对来说,我认为后者的可能性较大。

庄曼丽:再次感谢您接受采访!

(本文原载于《职业教育》2019年第24期)

第三编

研 与 思

高水平高职院校建设的理念与思路研究

摘 要：教育部《高等职业教育创新发展行动计划》发布后，各省（自治区、直辖市）优质高职院校建设工作全面启动，这反映出政府和社会对高等职业教育上水平、提质量的期待。在借鉴示范院校建设经验的基础上，扎实有效地抓好高水平高职院校建设是创新发展的可行路径，从院校层面提出高水平高职院校的建设思路，即把好办学方向，贯彻立德树人主线；坚持专业建设为龙头，打造一大批高水平专业；加强师资队伍建设，努力建设一支高水平教师队伍；重视理念和文化，提升办学治校综合能力；突出学校服务能力，提升学校综合影响力。

关键词：高职院校；高水平建设；理念；思路

随着我国建设世界一流大学和一流学科方案的公布与实施，各省（自治区、直辖市）优质高职院校建设工作全面启动。我国高等职业教育下一步如何推进重点建设的种种设想逐渐浮出水面，高水平高职院校建设正被提上议事日程。与此同时，高水平高职院校如何认定、高水平高职院校如何建设等问题，也成为专家学者和高职院校领导关注的重点。本文拟从院校层面提出高水平高职院校建设理念与思路，供决策者、研究者和建设者参考。

一、高水平高职院校是历史发展的必然

关于高水平高职院校建设，起源于国家示范骨干院校建设完成后人们的议论，早在 2014 年全国职业教育工作会议召开前夕，人们对此进行了比较广泛的研讨和分析。《高等职业教育创新发展行动计划（2015—2018 年）》颁发后，人们把目光聚集到了优质院校建设，由于没有出台具体方案，引发人们无限遐想。自 2015 年底，尤其是 2016 年以来，国家实施世界一流大学和一流学科建设方略，进一步引发了人们对高职院校创新发展的联想。直到 2017 年 1 月《国家教育事业发展"十三五"规划》（国发〔2017〕4号）正式印发，人们对高水平高职院校建设有了新的认识和要求。《规划》第四部分"加快发展现代职业教育"提出：按照鼓励竞争、扶优扶强的原则，通过与行业企业合作，集中力量建设一批高水平职业学校，并明确由教育部、国家发改委、财政部负责。与此同时，《规划》还以专栏高水平职业学校建设为题进行了描述：围绕深化产教融合、校企合作、工学结合主线，支持 100 所左右高等职业院校和 1000 所左右中等职业学校建设，改善基本办学条件和实习实训条件，强化国家重点领域产业和区域支柱产业相关专业

建设,重点提升学校服务学历教育、职工教育培训等能力,建成一批人才培养、科技创新、专业建设与产业融合发展的高水平学校,这不仅明确了建设的重点内容和要求,而且给出了建设的数量指标。

在实践层面,自《高等职业教育创新发展行动计划(2015—2018)》实施以来,各省优质高职院校建设工作全面启动,由于优质高职院校建设是在国家示范院校建设近10年后实施的,与当年国家示范院校建设相比,高职院校的办学条件、师资队伍、办学治校水平、专业建设水准等社会服务能力,都有了较大的提高。正因为如此,教育行政主管部门、财政部门、学校都把优质高职院校建设的目标瞄准在国内乃至国际一流上。关于这一点,不仅沿海发达地区如此,中西部地区也基本如此。如浙江、山东等省则明确把其中重点建设的学校目标放到了全国第一方阵和国际先进水平层面。而地处改革开放第一线的广东省,则直接把优质高职院校建设行动定义为一流高职院校建设计划,要求高职院校服务发展、改革驱动、争优一流;具体来说,就是要支持部分办学实力强、社会认可度高的高职院校,汇聚优质资源、打造一流师资、建设一流专业、培养一流人才、产出一流成果,全力创建全国一流、世界有影响的高职院校。山东省在其建设目标中也提出,通过优质院校建设,高职院校将具有一流的专业、一流的师资、一流的管理、一流的条件和一流的社会服务。不少学者认为,我国高等教育自1998年5月以来就有建设世界一流大学的目标,近年已经开始正式实施。作为高等教育的重要类型和"半壁江山",我国的高等职业教育也应该追求世界一流。我以为这在理解上有偏颇,一所学校能不能成为世界一流,必须有其可比性,有可比的指标体系,关于这一点综合性大学具有较强的可比较性,尤其是理工、工科院校可比性更强。而高等职业教育作为一个教育类型,它主要任务是服务经济社会发展、培养区域和行业所需要的技术技能人才,积极开展社区教育和职工培训,为区域中小微企业产品研发和科研创新服务。因此,服务于不同地区、不同行业的高职院校虽也可进行比较,但实在很难完全比拼,至于中国的高职院校与国外同样类型的学校相比,由于文化、学制、学校体制、教育体系不同,可以相互借鉴一些做法、交流一些有益经验,也可以共同推动一些标准建设,但进行相应办学方面的硬指标比较难以操作。正因为如此,高职院校很难用世界一流这一概念,即使是国内一流这个概念也比较勉强。为推动我国高等职业教育办出特色、办出水平、创新发展,用高水平建设比较贴切,更何况,这与国务院已经正式发布的文件相衔接,便于统一实施。事实上,早在2014年,教育部等六部门在《现代职业教育体系建设规划(2014—2020年)》中,就明确提出到2020年要建成一批高水平职业院校,各类职业院校人才培养水平大幅提升。也就是说,高水平职业院校理念早已有之。

二、关于高水平高职院校建设的分析与思考

政府和学界对高等职业教育创新发展的政策的认知,从另一侧面反映出社会对高等职业教育上水平、提质量的期待,是新时期新阶段高职教育创新发展的重要工作内容。

（一）高水平高职院校"高"在何处

高等职业院校的建设发展是一个综合性系统工程,虽然有可能"一俊遮百丑",也有可能特色鲜明而大放光彩。笔者认为,高水平高职院校应该有其综合性特征,主要包括以下几个特点。

1. 条件论

关于怎样评价一所好学校,学术界始终有不同说法。但我以为,时至今日,我们不能再忽视办学条件建设的重要性。一所好的高职院校,必须有一个比较现代化的、成规模的校园,相应的建筑用房和校园用地,同时也应该有比较现代化的教学条件和实习实训设施,在信息化和互联网背景下,还应该有智慧教学的条件和技术支撑。当然,从高等职业教育的实际出发,我们同时也要求,高等职业院校应该是有形的现代化校园设施与一大批理念认同、合作紧密的校企合作伙伴的有机结合,必要时真正实现校内实训真实化(生产化),校外实践教育化(工作化)。

2. 专业论

基础教育看课程,大学教育看学科,职业教育看专业。高等职业院校既是高等教育的重要组成部分,也是职业教育的重要环节。它既要关注高等教育的要求,更要落实职业教育的重点。重视专业、关注学科应是其基本要求。正因为如此,评价一所好的高职院校,应该有一大批高水平的专业来支持和支撑。如果一所高职院校号称高水平,而没有一大批招生就业两旺、产业背景牢固、校企合作紧密、师资实力雄厚、市场前景美好的专业和专业群做支撑,这所学校也只能是空中楼阁,所谓的高水平也不可能得到持续。

3. 师资论

无论是一流专业、一流学科建设还是一流人才培养,都离不开教师队伍来发挥主导和引领作用。正如清华大学老校长梅贻琦所言:"所谓大学者,非谓有大楼之谓也,有大师之谓也。"说的就是师资队伍建设尤其是大师名师建设的重要性。要办好专业、育好人才,学校必须建设一支数量充裕、师德高尚、师艺精湛、师技科学的教师队伍。同时,必须拥有部分高水平领军人才和专业学科带头人,在专业理论和专业技能课领域,还应有一批实践经验丰富的教师(即"双师型"教师),构建双师结构教学团队。学校应形成老中青相结合的较为合理的教学梯队,建立健全合理的教师培养体系。教师应具有良好的师德、较强的教育教学能力和技术研发能力,从而能很好地开展人才培养、科学研究、社会服务、文化传承与创新及国际交流与合作。

4. 品质论

建设一批高水平高职院校,必须关注学校的品牌和品质。从品质层面看,学校的历史及其积淀,学校的社会声誉及社会影响,办学治校的水平、理念以及文化建设等等,都是必不可少的。因为建设一所高水平的院校是一个日积月累的过程,虽不一定要历史久远,但必须有一定的积淀。学校本身是一个文化机构,尤其应该有文化积淀,在历史的积淀过程中,积累师资队伍、积累校友资源、积累办学治校理念、积累教书育人文化、积累外部社会资源、积累办学治校经验、积累学校社会声誉、积累学校发展支持机制,从而彰显高水平学校的实力和魅力。

5.校友论

习近平总书记曾经指出,只有培养出一流人才的学校,才称得上一流大学。校友论主要是就学生发展角度而言的,高等职业院校办学治校水平高低,其突出的衡量指标是校友。校友既是学校办学治校的成果,也是支持学校长期发展的重要力量,世界上大凡成功的学校都有优秀的校友来彰显。同理,衡量一所职业院校办得是否成功,就要看其是否培养和造就了一批又一批杰出和优秀的人才即校友。正因为如此,建立在学生专业成才度基础上的校友发展状况或校友力,应该是衡量一所学校办学水平的重要标志,也是遴选高水平学校建设计划的重点内容之一。

6.服务论

在讨论研究高等职业院校发展理念和评价高等职业院校发展水平时,人们提出了关于高等职业院校服务能力的问题。除了难以统计和衡量又是最重要的服务学生发展和成长成才等人才培养能力以外,也应将服务区域和行业发展能力、国际合作与交流能力等纳入其中,尤其是面向地方行业和区域的培训能力和水平,服务区域中小企业的产品研发能力,横向课题到款、专利及技术发明情况,学校参与区域和行业公共活动及其贡献度,学校在区域和行业文化建设及文化发展进程中的参与度与贡献度等。

除此之外,专家学者十分关注学校服务“一带一路”“中国制造2025”、精准扶贫的情况;也有专家学者关注学校在评优评奖项目中的表现,特别是党政群的评优评先项目以及教科研的获奖立项项目,认为这与学校办学水平息息相关。

(二)高水平高职院校不可突破的底线

我们在判断和遴选一所高职院校是否为真正的高水平院校的时候,不仅要关注体现办学水平高低的正向指标,也要考虑一些反向指标,这就是我们所说的一票否决的内容。

1.政治站位上出现偏差者应当否之

所谓政治站位偏差者,主要是指四个意识出偏差,党的领导出现偏差。近年来出现了较大政治事件、较大公共安全事件、较大意识形态事件,背离了在中国共产党领导下扎根中国大地办中国特色社会主义高校宗旨和要义的高职院校,绝不能遴选为高水平优质院校。

2.办学定位严重偏差者也当纠之

高等职业教育是我国高等教育的一种类型,也是现代职业教育体系的重要层次,必须坚持高教性与职教性的统一,必须坚持职业教育的基本方向,贯彻以服务为宗旨、以就业为导向、走产学研相结合的道路,以为行业或区域培养技术技能型人才为基本使命,必须正确定位,否则也难以纳入高水平高职院校立项建设中。

3.校风教风学风不佳者拒之

办好中国特色社会主义高校,必须坚持马克思主义思想的指导地位,培育和践行社会主义核心价值观,特别要保持学校和谐稳定,保持良好教风、学风和校风,努力为人民服务,为中国共产党治国理政服务,为中国特色社会主义制度服务,为改革开放和社会主义现代化建设服务,这是确立和引导建设好校风的基本点。如果学校校风、教风、学风不好,就应该拒之于高水平高职院校建设门外。

三、高水平高职院校建设思路

在《高等职业教育创新发展行动计划(2015—2018年)》第二部分第二条中,教育部提出了优质高职院校的建设要求,即鼓励支持地方建设、办学定位准确、专业特色鲜明、社会服务能力强、综合办学水平领先,与地方经济社会发展需要契合度高、行业优势突出的高职院校。同时,明确了建设重点是持续深化教育教学改革、大幅提升技术创新服务能力、实质性扩大国际合作、培养杰出技术技能人才、增强专业教师和毕业生在行业企业的影响力、提升学校对产业发展的贡献度、争创国际先进水平。《国家教育事业发展"十三五"规划》明确了对高水平高职院校建设的重点内容和要求。结合前述分析和相关政策指导,结合高职示范院校建设经验和创新发展理念,笔者拟就高水平高职院校建设做了如下思考。

(一)必须把好办学方向,贯彻立德树人主线

高水平高职院校必须首先贯彻落实党中央的教育方针,党和国家关于教育工作的决策部署,认真学习贯彻习近平总书记系列重要讲话精神和治国理政新理念新思想新战略,特别是要把习近平总书记关于高等教育和职业教育的指示内化于心、外化于行,落实在行动上,体现在工作中,坚持做到在中国共产党领导下扎根中国大地办好中国特色社会主义高等职业院校,培养中国特色社会主义建设者和接班人。为此:一要牢牢把握社会主义办学方向,坚持正确的办学方向,始终坚持保持学校和谐稳定,建设优良教风学风。二要坚持把立德树人作为根本任务,明确德才兼备、以德为先的育人标准,真正培养德才兼备的社会主义合格建设者,防止培养无德无才的"废品"及有才无德的危险品和有德无才的次品。三要加强素质教育,坚持专业教育和素质教育有机融合,构建全方位主体化的素质教育体系,重视思想政治教育,解决好做人高度;重视人文素质教育,解决好做人厚度;重视专业素质教育,解决好做人深度;重视身体素质教育,解决好做人长度;重视心理素质教育,解决好做人宽度;重视创新创业教育,解决好做人强度。

(二)必须坚持以专业建设为龙头,打造一批高水平专业

高水平专业建设是高水平高职院校的基石和基础,也是衡量和体现高职院校办学实力和水平的重要标志。在高水平高职院校建设过程中,一是必须立足专业、重视专业、加强专业,以一大批面向重点产业、服务行业企业、支持区域发展、办学综合条件好的高水平专业为支撑,要重视专业的定位和条件建设,重视专业人才培养机制建设,重

视产教融合、校企合作的人才培养模式构建,以高水平专业来彰显高水平高职院校的实力和水平。具体来说:一要从区域行业发展要求和学校发展实际选好专业。重点建设专业应该是产业需求前景好、学校师资实力强、办学水平高、专业建设与行业契合度高,毕业生在岗位上发展前景好,在同行业有一定影响力,经过建设进一步提升专业水平和实力的专业。二要集中优势资源建设部分高水平专业。当前我国的高职院校大多进入千亩校园、万名学子的规模,招生专业数一般在20—50个,甚至达到60—80个的学校也不在少数,高水平专业必须注意正确选点,精力相对集中,优势相对突出,一般为5—6个,即使是综合性院校也不宜超过10个,要以重点专业带动专业群协同发展。三要重视专业运行机制建设。其突出要点是注重产教深度融合、校企融合,推动专业设置与产业需求对接,课程内容与职业标准对接,教学过程与生产过程对接,同时兼顾毕业证书与职业资格证书对接,职业教育与终身学习对接。四要着力改善专业建设条件,提升专业建设能力。要加大硬件和软件投入,重视专业教师的培养和梯队形成,重视专业办学实习实训条件投入和保障,提升专业服务学历教育、社区教育和职业教育培训的能力,同时,积极创造条件、提升专业技术创新和产品开发设计能力。五要注重专业的影响带动作用,不仅要发挥重点专业对专业群的带动作用,也要注重重点专业对本校整体专业建设的带动作用,更要研究专业在全省和全国的地位和席位,真正培育和形成优势、形成特色,起到辐射引领全国乃至影响世界职业教育发展的作用。

(三)必须着力加强师资队伍建设,努力建设一支高水平教师队伍

教师队伍是学校最为重要的宝贵财富,更是办学治校的重要主体。"山不在高、有仙则名,水不在深、有龙则灵",这也从某个角度说明了名师名家培育和建设在高职院校发展中的重要性。我们在推进高水平高职院校建设的过程中,必须重视和加强高水平教师队伍建设,切实提高教师队伍水平。一要着力解决好教师队伍数量不足,尤其是高水平教师队伍缺乏的问题,切实按照教育行政部门和中央要求配足配好教师队伍,实现数量充足、结构合理的要求。二要着力建设高水平专业建设带头人并形成梯队,以高职院校的专业建设为龙头,必须围绕专业、立足专业,培养和打造一批高水平专业带头人,充分发挥师资队伍在专业建设、人才培养、科学研究、社会服务方面的作用,使之成为政治上最为鲜红、社会上最受尊重、经济上最为优厚、党政部门最重视、社会各界欢迎的优等人才。三要注重培养并选拔高水平学术学科带头人,全面履行人才培养、科学研究、社会服务等各项职责,必须重视学术学科领军人才培养,从而推动科学研究和高水平高质量成果的形成,彰显高水平学校的实力,为提升学校对区域和行业的贡献度创造条件。四要重视国际化高端乃至领军人才培养,适应高等教育国际化和高水平高职院校提升国际化影响力,开展国际交流的需要,将建设一支既懂专业,又有语言优势的高水平国际化人才队伍放在突出位置,并把它作为新时期师资队伍建设的重中之重抓紧抓实抓好。

(四)必须重视理念和文化,提升办学治校综合能力

高水平高职院校应该有高水平管理,有较好的办学治校和管理能力,形成学校良

性运行和可持续发展机制、体制和文化。一要加强办学治校理念的凝练和培育,围绕办什么学校、怎样办好学校、培养什么样的人、怎样培养人、为谁培养人、定什么样的位、怎样实现定位等基本问题进行梳理总结、凝练和提升,使之既符合学校实际,也有利于指导未来方向。先进的办学理念是高水平高职院校的重要特征,也是高水平高职院校的宝贵财富,更是引领整个战线的先决条件,对过去是总结,对未来是展望,对内是行动纲领,对外是办学宣言。二要加强学校文化建设,从物质、精神、制度、行为等多个视角研究和加强符合高职教育特点的文化梳理,形成强大的物质、程序和价值性文化特色,推动良好文化育人氛围和机制的形成,实现从文化建设到文化育人到文化治理的进展,彰显高职院校作为文化机构的文化魅力,引领高职教育创新发展。三要重视现代学校治理体系建设,要坚持和完善党委领导下的校长负责制,正确界定党委统一领导和校长负责的关系,确保党在学校的领导权得到根本落实,完善学术委员会工作机制,合理界定学术权力和行政权力的关系,充分发挥学术委员会在学术建设、学术评价、学术发展的作用。同时,要建立和完善教职工代表大会制度,充分发挥教代会民主管理和教师干部当家做主的作用,使学校形成和谐幸福的良好局面。四要着力提升领导班子和中层干部的办学治理水平,既要按懂教育的社会主义政治家要求党委书记,也要按懂政治的教育家要求校长,坚持民主集中制,提高领导班子治校理政能力,加强中层干部队伍建设,建设一支忠诚、干净、担当、创新、实干、有为的干部队伍,发挥其在办学治校中的重要作用。五要重视和加强党的建设等思想政治工作,要完善党建工作机制,发挥基层党组织政治功能,发挥共产党员先锋模范作用,要加强思想政治工作,办好思政理论课,注重全课程全课堂育人,营造全员、全过程、全方位、全面育人良好氛围。

(五)必须突出学校服务能力,提升学校综合影响力

高等职业教育以服务为宗旨、以就业为导向、走产学研相结合的道路,从而促进学校良性可持续发展。作为高水平建设学校,必须围绕服务并在提升服务能力上下功夫、见成效。一要坚持就业导向,提升专业学生就业创业能力,按照对口、顺利、优质就业的要求,抓好就业工作,努力提高毕业生就业力和创业成效,以优质就业来彰显专业建设水平和学校服务学生就业创业和学生发展的能力。二要重视立地式和应用性研发,围绕产业发展需求,区域经济社会发展要求,行业战略实施需要乃至社区运行实际,重视加强应用性研究,既要彰显学校教师科研能力和科研实力,也要切实增强学校服务行业企业、区域社会发展的能力和水平。三要重视高水平建设学校对同行的辐射示范和服务引领作用,高水平高职院校建设的目的是要带动整个高职战线实现全面发展,真正实现从百花绽放到千花盛开,高水平院校一定要放眼全世界、立足全中国、观照中西部,在服务同行和战线中彰显高水平、提实力。总之,高水平高职院校建设是一项系统工程,必须突出重点、强化特色,必须兼顾高教性、突出职教性,必须把准办学方向、突出专业建设,重视师资队伍建设和学校服务能力建设,切实提高办学治校水平。因此办学条件的改善,现代化校园的形成,智能化校园的建设,国际合作的深入推进是

必需的、必要的,而学生的成才成长应该是也必须是第一要务。对此,我们更要尽心尽力而为。

【参考文献】

[1]国家教育事业发展"十三五"规划[Z].2017.

[2]教育部.关于印发高等职业教育创新发展行动计划(2015—2018年)的通知[Z].2015.

[3]教育部,国家发改委,财政部.关于引导部分地方普通本科高校向应用型转变的指导意见[Z].2015.

[4]国务院.关于印发统筹推进世界一流大学和一流学科建设总体方案的通知[Z].2015.

[5]周建松.高等职业教育创新发展行动计划精解[M].杭州:浙江工商大学出版社,2016.

[6]林宇.准确把握和落实高等职业教育创新发展行动计划[J].中国职业技术教育,2016(4):10-14.

[7]马树超.产教融合:从示范到优质院校建设的主线[J].职教论坛,2017(1):32-35.

[8]周建松.优质高职院校建设指南[M].杭州:浙江工商大学出版社,2017.

（本文原载于《职教论坛》2018年第1期）

基于类型特色的高等职业教育高水平建设方略

摘　要：作为高等教育的一种类型，高等职业教育肩负着培养面向生产、建设、服务和管理第一线需要的高技能人才的使命。在国家推进"双一流"建设的背景下，基于类型特色开展高水平建设是高等职业教育创新发展的战略选择。将高等职业教育高水平建设纳入国家教育发展战略，实施高水平学校和高水平专业建设计划是高等职业教育高水平建设的现实路径。

关键词：高等职业教育；类型特色；创新发展；高水平建设

《教育部关于全面提高高等职业教育教学质量的若干意见》（教高〔2006〕16号）文件明确指出："高等职业教育作为高等教育发展中的一个类型，肩负着培养面向生产、建设、服务和管理第一线需要的高技能人才的使命。"高等职业教育是适应经济社会发展需要而出现的培养高素质技术技能人才的一种高等教育类型，职业性与专业性相融合决定了高等职业教育的类型特色。作为我国高等教育的重要组成部分和重要类型，高等职业教育在国家实施高等教育大众化政策后取得了长足的发展，对提高我国高等教育毛入学率，实现我国高等教育从精英教育到大众化教育进而向普及化教育转变起到了不可或缺的作用。随着我国高等职业教育制度特征的进一步明确，高等职业教育的价值将进一步彰显；同时，国家在政策导向上也明确了高等教育规模增量主要用于发展高等职业教育等领域的院校。在国家推进"双一流"建设和高等职业教育创新发展的背景下，基于类型特色开展高水平建设是高等职业教育发展的战略选择。

一、高等职业教育作为教育类型的功能与价值

（一）满足适龄青年就读高等教育和提升就业技能的双重功能

有专家指出，高等职业教育这一教育制度是我国的首创，是中国对世界教育的突出性贡献。而职业教育其重要性和价值在习近平总书记对于职业教育发展的指示中体现得更为明显，即职业教育是我国国民教育体系的重要组成部分，是人力资源开发的重要环节，是青年打开成才成功之门的重要渠道。进入高等职业学校学习，是适龄青年实现大学梦、接受高等教育的重要途径。高等职业院校贯彻党中央、国务院关于高等教育的方针政策，按照教育部的工作部署，按照高中后教育的要求，贯穿立德树人主线，坚持德才兼备、以德为先要求，努力培养中国特色社会主义建设者和接班人。与

此同时,高等职业院校从市场需求和行业企业需要出发,较好地实现了学生的发展和就业创业能力的增强,落实了以就业为导向的培养原则。

(二)大众化乃至普及化背景下高等教育结构优化的必由之路

随着我国高等教育大众化的不断推进和向普及化的逐步迈进,规模不再像过去20年间那么重要,而结构问题越来越成为制约高等教育大发展的重要因素。一方面,在过去很长一段时期,我国高等教育的结构不尽合理;另一方面,大众化乃至普及化背景下,高等教育已从急需的质量观转变到适需的质量观。我们所说的结构,不仅包括层次结构、类型结构,也包括区域结构、专业结构等。而高等职业教育作为一个新的类型确有其重要结构价值,其基本特征是以服务为宗旨、以就业为导向、产学研相结合,主要承担为生产建设管理服务第一线培养高素质技术技能型人才的任务。正因为如此,高等职业教育不仅继承了中专教育行业办学、企业办学的优点,而且坚持了开放办学、开门办学的特征,彰显了产教融合、校企合作的办学模式,及"工学结合、学做统一"的人才培养要求,特别是其注重专业设置与产业需求对接,课程内容与职业标准对接,教学过程与生产过程对接,重视职业资格证书和毕业证书的双证书培养标准,较好地提高了学校和毕业生适应经济发展、适应产业升级、适应技术进步、适应岗位需求、适应人生进阶的能力。

从结构角度看,高等职业教育具有三大优势:一是面向优势。高等职业教育培养的人才直接以面向本行业、本地区的中小企业和"三农"为服务对象,从事基本工种、熟悉基本业务、适应基础岗位,能够适应一线工作要求,成为安心于基层一线工作的大学生。二是服务优势。高等职业教育毕业生大多生活在本地区、本区域,能够坚持本土化特色,具有较强的适应和服务本土工作的能力,更好地体现和提高服务水平。三是专业优势。高等职业教育在专业设置上较少受传统高等教育束缚,又具有一定的灵活性,比起传统高等教育来,它更多满足专业急需,更为专业适需。通过进一步的分析和论证,笔者认为,教育部、国家发改委、财政部印发的《关于引导部分地方普通本科高校向应用型转变的指导意见》中关于指导思想、基本原则和具体任务,主要是国家示范性高等职业院校形成的一些理念,如需求导向、服务地方、融入区域经济社会发展,建立行业企业合作发展平台,建立紧密对接产业链、创新链的专业体系,加强实验实训实习基地建设,加强双师双能型教师队伍建设,深化人才培养和课程体系建设等,更彰显出高等职业教育结构效应和旺盛生命力。

(三)促进高等职业教育在现代职业教育体系建设中发挥引领作用

《国务院关于加快发展现代职业教育的决定》(国发〔2014〕19号)及随后由教育部等六部门印发的《关于现代职业教育体系建设规划(2014—2020年)的通知》(教发〔2014〕6号),明确提出要经过七年的努力建成现代职业教育体系。其总的目标是:牢固确立职业教育在国家人才培养体系中的重要位置,到2020年要形成适应发展需求、产教深度融合、中职高职衔接、职业教育与普通教育相互沟通,体现终身教育理念,具有中国特色、世界水平的现代职业教育体系,建立人才培养立交桥,形成合理教育结构,推动现代教育体系基本建立,教育现代化基本实现。在该体系中,高等职业教育起着十分重要的作用。如果我们仍肯定和承认初等职业教育的职业启蒙作用与中等职业教育的基础作用的话,那么,高等职业教育一定起着关键和引领作用,而且在中职与高职衔接的过程中,在适应发展需求的实践中,在中国特色、世界水平的打造中,高等职业教育必然是主力军,不仅专科层次高等职业教育引领着中等职业教育和职业教育体系的构建,而且探索更高层次的本科以及专业研究生学位人才培养,因此通过现有高等职业教育升格来部分实现也成为大势所趋。由此可见,高职教育在落实党中央和国务院关于职业教育的指示和决定,推进现代职业教育体系建设中作用巨大。

二、基于类型特色开展高水平建设是高等职业教育创新发展的战略选择

(一)新阶段高等教育领域出台的三个重要政策

党的十八大以来,以习近平总书记为核心的党中央提出了一系列治国理政新理念新思想新战略,其中创新、协调、绿色、开放、共享发展理念(又称新发展理念)对各行各业都产生了重大影响。在我国高等教育领域,贯彻新发展理念的重要行动正是分类管理。为此,国务院和教育部及有关部门于2015年下发了三个重要的文件:一是2015年10月19日由教育部以教职成〔2015〕9号文件发布的《高等职业教育创新发展行动计划(2015—2018年)》,即高等职业教育创新发展;二是2015年10月21日由教育部、国家发改委、财政部三部委联动,以教发〔2015〕7号文件推出的《关于引导部分普通本科高校向应用型转变的指导意见》,即普通本科应用转型;三是2015年10月24日由国务院以国发〔2015〕64号文件推出的《关于印发统筹推进世界一流大学和一流学科建设总体方案的通知》,即"双一流"建设。这是国务院及国家各部委在前后不到一周时间内密集发布的不同视角、不同层级但主题近似的三个政策文件,意涵十分丰富,影响极其深远。

(二)政策文件所体现的高等教育发展制度特征

这三个政策释放出强烈的制度建设理念:第一,高等教育是我国国民经济和社会发展的重要组成部分,贯彻创新、协调、绿色、开放、共享发展理念,必须加快发展;第二,高等教育发展在方略上必须坚持制度先行,以制度来引领高等教育发展方向和发展思路,在此基础上,实施高等教育改革发展的系列具体举措;第三,高等教育改革发展新阶段的制度总特征是分类管理,鼓励各自专业特色发展水平。早在2012年教育部《关于全面提高高等教育质量的若干意见》(教高〔2012〕4号)中就提出,要根据办学历史、区位优势和资源条件等,确定特色鲜明的办学定位、发展规划、人才培养规格和学科专业设置,促进高校办出特色,克服同质化倾向。探索建立高校分类体系,鼓励各自定位、办出特色、办出水平、争创一流,并制定分类管理办法是其重要的制度特征。

遴选一部分高水平学校和高水平学科瞄准世界先进水平开展"双一流"建设,打造世界一流大学,建设世界一流学科。引导更多普通本科高校向应用型转变,推动学校坚持产教融合,培养技术技能人才,增强学生就业创业能力,提高服务区域经济社会发展能力。大力实施高等职业教育创新发展行动计划,全面提高人才培养质量,服务中国制造 2025 和经济社会发展,促使高等教育结构优化,推动现代职业教育体系日臻完善。

(三)基于类型特色开展高水平建设是高等职业教育创新发展的战略选择

党的十八大以来,党中央、国务院特别重视我国高等教育和职业教育的发展。2014 年,习近平总书记曾对职业教育发展做出重要指示,国务院专门召开了职业教育工作会议并发布了《国务院关于加快发展现代职业教育的决定》,教育部等六部门印发了《现代职业教育体系建设规划(2014—2020 年)》,高水平高职院校建设计划均体现在其中。综合国家示范性高等职业院校建设的经验,结合世界一流大学和一流学科建设理念,不失时机地推出并全面实施高等职业教育高水平建设计划将会有十分重大的现实意义和深远的历史意义。

第一,有利于巩固高等职业教育类型特征。我国高等职业教育发展总体情况良好,但存在的问题也不容忽视,社会上"本科院校谈职色变、高职院校求本心切"的现象普遍存在,[1]从一个角度说明当前职业教育地位不高、方向不稳。实施高等职业教育高水平建设,培养和建设一批高水平高职院校及其专业,有利于把一批好的高职院校巩固稳定下来,从而巩固高等职业教育的类型特征。

第二,有利于发挥优质院校对高等职业教育和职教体系建设的引领作用。推动一部分学校按类型特征实施高水平建设,不仅确立了高等职业教育的地位,也树立了发展中国特色世界水平高等职业教育的样板,稳定了高等职业教育战线的军心。随着一批高水平高职院校和高水平专业的建设,一定可以发挥典型带路和示范引领作用,不仅对 1300 多所高职院校起到示范作用,而且对现代职业教育体系建设起到龙头作用,对中等职业教育发展起到带动作用,其结构作用十分重大。

第三,有利于进一步发挥中央财政的杠杆和带动效应。国家在"十一五""十二五"期间分别实施了示范高职院校和骨干高职院校建设,不仅中央财政进行了投入,而且带动了地方与行业,成效明显,应在新的历史条件下继续保持和发展,对照世界一流大学建设做法,可以将其称为高职"双一流"或高职高水平建设,通过中央财政项目建设,表明中央政府的决心和态度,从而昭示和推进整体建设。

第四,有利于建设一批国内一流、国际有影响力的高等职业院校。经过三十多年的快速发展,尤其是 1998 年以来近二十年的大发展,我国高等职业教育不仅规模上占据"半壁江山",而且在办学特色和水平,办学体制和机制上都极有生命力,建设中国特色、世界水平的高等职业教育乃历史之必然、时代之要求;相应地,建设并打造一批国内一流水平、国际有影响力的高职院校也乃历史性选择和必然性要求,高水平建设就是要在高等职业教育领域确立和建设一批标志性、标杆性学校,建设具有世界一流水平的样板高职院校。

三、高等职业教育高水平建设政策回顾与实践经验

(一)政策回顾与分析

建设一批高水平高等职业院校,不仅是推动高等职业教育健康可持续发展的重要抓手之一,也是确立和提升我国高等职业教育地位的关键之举。正因如此,在 2014 年印发的《现代职业教育体系建设规划(2014—2020 年)》就明确要求,到 2020 年基本建成中国特色现代职业教育体系。可以说,从《国家中长期教育改革和发展规划纲要(2010—2020 年)》颁布以来,现代职业教育理念逐步深入人心,行业企业和职业院校共同推进的技术技能积累机制基本形成,职业教育体系的层次、结构更加科学,院校布局和专业设置适应经济社会需求,现代职业教育的基本制度、运行机制、重大政策更加完善,社会力量广泛参与机制正在形成,各类职业人才培养水平大幅度提高。2017 年1 月,国务院以国发〔2017〕4 号文件印发了《国家教育事业十三五发展规划》,其中在"专栏 7"中明确要求推进高水平职业院校建设,即围绕深化产教融合、校企合作、工学结合主线,支持 100 所左右高等职业院校和 1000 所左右中等职业学校建设,改善基本办学条件和实习实训条件,强化国家重点领域产业和区域支柱产业相关专业建设,重点提升学校服务学历教育、职业教育培训等能力,建成一批人才培养、科技创新、专业建设与产业融合发展的高水平职业学校。

(二)国家示范性高职院校建设计划的经验与实践

高等职业教育作为我国高等教育的新的类型和现代职业教育体系的重要环节,呈现出起步虽迟但发展较快的良好情形,2006 年开始实施的国家示范性高等职业院校建设计划发挥了十分重要的作用,彰显了中央财政投入机制极大的杠杆和带动效应。2006 年,为贯彻《国务院关于大力发展职业教育的决定》,教育部、财政部创造性地启动了国家示范性高等职业院校建设计划,围绕提升办学综合水平,提高专业建设水平和社会服务水平等,先后遴选并支持了 100 所示范高职院校和 100 所骨干高职院校进行重点支持建设。据统计,中央财政累计投入专项资金 45.5 亿元,拉动地方财政投入89.7 亿元,行业企业投入 28.3 亿元,通过投入和建设对其起到了十分重要的作用。

具体而言,一是它对中国高等职业教育的发展起了直接的拉动效应。中央财政直接投向重点专业,为构建高职院校工学结合的重点专业建设人才培养模式起到了支持和撬动作用。二是中央财政带动了地方政府和行业企业的投入,产生了倍数效应,形成了中央财政引导、地方投入为主、行业企业支持的良好格局,进一步推动了地方投入主体责任的落实,调动了行业企业对发展和办好职业教育的积极性,发挥了中央财政的杠杆效应。三是形成了国家示范、国家骨干带动下省示范骨干、部示范骨干齐抓共管局面的形成,真正实现了高职教育从百花绽放到千花盛开,促进了高等职业教育整体办学水平的提高。四是通过中央财政投入项目,引起了各级党委和政府,行业和企

业对高等职业教育重要性的认识,提升了地方各级政府和有关部门对发展高等职业教育重要性的认识,营造了关心支持高等职业教育发展的环境,也在一定意义上推动了全社会对高等职业教育的新认识。五是对全社会认识和重视高职形成了良性循环与支持机制,促进了高等职业教育社会地位的提升、办学条件的改善和人才培养模式的改革、人才培养质量的提高,对打造高等职业教育类型特色意义重大。

四、实施高等职业教育高水平建设计划的建议

(一)把高职教育高水平建设纳入国家教育发展战略

虽然高等职业教育中的个体影响力,远不能与高水平大学相比,但整体已经占据我国高等教育的"半壁江山",也对整个高中阶段教育特别是中等职业教育产生重大影响。因此,我们千万不能把高职教育小看一等、矮看三分,应当像统筹推进世界一流大学和一流学科方案一样,将其按照"半壁江山"和类型特征的总要求来规划和研究高等职业教育和高职院校的高水平建设,纳入国家"十三五"乃至"十四五"整体教育发展战略。由教育部牵头,国家发改委、财政部、工信部等部门共同参与,由中央财政设立专门项目进行重点支持,同时明确要求地方财政和行业企业积极参与,形成共建共管的体制机制,发挥整体建设效应。文件宜由教育部、发改委、财政部联合发布,如由国办发文更好。

(二)采取高水平学校和高水平专业建设机制

一方面,借鉴世界一流大学和一流学科建设方案这一已被国内外认可和接受的模式,从而减少认识误差;另一方面,也表明普通高校一流大学和一流学科建设与高职院校一流学院和一流专业建设是国家高等教育和职业教育的双重总体战略,有利于增强地位认同度。更为重要的是,在我国教育格局中,基础教育以课程为标志,普通高校以学科为标志,职业教育以专业为标志是一个基本特点。在职业教育办学基本规律中,应当坚持以立德树人为主线,专业建设为龙头,校企合作为支撑,教学工作为中心,优质就业为导向,抓住了专业建设这个龙头,就能带领其他各项建设,如师资队伍建设、课程体系建设、校企合作建设、就业创业建设等,高水平高职院校的基点和基础就是高水平专业。因此,高水平院校和高水平专业这一理念及模式比较符合高等职业教育特点,确立100所左右高水平院校,遴选200个左右高水平专业应该是恰当的选择,数量太多难以体现"双高"要求,数量太少起不到激励作用,更何况高职院校量大面广、专业点多,必须注意统筹。

(三)认真把握遴选机制的科学性与有效性

任何遴选都有侧重点,都有可能存在不足和矛盾。"双一流"公布后,社会上质疑不少,诟病很多,但认为合理公正者居多,高职院校情况更为复杂,作为培养应用技术

技能人才的高职院校,适需的就是合理的,适需的就是最美的,也称之为高水平。因此,一定要克服和防止一些不契合实际的所谓国际化水平,要从中国特色、类型特征去研究。为此,以下几点需要关注:一是学校的品牌影响力。也就是说,市场和社会对这所学校的认可乃至公认程度,考生和家长对这所学校的欢迎程度,行业和企业对这所学校的满意程度,实际上也就是学校的美誉度、知名度。毕业生质量及其成长成才状况当然也是重要指标。二是行业和区域的代表性。也就是说,这所学校应该有比较鲜明的办学特色,在一定区域、一定行业范围内有相对的公认程度。对于综合性院校要关注综合影响力,对于行业性院校要关注其行业影响力。三是重视学校对区域和行业的社会贡献,包括人才培养质量、培训能力和水平、社会服务能力、国际交流和影响力等,说到底就是学校和专业的市场认可度、行业认可度、社会认可度、管理部门认同度及学生认可度。

【参考文献】

[1]周建松.基于本科转型视阈的高职教育创新发展研究[J].中国高教研究,2017(2):102-105.

（本文原载于《现代教育管理》2018年第4期）

基于内涵发展的高水平高职院校建设

摘　要：党的十九大再次明确了教育优先发展的战略地位,提出了建设教育强国、深化教育改革、加快教育现代化、办好人民满意的教育等一系列战略目标。作为职业教育的重要层次和高等教育重要类型的高等职业教育,要以习近平新时代中国特色社会主义思想为指引,全面贯彻党的教育方针,抓改革、抓创新、抓质量,通过实施高水平高职院校建设计划,推进和实现高等职业教育内涵式发展。

关键词：高职院校;内涵发展;高水平学校建设;高水平专业建设

中国共产党第十九次全国代表大会开启了中国特色社会主义道路的新征程,在党和国家发展史上具有划时代意义。大会充分肯定党的十八大以来的 5 年工作和历史性变革,提出并确立了习近平新时代中国特色社会主义思想的指导地位,分析了我国当前主要矛盾的新变化,开启了建设富强、民主、文明、和谐、美丽的社会主义现代化强国的新征程,选举产生了以习近平同志为核心的新一届中央领导集体,为决胜全面建成小康社会、夺取新时代中国特色社会主义伟大胜利提供了坚强保证。

党的十九大报告中强调,建设教育强国是中华民族伟大复兴的基础工程,对优先发展教育事业做出新的全面部署,提出了建设教育强国、深化教育改革、加快教育现代化、办好人民满意的教育等一系列战略目标,并具体提出了实现高等教育内涵式发展,加快世界一流大学和世界一流学科建设等举措。高等职业教育作为职业教育的重要层次,也是高等教育的重要类型和组成部分,在推进和实现高等教育内涵发展的理念引领下,抓改革、抓创新、抓质量,实施高水平高职院校建设计划是重要而关键的一项举措,需要引起我们足够的重视。

一、从新时代主要矛盾发生变化看高等教育内涵式发展

(一)党的十九大对我国社会主要矛盾的新论断

党的十九大精神的主线和灵魂,是习近平新时代中国特色社会主义思想。这一思想的逻辑起点是中国特色社会主义进入新时代,我国社会主义主要矛盾已经转化为人民日益增长的美好生活需要和不平衡不充分发展之间的矛盾。与此同时,我们必须认识到,我国社会主要矛盾的变化是关系全局的历史性变化,对党和国家工作提出了许多新要求,我们要在继续推动发展的基础上,着力解决好发展不平衡不充分问题,大力

提升发展质量和效益,更好地满足人民在经济、政治、文化、社会、生态等方面增长的需要,坚持以人民为中心,办好人民满意的教育,让每个孩子都能享有公平而有质量的教育,更好地推动人的全面发展和社会全面进步。

(二)我国社会主要矛盾在高等教育领域的体现

联系我国高等教育发展实际,笔者认为,我国高等教育发展的主要矛盾也在发生深刻变化。回顾历史,自中华人民共和国成立后,我国建立了自己的高等教育体系,并不断加以完善;但总体而言,高等教育规模小、水平低的情况长期存在。改革开放以来,党和政府重视高等教育发展,增加了对高等教育的投入,特别是世纪之交做出推进高等教育大众化的决策以后,通过大学扩招、大力发展高等职业教育和鼓励引入民间力量发展高等教育等路径,使我国高等教育在规模上有了很大发展,高等教育毛入学率不断提高。截至 2017 年 6 月,高等教育毛入学率已达 42.7%,我国已建立起世界上最大规模的高等教育。应该说,适龄青年接受高等教育的目标虽还有差距,但已经基本实现,特别是在沿海发达地位和大中城市。

当前,我国的改革发展建设已经进入新时代。新时代高等教育的主要矛盾逐步转变为人民群众对高质量高等教育的要求与高等教育发展不平衡不充分之间的矛盾。主要表现在:一是高等教育在地区之间发展不平衡,这个问题过去虽有了很大的改善,但根本上扭转和实现平衡的任务仍很艰巨;二是高等教育发展水平不够,在办学模式、教育模式、创新创业教育等方面还有较大差距;三是 21 世纪以来建立起来的占据高等教育"半壁江山"的高等职业教育由于发展时间、发展速度、资金投入等办学体制机制方面原因,社会吸引力还不高,增强投入、创新机制、提升质量的空间还很大。以上已构成高等教育主要矛盾的重要方面,必须得到切实重视和努力改进。

(三)适应新时代,解决新矛盾,推动高等教育内涵式发展

党的十八大以来,以习近平同志为核心的党中央坚持把教育摆在优先发展战略地位,强调扎根中国、融通中外、立足时代、面向未来,对教育工作做出一系列重大决策部署。党的十九大再次明确了教育优先发展的战略地位。从事物的发生发展看,随着决胜全面小康社会目标的实现和社会主义现代化建设新征程的开启,经济社会发展对人才的需求越来越大,人民群众对接受高等教育的要求也会越来越高。换言之,人民群众对更高质量的高等教育也会提出更新更高的要求。因此,我国高等教育必须适应新时代、新发展要求,在规模、结构、层次、质量等方面与时俱进加以改革和创新。不仅是在教学设施现代化方面,更是在办学治校育人理念、师资队伍水平、学生个性化指导和帮扶、创新创业教育等方面更好地加以推进,真正体现适应新时代、迎接新需求、解决新矛盾的要求,推动高等教育内涵式发展。

二、高职教育内涵建设是实现高等教育内涵式发展的重要方面

党的十九大做出了实现高等教育内涵式发展的重大决策。我们认为,实现高等教

育内涵式发展不同于以往推进高等教育内涵式发展的提法,也不同于以往要实施从外延式发展向内涵式发展的转型,而是要在推动转型、推进建设的基础上,实现全方位全面的内涵式发展。

(一)实现高等教育内涵式发展应是全面的、全域的

我国高等教育是一个庞大的体系,从管理体制上看,既包括由教育部直属管理的高等学校,相关部委管理的高等学校,一大批省级人民政府管理的高等学校,一大批市(地)人民政府的管理学校,也有一部分行业(企业)所属的高等学校,还有一大批社会力量举办的民办高等学校。从类型上看,既有培养科技型人才为主的高水平大学(一流大学),也有一大批以培养应用(技术)型人才为主的高等学校,更有一大批以培养技术技能型(职业化)人才为主的高等职业(技术)学院。因此,我们所说的实现内涵式发展必须是包括各级次、各类型、各层次学校,也包括全国各区域、各方位的学校。也就是说,我们应根据高等学校的不同类型分别制订内涵发展质量评价体系,明确其质量评价的内容及标准,分别提出对每一类学校的教育教学质量评价要求。从总体上看,各级各类高等学校在内涵发展上一个也不能少,一校也不能落下,要实现校校成功、鼓励人人成才。

(二)实现高等教育内涵发展是一项系统工程

在高等教育大发展初期,在推进高等教育从大众化向普及化的进程中,为了满足人民群众特别是适龄青年就读高等教育的愿望,因此我们的质量观上首先是满足接受高等教育的愿望和要求,满足行业企业和社会对高等教育(大学生)的需求。但随着高等教育普及化的到来,特别是面向高等教育现代化的新要求,普及化、个性化、多样化、终身化成为必然,职业教育不能单纯把培养岗位技术能力作为自身所追求的唯一目标,还要从教育的总体目标和复杂的职业环境出发,实现个体的完整发展,指向主体的自我实现。这就要求我们从办学指导思想、人才培养模式、考核管理机制等各方面进行根本性转变,真正在全面发展、特色发展、个性发展上进行考量,在关注和重视学生的个性化需求和发展方面下功夫。故而我们必须放弃征地建校舍、乱铺专业摊子等传统思维,真正来一次教育观念的创新和革命。抓住内涵的本质是立德树人,建立适需的质量观,突出结构优化,突出素质教育,突出终身学习。

(三)高等职业教育的内涵式发展必须提上重要议事日程

我国的高等职业教育起步于20世纪80年代的短期职业大学,经历了曲折的发展历程,真正作为一个类型确立地位是在世纪之交,作为现代职业教育体系的重要环节和层次是在2010年《国家中长期教育改革和发展规划纲要(2010—2020年》颁布实施之后。无论是作为高等教育的一个类型或层次,还是作为现代职业教育的一个环节,高等职业教育的发展速度有目共睹。据统计,全国目前有高职院校1300多所,在校生规模超过1000万人,号称高等教育的"半壁江山",同时对我国职业教育的发展起着引

领作用。但不可忽视的是,高等职业教育总体办学定位很不合理,办学条件尚有许多薄弱环节,尤其是在师资队伍的数量、结构和质量,专业建设的布局、定位和水平,地区的平衡、协同和提升等方面差距更是明显,一些地区在高职院校总定位上有差距,办学场地有差距,经费投入和条件保障有差距,师资队伍水平和办学质量水平更有差距,不仅与决胜全面建成小康社会目标有距离,与推进教育现代化的要求更有差距。要实现高等职业教育内涵式发展,必须全面贯彻党的教育方针,落实立德树人根本任务,深化产教融合、校企合作,完善职业教育和培训体系,加大应用型、专业化人才培养力度,培养德智体美劳全面发展的社会主义建设者和接班人,服务区域经济社会发展、产业转型升级和脱贫攻坚。这就必须要在高等职业教育上来一次更大攻坚、来一个更大投入、来一项更大工程进行推动。

三、实施高职院校高水平建设计划是引领高职教育内涵发展的重要抓手

近年来,党和国家在推进高等教育从大众化向普及化转变、提高高等学校办学质量和水平方面采取了许多有力的措施。特别是 2015 年以来,国务院做出了《统筹推进世界一流大学和一流学科建设总体方案》,教育部等三部委推出了引导部分本科院校向应用型转变的政策,教育部出台了《高等职业教育创新发展行动计划(2015—2018年)》,为高等教育内涵式发展提供了强大动力。现在一流大学和一流学科建设已经正式启动,应用型本科转型也正在有效实施,作为这项宏大系统工程不可或缺的一部分,高职教育需要在原有政策基础上加大推进力度。

(一)必须抓紧实施高水平高职院校建设这一重大计划

借鉴建设世界一流大学和一流学科的做法和 2006 年以来国家示范性高职院校和国家骨干高职院校建设的经验,笔者认为,当前高职教育领域迫切需要来一个重大计划进行内涵推动,比较贴切的概念应是高职教育高水平学校建设和高水平专业建设,简称"双高"建设计划。一方面,它与大学双一流相对应,容易理解,便于记忆;更为重要的是,它有利于引导和鼓励部分高水平高职院校安于定位、办出特色、办出水平,并发挥对高职教育乃至整个职业教育的示范引领作用。从前期国家示范性高职院校和国家骨干高职院校建设的绩效看,中央财政投入杠杆效应明显,可以起到四两拨千斤的作用。因此,高水平高职院校建设应当由中央财政拉动。关于这一点,我们也欣喜地看到,《国务院关于印发国家教育事业发展"十三五"规划的通知》(国发〔2017〕4 号)已有明确表述,即"围绕深化产教融合、校企合作、工学结合主线,支持 100 所左右高等职业院校和 1000 所左右中等职业学校建设,改善基本办学条件和实习实训条件,强化国家重点领域产业和区域支柱产业相关专业建设,重点提升学校服务学历教育、社区教育、职工教育培训等能力,建成一批人才培养、科技创新、专业建设与产业融合发展的高水平职业学校",关键是要抓紧配套政策落地,尽快出台具体实施意见,毕竟我们离决胜全面建成小康社会只有 3 年时间了,时不我待。

（二）形成高水平学校建设和高水平专业建设联动机制

《国务院关于印发统筹推进世界一流大学和一流学科建设总体方案的通知》文件中明确了"双一流"建设机制和办法。参照这一方案，笔者认为，在高职院校推进高水平建设过程中，必须进行双高联动，既要立足于建设一批高水平学校，也要立足于建设一批高水平专业。这是因为，第一，专业是高职院校的基本办学形态和载体。专业就是职业教育的代表性和标志性概念。通常来说，普通教育讲课程、大学教育讲学科、职业教育讲专业。第二，专业结构和水平体现着高职院校的办学特色和办学水平与服务面向和服务水平，是高水平高职院校的重要彰显点，十分重要。第三，抓好了一批高水平专业，就夯实了高职院校发展的基础，办好中国特色的高职教育也有了良好条件。第四，高职院校培养人才、服务产业发展的主要依靠力量在专业上。只有把专业办好了，才有可能把学校服务区域经济社会发展的作用更好地发挥出来。正因为如此，我们实施高水平高职院校建设方略必须立足于"双高"即建设高水平学校和高水平专业，尤其要把专业建设放到突出位置。在具体方法上，既可以选择一部分学校，也可以选择"学校＋专业"双向驱动模式。在高水平学校建设中，应该以专业为基础，真正以高水平专业支撑和支持高水平学校建设。

（三）发挥高水平高职院校的重要引领作用和带头作用

2006 年以来，我们支持建设了 100 所国家示范性高职院校，以后又支持建设了 100 所国家骨干高职院校建设。10 年过去了，如果说当年示范建设主要是为了探索和创新，是为了形成高职类型特色，是树立起给人看的榜样，建设一批骨干学校，那么，我们今天要实施的高水平高职院校建设计划，应该是建一批对整个高等职业教育乃至整个职业教育有引领作用的标杆性学校。其基本目标和要求：一是必须坚持中国特色，按照在中国共产党领导下根据中国大地办中国特色社会主义高校的要求，根据培养中国特色社会主义建设者和接班人的要求，博采众长、融合提炼，以我为主、自成一家，形成中国特色，创造中国模式。二是必须研究和实施办学理念引领，在办什么样学校、怎样办学校、办什么样的专业、怎样办专业、定什么样的位、怎样科学合理定位、培养什么样的人、怎样培养人等问题上，形成科学的理论和理念，为引领发展奠定基础。三是研究和探索办学治校规律，贯穿高教性和职教性的要求，坚持立德树人为根本、教学工作为主业、专业建设为龙头、优质就业为导向、产教融合为主线、全面发展为目标等方面形成独特的经验。四是坚持文化引领，大力加强高职院校文化建设，积极构建物质性、制度性、精神性、行为性文化、价值性文化，并逐渐从文化建设走向文化治理，切实提高办学治校水平。五是重点加强专业建设，围绕国家重点产业和区域支柱产业发展需求，建设一批有高等职业教育特点的专业和专业群，制订专业教学标准，开发专业教学资源，引领专业发展和专业人才成长。六是重点加强国际交流和合作，积极对接国际，探索具有中国特色能够与国际交流合作的中国高职教育话语体系和专业与教学模式，推进中国高等职业教育走向世界。

（四）高水平学校要引领高职教育的同时更要引领整个中国职业教育

按照党的十九大和全国职业教育工作会议的精神,发展中国职业教育要建立适应发展需求,产教深度融合、中职高职衔接、普教职教融通,中国特色、世界水平的现代职业教育体系。高等职业教育在高等教育发展中具有重要的结构功效,同时在现代职业教育体系中属于较高层次,担负着引领现代职业教育发展的重大任务,必须有这种使命与担当。一要引领高水平中等职业学校建设。以100所高水平高职院校建设的新成果引领1000所高水平中等职业学校建设,树立高水平建设的榜样。二要积极探索现代职业教育体系建设工程,可通过五年一贯制、"3＋2"等路径,通过建设职业教育集团,通过托管等方式引领我国中等职业教育实现内涵式发展。三要以学校教育带动职业培训,完善职业教育和培训体系是党的十九大的新要求,高职院校要充分利用专业资源和师资优势,在坚持做好全日制人才培养、科学研究和社会服务的同时,积极创造条件,在构建立体化、多样化培训体系上做文章,通过培训体系建设,发挥对整个职业教育的全方位服务和引领作用。

习近平总书记指出:"办好我国高等教育,必须坚持党的领导,牢牢掌握党对高校工作的领导权,使高校成为坚持党的领导的坚强阵地。"实现高等教育内涵式发展必须坚持党的领导,学习宣传贯彻党的十九大精神即是题中应有之义。对此,我们必须要以习近平新时代中国特色社会主义思想为指引,全面贯彻党的教育方针,提高认识、积极实践、从我做起、不断创新、久久为功,努力建设中国特色、世界水平的现代职业教育。

【参考文献】

[1]中共教育部党组.发展具有中国特色世界水平的现代教育[J].求是,2017(16):45-47.

[2]钟秉林.高等教育大众化阶段质量保障与评价体系研究[M].北京:北京师范大学出版社,2011.

[3]陈鹏,庞学光.培养完满的职业人——关于现代职业教育的理论构思[J].教育研究,2013(1):101-107.

[4]周建松.基于本科转型视阈的高职教育创新发展研究[J].中国高教研究,2017(2):102-105.

[5]周建松.优质高职院校建设重点与路径研究[J].职教论坛,2017(12):5-11.

[6]周建松,孔德兰,陈正江.高职院校高水平专业建设政策演进、特征分析与路径选择[J].中国职业技术教育,2017(25):62-68.

[7]周建松.牢牢掌握党对高校工作的领导权[J].中国高等教育,2017(8):22-24.

（本文原载于《中国职业技术教育》2017年第34期）

高职院校高水平专业建设政策演进、特征分析与路径选择

摘　要:专业是高职院校办学和人才培养的基点,专业建设是高职院校内涵发展的重要抓手。本文通过对新世纪以来高职教育专业建设政策演进和举措分析发现,在不同的发展阶段,这些政策体现出高职院校专业建设的不同侧重点,但也有其共同点。在此基础上,探讨高职院校实施高水平专业建设的背景及特征,指出建设一批高水平专业是高水平学校建设的题中应有之义。据此提出,创新发展高等职业教育背景下高水平专业建设的主要路径。

关键词:高职院校;高水平专业建设;政策;特征;路径

20世纪80年代以来,我国高等职业教育创造性地探索出以校企合作为基础的办学模式和以工学结合为特征的人才培养模式。在这个过程中,作为高职院校办学和人才培养的基点,专业不仅是教育行政部门对高职院校办学的基本要求,也是行业、企业与高职院校开展合作的考量因素,更成为公众、家长、学生评价高职院校质量的重要参考。进入21世纪后,在教育行政部门发布的专业建设相关文件中,示范专业、重点专业、优势专业、特色专业、品牌专业、一流专业、骨干专业等提法不一而足,但建设一批代表和反映我国高职院校办学实力和水平的专业和专业群是政策的共同指向。2015年《高等职业教育创新发展行动计划(2015—2018年)》发布后,参照高等教育领域一流大学和一流学科建设模式,高等职业教育领域也正在酝酿开展高水平学校和高水平专业建设,这不仅是高职院校内涵建设之需,更是高职院校创新发展之路。

一、高职院校专业建设政策回顾

(一)专业与专业建设

1. 专业

中国古代教育中只有"科目"没有专业,近现代西方高等教育也是只设"院系"未设"专业"。《辞海》对专业的定义为"高等学校或中专等专业学校根据社会分工需要而划分的学业门类"[1]。《现代汉语词典》对专业的解释是:高等学校的一个系里或中等专业学校里,根据科学分工或生产部门的分工把学业分成的门类。[2]《实用教育大词典》对专业的定义是:高等学校或中等专业学校根据社会分工、经济和社会发展需要以及学科的发展和分类状况而划分的学业门类,高等学校和中专学校设置的各种专业,体

现各自不同的培养目标和规格,制定各自不同的教学计划和课程体系。[3]上述关于专业的表述尽管略有不同,但大意是相通的:第一,它是高等学校或中等专业学校中的学业分类;第二,它根据科学分工或生产部门分工或经济社会发展需要而设立;第三,从国际比较看,它相当于欧美国家的课程计划。当然,也有许多学者认为,专业实际上是一种课程组织的形式或课程组合或专门"领域"。

我国高等教育中"专业"一词形成于1952年,即中华人民共和国成立后第一次院系调整时期,它是模仿苏联教育的做法。《教育大辞典》里对专业的定义译自俄文,是指中国、苏联等国高等教育培养学生的各个专门领域,大体相当于《国际教育标准分类》的课程计划。[4]1952年在全国农学院院长会上,时任教育部长马叙伦指出:"高等学校中建立以系为管理单位,以专业为教学的主要机构。""专业"一词当时的解释是"一份专门职业或专长",是"培养高级专门人才的目标"。[5]自此后,我国高校中设置专业并延续至今,及至高等教育大众化后,高校之间出现了竞争态势,为争取生源、提高声誉,高校普遍注重专业建设。作为高等教育的一类新机构的高职院校,从办学伊始就广泛认同并高度重视专业建设。

2.专业建设

专业建设在高职院校发展中具有特殊的地位和作用。一是专业是作为职业教育的基本特征。基础教育讲课程,普通高等教育虽然也讲专业,但一般更多考虑学科,而中等职业教育和高等职业教育基点是专业,专业是高职院校的基础和基点。二是专业是高职院校教学管理和活动的基本单元。从高职院校而言,一般从招生开始,都是以专业为单位进行,一直到人才计划、管理运行等都以专业为划界,二级学院或学系划分,一般都以专业群为单位,专业教学指导委员会校内外实验实训基地等,大都以专业或专业群划分。三是专业是高职院校资源配置的基本指向。从教育行政主管部门看,一般对高职院校组织评定重点专业、特色专业,评定优秀专业带头人;而学校内部,一般也以专业为单位分配经费、配置人力,设立相应工作部门。四是专业建设水平也是高职院校人才培养水平的首位体现。一般地说,重点专业、专业招生、就业情况、专业团队和带头人水准,都是学校办学水平的直接体现,也是人们评判的主要依据。五是专业结构特色也是学校办学特色的基本标志。有什么样的专业结构和特征,大致反映了学校的历史、现状、服务面向、服务能力。与普通本科相比,高职院校大多为行业特色型,其专业结构非常有标志意义。

(二)高职院校专业建设的政策回顾

自新世纪以来,教育行政部门对高等教育教学改革进行了积极推动。早在2000年,教育部就以教高〔2000〕1号文件的形式发布了《教育部关于实施新世纪高等教育教学改革工程的通知》。[6]而专业作为高等职业院校最为标志性的载体和基础单位,专业建设自然是高职院校内涵建设的主要内容,同时也是教育行政部门政策的重要导向。

在高等职业教育作为推进高等教育大众化的重要抓手实施之初,教育部于2000

年 1 月 17 日下发了《教育部关于加强高职高专教育人才培养工作的意见》（教高〔2000〕2 号）。[7]"2 号文"指出：专业设置是社会需求与高职高专实际教学工作紧密结合的纽带，专业建设是学校教学工作主动、灵活适应需求的关键环节。要根据高职高专教育的培养目标，针对地区、行业经济和社会发展的需要，按照技术领域和职业岗位（群）的实际需求设置专业，并妥善处理好社会需求的多样性、多变性与学校教学工作相对稳定性的关系。

2004 年，《教育部关于以就业为导向深化高等职业教育改革的意见》（教高〔2004〕1 号）[8]同样对专业设置与建设管理提出了明确要求，即专业设置是社会需求与高等职业教育教学工作紧密结合的纽带，是学校工作主动灵活适应社会需求的关键环节，高等职业院校在设置专业时，要认真开展市场调研，准确把握市场对各类人才的需求情况，根据学校的办学条件有针对性地调整和设置专业。省级教育行政部门应支持学校根据社会需要，按照技术领域和职业岗位（群）的实际要求灵活设置专业，并将就业状况作为专业设置及结构调整的依据。

2006 年，在高等职业教育大发展、规模上位居高等教育"半壁江山"的阶段，教育部发布了《教育部关于全面提高高等职业教育教学质量的若干意见》（教高〔2006〕16 号），[9]指出针对区域经济发展的要求，灵活调整和设置专业，是高等职业教育的一个重要特色，提出服务区域经济和社会发展，以就业为导向，加快专业改革与建设。高职院校要及时跟踪市场要求的变化，主动适应区域、行业经济和社会发展的需要，有针对性地调整和设置专业，建立以重点专业为龙头，相关专业为支撑的专业群，增强学生的就业能力。

这些政策文件对高职院校高水平专业建设的要求和需求是清楚的：一是地位重要；二是服务区域和行业灵活适需；三是必须重视和遵循规律，办出特色和水平，尤其是要坚持以就业为导向。

二、高职院校推进专业建设的支持举措分析

（一）国家示范高职院校建设中的重点专业建设

2006 年，教育部、财政部联合启动的国家示范性高职院校建设计划，旨在遴选和培育一批办学定位准确、产学结合紧密、改革成绩突出、制度环境良好、辐射能力较强的高职院校，进行重点支持，带动全国高职院校办出特色、提高水平。在《教育部、财政部关于实施国家示范性高等职业院校建设计划 加快高等职业教育改革与发展的意见》中，把专业建设放到了十分突出的位置。即在 100 所示范院校中，选择 500 个左右办学理念先进、产学结合紧密、特色鲜明、就业率高的专业进行重点支持，造就一批基础理论扎实、教学实践能力突出的专业带头人和教学骨干，建设一批融教学、培训、职业技能和技术研发功能于一体的实训基地或车间，合作开发一批体现工学结合特色的课程体系，形成 500 个以重点专业为龙头、相关专业为支撑的重点建设专业群，提高示

范院校对经济社会发展的服务能力。

与此同时,在该文件中提出推进教学建设和教学改革、增强社会服务能力、创建共享型专业教学资源库等内容,都是站在专业建设层面的要求,实际上也是重点专业建设所要包含的内容。

(二)国家骨干高职院校建设中的重点专业建设

2010年,在连续实施3批示范性高职院校建设计划并取得显著成效的基础上,教育部、财政部发布了《关于进一步推进国家示范性高等职业院校建设计划实施工作的通知》,[9]明确提出新增100所左右骨干高职建设院校,其中,专业建设要主动适应区域产业结构升级需要,及时调整专业结构;深化订单培养、工学交替等多样化的人才培养模式改革,参照职业岗位任职要求制订培养方案,引入行业企业技术标准开发专业课程,推行任务驱动、项目导向的教学模式,探索建立“校中厂、厂中校”实习基地;试行多学期、分层式的教学组织模式,吸纳行业企业参与人才培养与评价,将就业水平、企业满意度作为衡量人才培养质量的核心指标,建立健全质量保障体系,全面提高人才培养质量。

(三)高职院校提升专业服务产业发展能力项目中的重点专业建设

在全面提高高等职业教育质量和开展国家示范与骨干高职院校建设的同时,教育部、财政部于2011年发布《关于支持高等职业学校提升专业服务产业发展能力的通知》,[10]提出重点支持高等职业院校专业建设,提升高职院校服务经济社会能力。明确引导和支持围绕现代农业、制造业发展重点方向,战略新兴产业、生产和生活性服务业等重点领域和地方经济社会发展需要支持一批紧贴产业发展需求,校企深度融合、社会认可度高、就业好的专业进行重点建设,同时要求推进校企对接,探索系统培养,强化实践育人,转变培养方式,建设教学团队,实施第三方评价。文件明确支持建设的重点专业为产业支撑型、人才紧缺型、特色引领型、国际合作型。

(四)《高等职业教育创新发展行动计划》专业建设的总体目标

2015年,为贯彻落实全国职业教育工作会议精神,教育部印发《高等职业教育创新发展行动计划(2015—2018年)》,文件共有三大部分,其中,主要任务部分又分为五方面计32条,在主要任务的第1条即为提升专业建设水平,后在附件中明确的65项任务和32个项目,又把骨干专业建设作为第一个项目,即加强高等职业院校的专业建设,凝练专业方向,改善实训条件,深化教学改革,整体提升专业发展水平。支持紧贴产业发展,校企深度合作,社会认可度高的骨干专业建设。支持专科高职院校与技术先进、管理规范、社会责任感强的规模以上企业深度合作,共建生产性实训基地。面向企业的创新要求,依托重点专业(群),校企共建研发机构。面向国家重点发展产业,提高专业的技术协同创新能力,促进区域产业结构和新兴产业发展。探索发展本科层次职业教育专业,培养满足中国制造2025需要的不同层次人才。

三、高职院校实施高水平专业建设的背景及特征分析

本文从专业和专业建设的基本概念出发,主要回顾了21世纪以来我国高等职业教育发展中关于专业建设的基本政策及主要举措,为我们进一步认识专业,重视和加强专业建设提供了基本参照。在新的历史条件下,建设一批高水平专业,既是支持和支撑高水平高职院校的核心内容,也将大大推动专业建设更好发展。

(一)建设高水平专业的重要性

高职院校实施高水平专业建设,我们可以从综合视角加以分析。

1. 提升高职教育办学水平的基础

我国高等职业教育经过20世纪80年代以来的建设发展,规模上已占据高等教育的"半壁江山",截至目前全国高职院校数量已经达到1388所,在校生规模已经超过1000余万人,规模扩张既无必要也无可能,提高人才培养质量,提升办学水平乃今后的主要任务。而高职教学以专业建设为龙头,只有专业水平提高了,相应的师资队伍建设、课程教材建设、保障条件建设改善了,办学水平的总体提高才有可靠的基础和可能,高水平专业建设在高职教育发展和水平提升中居基础和决定性作用。

2. 已有专业建设的积累成果效应所在·

自高等职业教育作为我国高等教育的一个重要组成部分提出并开展以来,教育行政主管部门、财政部门一贯重视专业建设,各院校也把专业建设作为重点工作来抓,在国家示范和骨干院校建设中,也把专业建设作为龙头和重中之重来做。经过学校、省、国家等各层次的推动,我国高职院校专业建设的理念已经建立,模式有所创新,条件有所改善,具备了建设一批高水平专业的可能性。

3. 支持和促进产业发展之必需

众所周知,专业与产业相匹配、相对接是高职院校专业设置和管理的基本依据。当前,我国经济正进入产业结构调整和转型升级的重要历史时期,在产业结构调整和转型升级的背景下,人才队伍尤其是一大批技术技能人才的适需和保证,是十分重要的路径和条件。因此,办好专业、建设高水平专业,对于我国经济新常态下实现转型升级具有十分重要的意义。

4. 促进高等教育国际交流与合作的需要

我国经济社会正从大国向强国迈进,扩大国际合作交流,实施"一带一路"倡议是重要内容和重要路径。在这一背景下,我们既要吸收和借鉴国外优质教学资源,也要推广我国先进教学理念和文化,建设一批高水平专业,有利于适应"一带一路"倡议、"走出去"战略人才培养的需要,也有利于实施职业教育优质教学资源为国际化培养人才的需要,从而提高我国高职教育的国际影响力和综合水平。

(二)高水平专业的基本特征

高水平专业是一个学校长期建设积累的结果,应该具有较合理的定位,较宽广的

市场,较好的办学条件和较大的行业企业与社会影响力,具体来说,至少应体现在以下几个方面。

1.定位相对稳定合理

高等职业教育既具高教性,又具职教性,主要培养具有较高适应性、职业化程度较高的技术技能人才,要在基层下得去、用得着、留得住,首岗适应、岗位迁移和职业发展都比较强,但不同于本科,也不同于中职。当然,也与传统高等专科不同,高等职业教育的专业必须在产业的经济社会中找到合理定位,同时在人才培养规格上有合理定位。在这一前提下,具有适应经济社会发展和市场变化的调适水平和能力,真正做到具有可替代性。

2.办学条件相对优裕

办好专业必须有一定的条件支撑,如高水平专业带头人、可持续的教学团队、相对稳定的专任教师队伍,数量适当且教育质量较高的行业企业、兼职教师队伍、先进的校内实训条件和与就业相匹配的校外实践实习基地等,在互联网、云计算发展的背景下,适应具有较好的信息化条件和装备。相应地,学校举办该专业也应有一定历史。

3.办学理念清晰科学

一个专业要体现其高水平,必须有科学而清晰的理念来支撑,必须回答好培养什么样的人、怎样培养人和为谁培养人的问题,立足于培养德才兼备的技术技能人才,贯彻好立德树人的根本任务。同时,高水平专业应积极探索先进的人才培养模式、课程建设模式和教育教学管理模式,探索形成专业建设文化和独特理念,具有鲜明的办学和建设特色。

4.社会综合认可度高

高水平专业一般应当在以下方面体现社会认同度。一是考生欢迎度,可用同类专业考分和第一志愿率来衡量;二是学生稳定度,可用转入转出该专业情况来分析,转入加分、转出减分;三是毕业生就业率,包括就业率、签约率、对口率、稳定率等;四是学生获奖率,主要是指在各类评比和技能大赛上获奖情况;五是用人单位满意率,主要看行业、企业和社会各界是否满意和好评。

5.科研和社会服务能力强大

人才培养是高职院校办学的第一职能,但科学研究和社会服务、文化传承与创新十分重要。作为职业教育的重要组成部分,高职教育的专业建设应当在技术技能积累中发挥作用。当然,专业教师结合行业企业发展,在开展产品和技术研发、服务中小企业等方面的能力也十分重要。作为高水平专业,在服务引领同类专业建设中作用的发挥更是十分重要。

6.国际交流与合作水平高

对于能够在国际合作交流、"一带一路"建设中具有特殊突出作用的专业,制订并推广出国际标准的专业,应当给予特别支持。

四、推进高职院校高水平专业建设的主要路径

前面我们从专业建设的概念及其专业建设在高职院校中的重要性,回顾和解析了21世纪以来教育行政部门对推进专业建设的要求及重点建设的方略,虽然其中表述略有不同,但规律性的东西由此可循。在新一轮优势、特色专业建设过程中,我们必须遵循规律,与时俱进,找准策略,努力办出特色和办出水平。

(一)要把立德树人作为根本任务

高等教育有五大使命,即人才培养、科学研究、社会服务、文化传承创新、国际交流合作。职业教育有三大任务,即面向市场、服务发展、促进就业。但无论如何,高职院校的第一和最基本的职能是人才培养,办学校如此,办专业更是如此,这是办什么样的学校、怎样办学校的关键,而落实好这一点,更必须解决好培养什么样的人、怎样培养人、为谁培养人的大问题。第一,必须坚持德才兼备、以德为先的原则,注重把马克思主义指导、社会主义核心价值观涵养作为重点,贯穿人才培养全过程,巩固马克思主义在育人工作中的指导地位,把学生培养成中国特色社会主义合格建设者和可靠接班人。第二,必须坚持就业导向。尽管人们对高职教育人才培养的直接目的有不同认识,一些学校和专业甚至看重了升学和出国深造,我们认为,从一般负责任的学校和重点建设的专业而言,必须遵循规律,抓住根本,确立就业导向,把培养学生的就业观念、就业能力和岗位上的可持续发展能力作为重要导向。第三,必须把创新创业教育贯穿人才培养全过程,注重培养学生的创新精神和创业意识,采用通识理论课、实践平台和模块化教学等途径,为创新创业人才创造条件。第四,坚持素质教育和专业建设的有机融合,重视思想政治教育,重视人文素质教育,重视心理健康教育,重视身体素质培养,重视创新创业教育,构建全方位素质教育体系。

(二)要坚持"六业贯通"的人才培养理念

无论是人才培养方案的设计还是具体的实施,都应该有一个统一的理念,那就是建立以人为本、以学生发展为中心、以就业为导向的带有规律性的理念。这就是,第一,以办好专业作为出发点,能满足适应社会需求的专业;第二,以强化职业为特色,遵循高等职业教育的规律,突出职业化要求,注重培养学生的职业理想、职业情怀、职业良心、职业责任和职业道德,努力培养好适应性职业化专业人才;第三,以注重学业为根本,学生以学业为主,必须在专业建设中体现重视学业的要求,强化基础课、文化课、专业课、技能课,并保证足够课时和基本考核要求,真正把学生的精力引导到学习上;第四,以重视就业为根本导向,注重引导学生能就业,有较强的就业能力,切实提高本专业就业率、就业对口率和岗位起薪率;第五,以鼓励创业为引领,要将创新创业贯穿全过程,引导一部分有创新精神、创业意识的学生直接创业,以创业带动就业;第六,以成就事业为目标,要善于把正确的理论和理念及方法,教育和传授给学生,授人以渔,

尤其是要把正确的世界观、人生观、价值观教给学生,这将影响学生一生的成才成长和幸福生活。

(三)要科学制订和有效实施人才培养方案

专业人才培养方案是人才培养工作的总体设计和实施蓝图,制订好人才培养方案十分重要。为此,第一,要认真贯彻党的教育方针,遵循教育教学和人才培养规律,落实党中央一系列教育工作决策部署,牢牢把握办学方向和人才培养宗旨,正确处理知识、能力与素质的关系,处理好基础理论与专业知识的关系。第二,要广泛开展社会调查,尽可能听取行业企业对人才培养工作的意见和建议,听取毕业校友的意见和建议,积极创造条件聘请社会用人单位参与人才培养计划的制订,针对不同行业和企业的需求,人才培养方案应具有空间和弹性,满足订单培养的需求,并留有适应新技术、新业务的余地。第三,要制订小班多样的人才培养方案,不同生源应有不同的方案,针对不同领域也应该有一定的弹性,要允许学生以特补短、以长补短,使方案考虑不同生源,能满足不同需要。第四,要重视人才培养方案的实施跟踪,坚持动态管理、持续跟进、发现问题、及时调节、适时改进,以提高人才培养方案的实效。

(四)要构建起校企合作办专业的良性机制

开放合作办学是高等职业教育的重要特征,也是培养好应用型人才的前提,新建本科向应用型本科转型,其重点就在这里。对此,在教育部的历次文件中,都明确要求专业建设必须面向社会需求,面向行业企业,建立紧密而有效的校企合作机制。对此,我们必须有明确的落实和保证。第一,必须有主导产业的依托,这是办专业的逻辑前提,是办好专业的保障,也是专业人才培养和服务的重要保障,必须从区域和行业需求分析出发,科学而准确地定位,确定专业办与不办,办大办小,怎么办。第二,按"六合一"要求建立专业建设指导委员会,作为合作发展、合作办学、合作育人、合作就业和推进学生工学结合、知行合一的长效机制。所谓"六合一"指导委员会是指一个专业建设指导委员会,同时是一批行业企业兼职教师,一批学生就业基地,一批学生社会实践基地,一批教师挂职锻炼基地,一批教师社会服务基地。第三,积极开展订单培养和现代学徒制人才培养。也就是说,以社会需求为导向,以紧密型校企合作为纽带,积极创造条件,创造人才培养模式,大力开展订单式人才培养和现代学徒制人才培养,进一步提高人才培养的针对性和有效性。

(五)要把高素质教师队伍建设作为关键来抓

办好专业,做好人才培养工作,必须有一支高水平、高素质教师队伍作为支撑。所谓"名师出高徒,严师出高徒",教书育人就是这个道理。第一,必须培养和造就好专业带头人。专业带头人可以是个体,也可以是一个小的群体,它作为专业人才培养的主要设计者,专业主干课程的主要承担者,专业教学活动的具体组织者,至关重要,必须大力打造并有效激励,加大培养力度,积极发挥作用。第二,必须建立老、中、青三结合的教学团队,尤其是要建立起青年教师的有效培养机制,充分发挥中老年教师的作用,形成良好的团队效应。第三,必须把专业兼职教师结合起来,尤其要重视聘请具有一线业务经营经验和技术的同志担任兼职教师,杰出或优秀的本专业毕业校友尤其可贵,因此真正实现专兼结合、双师组合、机制融合,提升综合育人功效。

(六)要重视和加强微观教学组织建设

专业建设要有效推进,必须重视和加强教学微观组织建设,构建起良好的教学组织执行机制建设。对此,我们的建议是:第一,一个专业必须有一定教研室组织保证,并有效而充分地发挥教研室的功能,积极创造条件,把党支部建在专业上,实现专业教学团队、专业教研室、专业党支部的三位一体,抓实人才培养的微观教学组织基础。第二,必须统筹抓好人才培养方案的具体落实和落地工作,从重视课表到抓实课程、搞活课堂,抓好教材到丰富课余、发展课外,形成系列化"课"体系,提高教学工作有序性、有效性。第三,要重视教学质量保障体系建设,加强专业和课程标准建设,加强课堂管理,加强督导评价工作,促进教学工作务实有效。

(七)要注重内外教学条件和教学基地建设

专业人才培养工作要得以实施,要办一个高水平专业,尤其要有先进的教学条件做保证。第一,大力引进和推广先进教学技术,尤其是要把云计算等先进教育技术应用到教育教学中来。第二,要建设完整的校内实验实训基地,营造信息化、真实化环境,加强校内实践育人工作,增强课堂教育教学效果。第三,积极创造条件,通过校企合作等途径建设一批校外实践基地,并努力实现校外基地教学化,在真实的工作环境中提高学习功效和专业人才培养质量。

(八)要积极创造条件开展国际合作

国际化是大势所趋,国际职业教育也有许多成功经验和可取模式,要办一个高水平的专业,开展国际合作是重要路径之一。在国际合作中,可以吸收其在办学理念、课程建设、教学资源、培养模式等方面的有益经验,使我们的人才培养更多地具有国际化视野和跨文化交流能力,尤其是当前国家正在推进"一带一路"倡议,如何适应国家"走出去"战略,要求培养好高素质技术技能人才,我们必须更加自觉、更加主动,力争更有成效。

(九)要重视专业文化建设

专业建设发展到一定阶段和一定水平,应该探索形成自己的文化,要立足于从历史、区域、行业、职业等多种情形和要素,探索和构建专业文化,并形成相应的理念和体系。对于一些专业建设历史悠久、职业特征相对鲜明、专业规模相对较大的专业或专业群,我们应当把专业文化建设摆到十分突出的位置,应该探索形成并上升到文化层面。每个学校在人才培养创新实践过程中,从学校历史现状、专业布局格局、就业市场需求等出发,实践总结形成的不同模式都可以进行总结。要办好一个高水平专业,必须在各个方面有更高的目标、水准和要求及良好的实现机制;同时,要在人无我有、人有我优、人优我特、人特我强上下功夫。正是从这种意义上说,专业教学资源库建设,专业文化培育和凝练,面向职场的专业教师培养,也应该是重要的内容。

【参考文献】

[1]夏征农,陈至立.辞海[M].上海:上海辞书出版社,2010.

[2]中国社会科学院语言研究所词典编辑室.现代汉语词典[M].北京:商务印书馆,1992.

[3]王焕勋.实用教育大词典[M].北京:北京师范大学出版社,1995.

[4]顾明远.教育大辞典[M].上海:上海教育出版社,1991.

[5]王伟廉.高等教育学[M].福州:福建教育出版社,2001.

[6]教育部关于实施新世纪高等教育教学改革工程的通知[Z].2000.

[7]教育部关于加强高职高专教育人才培养工作的意见[Z].2000.

[8]教育部关于以就业为导向深化高等职业教育改革的意见[Z].2004.

[9]教育部关于全面提高高等职业教育教学质量的若干意见[Z].2006.

[10]教育部、财政部关于实施国家示范性高等职业院校建设计划加快高等职业教育改革与发展的意见[Z].2006.

(本文为周建松、孔德兰、陈正江三人合著,《中国职业技术教育》2017年第25期)

基于高水平目标的高职院校教师队伍建设方略

摘　要：《中共中央国务院关于全面深化新时代教师队伍建设改革的意见》为新时代教师队伍建设改革提供了根本遵循。当前,正在筹划实施的中国特色高水平高职院校和专业建设计划对高职院校教师队伍建设提出新要求。基于高水平高职院校建设,制定教师队伍建设方略势在必行。坚持"爱育引留用"五管齐下的原则,着力打造高水平专业教学团队,探索形成兼职教师队伍长效机制是高水平高职院校教师队伍建设的可行之路。

关键词：新时代；高水平高职院校；教师队伍建设

　　百年大计、教育为本,教育大计、教师为本。《中共中央、国务院关于全面深化新时代教师队伍建设改革的意见》中开宗明义,强调了教师队伍建设在教育发展和国家富强与民族振兴进程中的重要性。这是中华人民共和国成立以来,第一个以党中央名义发布的关于教师队伍建设的重要文件,充分表明了我们党和国家对加强教师队伍建设在推进中华民族伟大复兴中重要性的认识。当前,国家"双一流"建设正在有效推进,高等职业教育领域的优质高职院校建设正在如火如荼地进行,中国特色高水平高职院校和专业建设正在筹划,面对优质高职院校建设的基本要求,迎接高水平高职院校建设计划的新机遇和新挑战,如何把中央关于深化新时代教师队伍建设改革的要求落到实处,我们必须从各学校实际进行系统思考,认真研究,狠抓落实。

一、充分认识教师队伍建设在高职院校各项建设中的重要意义

　　教师承担着传播知识、传播思想、传播真理的历史使命,肩负着塑造灵魂、塑造生命、塑造人的时代重任,是教育发展的第一资源,是国家富强、民族振兴、人民幸福的基石。[1]教师队伍建设的重要性,在各级各类学校中是不言而喻的,对于以高水平高职院校建设为目标的学校而言,意义更为重大,任务更为迫切。

（一）从新时代高等职业教育改革发展要求看教师队伍建设

　　党的十九大明确提出,中国特色社会主义进入新时代,我国社会的主要矛盾已经转化为人民日益增长的美好生活需要和不平衡不充分的发展之间的矛盾。人民对公平而有质量的教育的向往更加迫切。[2]作为职业教育较高层次的高等职业教育,近年来总体发展较快,院校数快速增加,规模扩张极其迅猛,一部分地区、一部分院校的办

学水平、人才培养质量和师资队伍建设也在发展过程中得到了快速提升。与此同时，我们应清醒地认识到，与本科教育相比乃至与基础教育相比，高等职业院校师资队伍建设不平衡不充分的状况十分明显，在边远地区和三线城市甚至缺乏合格的教师，缺乏充裕的教师来源，也有一部分地区因为师资队伍数量、结构和质量等因素，影响了高职院校新专业的开设和现有专业教育教学水平的提升，使高等职业教育的充分发展受到极大影响。正因为如此，我们必须从推进均衡和充分发展的高度，着力解决好教师队伍的数量、结构和质量问题。

（二）从高职院校实际情况看教师队伍建设的差距

必须充分肯定，经过近 40 年尤其是"新高职"二十年左右的建设和发展，包括教师队伍在内的高职院校内涵建设条件已有较大改善，但存在的差距仍然十分明显。具体表现在：一是教师数量总体不足，从高等职业院校人才培养工作状态数据采集与管理平台反映的情况看，全国高职院校生师比大都超过 20：1，有些院校甚至高达 30：1，[3] 这既有编制原因，也有经费原因，更有观念原因；二是教师素质和素养达不到要求，"双师"素质不达标，教师教学基本功素养不够好，职业教学能力不够强，会做和会教之间存在双重缺陷；三是高层次高水平教师缺乏，尤其是缺少既懂专业，也懂教学，又懂实践，还能具有技术研发能力的高水平教师，从这几年参评教学名师、专业学科带头人、学科领军人才的相关材料看，这是一个很大的短板。也就是说，从高职院校表现出来的具体状态看，数量不足、结构不合理、领军人物不多是共性。

（三）从高等职校双重属性要求看教师队伍培养机制不健全

在现实中，一方面，表现为高职院校教师数量不足，结构不合理；另一方面，表现为现有教师再培养、再提升的机制不够健全。由于高等职业教育具有高教和职教双重属性和双重要求，它对教师队伍建设具有特殊的培养教育要求，但实际上又存在着高等教育中"够不上"、职业教育中"不解渴"的状况。我们经常讲教师的培养要先于实践，也即教育者应优先培养，实际上根本做不到；我们也经常讲缺什么补什么，实际上也不太可能。许多教师还是从校门到校门，接受学科学术型培养，大部分教师既未接受系统教育学、心理学和教师基本功训练，也未经历过社会实践锻炼，就上讲台讲一门专业课甚至上两三门专业课，比较务实有效的教师培养发展机制基本没有建立；我们再三强调的"双师"素质或"双师"结构教学团队建设，在制度上得不到相应的保障。

二、正确把握新时代高职院校建设高水平教师队伍的总体要求

中国特色社会主义进入新时代，开启了中国全面建成社会主义现代化国家的新征程。时代有召唤，新技术提出新变革。教育工作作为一个立足今天的知识和技术，培养未来人才的工作必须高瞻远瞩，抓好新时代高职院校建设高水平教师队伍。其总体要求应当有以下几点。

（一）贯彻党中央国务院工作总要求

《中共中央、国务院关于全面深化新时代教师队伍建设改革的意见》明确提出了新时代教师队伍建设改革的指导思想和基本原则，提出了教师队伍建设改革的总要求，高职教育必须充分认识其重大意义，并在具体工作中切实贯彻。这些总要求概括起来说，一要确保方向，充分发挥党委领导和把关作用，确保党牢牢掌握教师队伍建设的领导权，保证教师队伍建设正确的政治方向；二要强化保障，把教师工作置于教育事业发展的重点支持战略领域，优先谋划教师工作，优先保障教师工作投入，优先满足教师队伍建设需要；三要突出师德，把提高教师思想政治素质和职业道德水平摆在首要位置，推动教师成为先进思想文化的传播者，党执政的坚定支持者，学生健康成长的指导者。[4]与此同时，要深化改革，并从实际情况出发，根据不同类型、不同情况分类施策。

（二）紧紧把握问题导向制订工作方针

高等职业教育既是高等教育，也是职业教育，既是办学类型，也是办学层次，具有高教性和职教性的双重属性，类型与层次的有机统一是其基本特点。[5]我们研究师资队伍建设，必须从高等教育的要求出发，着力在创新型上下功夫，同时必须把握职教性的要求，在"双师型"上出实招，既要从高等教育的理论体系上考核培训教师，也要从职业教育的实践要求上培养和训练教师，努力使高等职业教育的教师培训培养双管齐下、多策并举，真正培养出学做研一体的不可替代的教师队伍，使高职院校的教师队伍呈现出欣欣向荣的良好局面。

（三）把增加教师数量要求作为工作重点之一

必须承认，数量不足是当前高职院校教师队伍建设中普遍存在的矛盾，这导致"小班教学不可能、中班教学较普遍、大班教学都存在"成为高职院校比较普遍的情形。为此，要在坚持质量前提下，同样重视数量考核。一要畅通教师引进渠道，尤其要畅通从企事业单位招录符合条件的优秀分子进入教师队伍的渠道；二要动员更多的师范和非师范类高水平院校通过一定条件和途径培养职业院校教师，形成教师队伍源源不断的培养和补充渠道；三要放宽对高职院校引进和招录教师的指标和编制限制，形成与学生数、班级数、专业数相对应的编制政策。

（四）坚持质量和素质优良的标准

教师是人类灵魂的工程师。俗话说，学高为师，身正为范。教师担负着教书育人、立德树人的光荣任务，其世界观、人生观、价值观对学生的影响极大，其言行对青年学生的成长起着潜移默化乃至直接的影响。因此，人民教师必须具有坚定的理想信念、良好的师德修养，并具有优良的操守规范和心理素质。正是从这个意义上说，教师是由特殊材料做成的，要具有特别的素养，要具有超越凡人的风格和风范。我们招录教师首先必须把好素质素养关，考核评价教师必须坚持以德为先，以德取人。

（五）必须把结构合理提上议事日程

一支理想的教师队伍应该是数量充足、素质精良,同时做到结构合理。从发展要求看,结构要素显得十分重要,具体包括:一是各类课程之间的结构,思想政治理论课、公共文化课、职业素养课、专业基础课、专业技术课、实践技能课等,只有符合科学合理的结构才能满足人才培养的需求;二是各专业教学团队之间的结构,通常在学校有重点专业和一般专业之分,根据学校专业结构和各专业班级学生数情况,应有科学分布和合理调配;三是专任教师和来自行业企业的兼职教师之间应该保持一个和谐结构,坚持专任教师数量充足为基本要求,同时要根据推进专业化、职业化的要求,从生产实践和业务经营一线聘请一部分优秀工作者担任兼职教师,经过适当的培训和考核,承担部分实践性较强和社会及专业实践项目的课程,使"双师型"教师队伍做到结构合理、运行和谐。

三、坚持"爱育引留用"五管齐下方略推进高水平师资队伍建设

建设高水平教师队伍,对于国家来说是一项十分复杂的系统工程;对于一个学校来说,同样也是一项系统工程,必须多管齐下、综合施策,才能有所作为,有所成效。

（一）要有"爱"的厚度

教师政策是党和国家知识分子政策的重要组成部分,必须把尊重和关心放在首要位置,在全社会营造一个尊师重教的良好氛围。这要从学校开始做起,尤其要从学校党政领导开始做起。学校要把爱教师放在重要议事日程,确立起全心全意依靠全体教师办学的理念,坚持办学治校以教师为本,把教师队伍建设作为基础工程来抓,尊重教师个性,倚重教师德才,注重教师发展,营造大爱文化。对教师的爱表现在:政治上关心,生活上照顾,事业上激励,促进教师个性化成长成才和特色发展,包容教师个性和缺点,以此推进学校治校迈向高水平。

（二）要有"育"的力度

抓好教师队伍建设,培养是一个最为重要的途径和策略。新教师需要培养,教师知识更新需要培训,教师水平提升更需要培训,特别是在当今科学技术日新月异,经济社会大发展大变革时期,我们一定要把培养培训和教师发展紧密结合起来,要舍得时间和经费支持,让教师能够多渠道、多途径获得培训机会,既要让教师参加本专业本领域知识更新的系统性经常性培训,也要让教师在教育学理论、方法和技术等方面获得培训提高的机会;同时,要积极创造条件,让教师走出国门,通过访学交流、短期培训等路径拓宽视野,学习前沿,丰富和更新教育教学理念。对于高职院校教师而言,学历提升仍然有一个过程,要积极鼓励,企业实践经历也要十分重视,特别是对高职院校的专业课教师而言,"双师"素养更是十分必要。学校要舍得投入,舍得大投入,因为对教师

培养培训投入具有巨大的杠杆效应。为此,教师培训千万要重视,建设好的教师发展培训中心十分重要,必须办好。

(三)要有"引"的强度

教师资源是十分重要的资源。正如习近平总书记所讲,一个人遇到好老师是人生的幸运,一个学校拥有好老师是学校的光荣,一个民族源源不断涌现出一批又一批好老师则是民族的希望。[6]因此,适应学校不同阶段发展需要,必须有不同的教师队伍建设策略,自我培养培训提高十分重要,而引进高学历、高素质、高层次教师队伍也十分迫切。引进在教师队伍建设中的重要性至少基于以下几个原因:一是适应新兴学科、新专业和新课程建设的需要,需要建设相应的高层次人才乃至人才团队;二是适应专业学科结构优化的需要引进相应人才;三是推进办学治校,专业学科水平提升需要引进高层次人才。鉴于人力资源尤其是高层次人才的紧缺性和稀缺性,必须解放思想、舍得投入,要在科研启动、住房等方面综合投入,必要时需要采用"五子登科"的举措,因为在有时候,引进一个人才,能引领一个团队,激励一片天地,开创一番事业。

(四)要有"留"的气度

知识分子有个性,要留住优秀人才并发挥优秀人才的作用,必须把留住人才作为基础。如果现有人才都留不住,事业必然受到影响,而新引进人才也会难上加难。留住人才的前提是尊重人才,必须有足够的雅量,不拘一格用人才,用人之长、容人之短,为扬长补短创造条件,并通过团队的协同和配合的力量弥补人才之短,使人才的个性得到彰显和弘扬,其短处得到包容和宽容,长处更好发挥和发扬。对此,学校党政领导和部门主管一定要有胸怀和气度,要学会做伯乐,学会识千里马,学会从长计议。

(五)要有"用"的宽度

加强教师和人才队伍建设,引进人、培养人十分重要,而使用人,努力做到人尽其才、才尽其用也十分关键。要让人才有施展才华的机会、平台和舞台,要积极创造条件发挥教师的聪明才智,要解放思想,努力让青年人脱颖而出,要从专业上培养教师,也从管理上发展教师,用更宽的视野把教师队伍使用好、建设好,真正做到人才辈出、事业繁荣。在使用教师的基础上,真正使广大教师岗位上有幸福感,事业上有成就感,社会上有荣誉感,使教师成为让人羡慕的职业。

四、把着力打造高水平专业教学团队作为教师队伍建设重中之重

高职院校的师资队伍建设是一项复杂的系统工程。其中,思想政治理论课教师队伍十分重要,必须确保;文化基础课教师队伍不可或缺,必须适当。与此同时,我们认为,着力于建设高水平高职院校,必须把建设高水平专业教学团队放在特别重要位置。

（一）建设高水平专业教学团队是由高等职业教育特点所决定

高等职业教育具有高等教育属性，但其本质上属于职业教育，职业教育必须坚持以专业建设为龙头。专业建设在高等职业教育中居于龙头地位，高水平专业和专业群是衡量一个学校水平高低的基础，重视专业建设就是重视高职教育。一个高等职业院校的专业结构既表明了学校的特点，也彰显了学校对区域经济社会发展的主要面向和方向，专业建设水平与专业人才培养质量正相关，也与学校服务区域经济社会发展和行业企业能力正相关。因此，参照我国"双一流"建设采用一流大学和一流学科的模式，我国高等职业教育的高水平建设也将采用"双高"即高水平学校与高水平专业相结合模式，建设一批高水平专业和专业群，是高等职业教育高水平建设的重中之重，把建设高水平专业群和高水平专业教学团队重视起来乃题中应有之义。

（二）建设高水平专业教学团队是一项系统工程

高水平专业教学团队建设是一项人文、科学和艺术相结合的大学问，本身也是一项系统工程。一是要培养和选拔好高水平专业带头人，专业带头人既是专业人才培养方案的主要设计者，也是专业课程的主要承担者，又是学生专业成才成长的引领者，还是专业教学团队的培育培养者，其德行品格、专业水平、管理协调能力决定着专业教学团队的整体高度和专业建设的水准，这已经被很多学校的案例所证明，必须切实重视，并把它作为重中之重。二是按规模和梯度要求抓好团队整体建设，既要讲教师数量适当适度，又要讲知识结构、学科结构、专业结构、年龄结构、性别结构相对合理，更要强调形成梯队，实现互补。三要建立专业教学团队有效培养制度，包括知识更新、学历提升、挂职锻炼、社会实践、"双师"考证等，真正建立起一个有效管用的长效机制。四是注重团队履行人才培养、科学研究、社会服务、国际交流、文化传承五大职能的有机协调和和谐统一，形成以人才培养能力建设为主，科学研究、社会服务及其他各项职能协调统一的合理结构和机制。五是高水平教师团队建设要与党支部建设和党员队伍建设协调统一，形成党支部负责人和专业带头人统一协调的机制，把支部建在专业上，形成党建与育人、专业教学与育人的协调和谐，并充分发挥基层党支部的战斗堡垒作用、教师和党员的先锋模范作用。在这个意义上说，专业水平之高在于专业带头人水平之高，在于专业带头人和党支部书记统一协调之高。

（三）高水平专业教学团队建设要构建良好机制

按照专兼结合、"双师"组合、机制融合的要求，贯彻老中青相结合的要求建设好专业教学团队，需要科学构建激励机制。一要着力构建青年教师培养与成长的金翅膀机制，瞄准社会发展和技术前沿，抓住青年教师特点和需求，为青年教师成才成长创造更多更好的条件，让青年教师尽快成长和成熟，勇担重任、快速成长；二要建立健全中年教师稳定发展的金台阶机制，推动青年教师脱颖而出的同时，讲年功和历史贡献，防止中年教师成为发展过程中的失落者现象的发生，激励中年教师发挥团队建设带头和稳定作用;三是创造条件构建起老年教师幸福与安康的金色降落伞机制,从老教师的安全感、获得感、成就感、荣誉感、幸福感中激励中青年教师立足岗位、教书育人、争做贡献。

(四)强化专业教学团队的专业化和职业化

这里需要特别强调的是,高职院校专业教学团队的培养,必须在职业化上下功夫。只有推动教师队伍专业化、职业化,才能培养出职业化和专业的学生,从而推动高等职业教育的高水平建设,才能使高等职业教育办出特色和水平。为此,我们既要贯彻好中央和国家有关部门关于深化教师队伍建设改革的要求又要制订教师职业发展指引,引导教师在职业化发展道路上不断向前,健康成长。如浙江金融职业学院自 2000 年升格高职办学以来,每三年召开一次师资队伍工作会议,探索形成顶层设计、工程推动、项目引领、梯次培养、舆论引导的"教师千万培养"工作机制;在以往多年职业教育教师队伍建设实践的基础上,该学院于 2014 年制订了《浙江金融职业学院教师职业发展指引》,具体细分为十二个方面五十条,成效十分明显,一批以国家"万人计划"教学名师、浙江省"万人计划"教学名师为主体的高水平专业带头人正在崛起,引领了高水平教学团队的形成和高水平专业(群)的发展,促进了学校高水平建设和高质量发展。

五、探索形成兼职教师队伍长效机制

高职教育要实现高水平建设,专业是基础,教师是关键。在专业教师队伍建设中,教师的"双师"素质十分重要。要从根本上解决好问题,必须在"双师"结构上着力,即在致力于提高专任教师理论业务和教育教学水平的同时,把建好一大批合法的、具有较高稳定性的兼职教师队伍作为重要工作内容。[7]为此,笔者建议在中国特色高水平高职学校和专业建设计划实施过程中,以政府主导,积极探索建立高职教育"双师"结构兼职教师新机制,具体思考如下。

第一,由国务院有关部门,如人社部、教育部、财政部联合制订关于职业院校兼职教师队伍建设的文件,明确对各地建立由政府统筹的职业院校兼职教师队伍提出要求,明确人事政策、教师资格、财政补贴方法等。

第二,由省、市、县三级人民政府分别出台措施,建立职业院校兼职教师师资库,认定教师资格、可执教业务范围和层次,向全社会公开公示,颁发资格证并给予一定的补贴。

第三,各职业院校根据需求在符合任职资格的兼职教师中聘任,并根据教学数量和质量支付相应报酬,各级财政部门给予适当奖励性配比,并进行年度评比表彰。

第四,国务院有关部门将兼职教师到职业院校授课纳入其岗位职责,不属于因私兼职和因私赚钱,各有关企业将其作为履行人才培养职责和社会责任而给予积极支持,各省、市、县有关部门落实执行。

第五,由省、市、县三级建立职业院校兼职教师资格考核或认定办法,并建立相应

认证机构,每三年举行一轮审检,如发现特殊或异常情况,可随时处理。这样做,既有利于建立一支规模宏大的高职院校兼职教师队伍,也有利于消除行业企业兼职教师无证上岗的尴尬状况,更有利于弘扬教师光荣的风尚,必然极大地提高高职院校教师地位,提升高职教育人才培养质量,促进高职教育可持续发展。

【参考文献】

[1][4]中共中央,国务院.关于全面深化新时代教师队伍建设改革的意见[EB/OL].(2018-01-31)[2018-08-20].http://www.gov.cn/xinwen/2018-01-31/content_5262659.htm.

[2]习近平.决胜全面建成小康社会 夺取新时代中国特色社会主义伟大胜利——在中国共产党第十九次全国代表大会上的报告[N].人民日报,2017-10-28(1).

[3]教育部职业教育与成人教育司.高等职业院校人才培养工作状态数据采集与管理平台[EB/OL].(2017-07-01)[2018-08-20].http://crpdc.gzvtc.cn/xin/log/login.aspx.

[5]周建松.关于高等职业教育改革与建设若干问题的思考——基于高职教育的类型特征[J].中国高教研究,2010(11):73-76.

[6]人民网.习近平在北京师范大学考察号召全国广大教师做党和人民满意的好老师[EB/OL].(2014-09-10)[2018-08-20].http://cpc.people.com.cn/n/2014/0910/c64094-25629944.html.

[7]周建松.提高质量:高职院校师资队伍建设的着力点[J].教育研究,2012(1):138-140.

(原载于《高教探索》2018年第12期)

第四编

鼓 与 呼

建设"双一流",高职应实现高水平

一、"国家示范计划"表明:中央财政的杠杆效应巨大

高等职业教育作为我国高等教育的重要组成部分和类型,经历了曲折和不平凡的发展历程,能够形成今天这样的社会共识和发展局面,从 2006 年开始实施的国家示范高等职业院校建设计划具有十分重要的带动和促进作用。

2006 年,为贯彻《国务院关于大力发展职业教育的决定》,教育部、财政部创造性地启动了国家示范性高职院校建设计划,围绕提升办学综合水平,提高专业建设水平和社会服务水平等要求,先后遴选了 100 所高职院校进行重点支持和示范建设。据统计,中央财政累计投入专项资金 45.5 亿元,拉动地方财政投入 89.7 亿元,行业企业投入 28.3 亿元,有力地促进了高等职业教育社会地位的提升,办学条件的改善和人才培养质量的提高,尤其是类型特色的打造,对我国高等职业教育的发展起了直接的拉动效应,中央财政直接投入高职教育 20 多亿元,其作用效果十分明显,尤其是通过重点专业建设,有力地提升了高职院校办学基础能力,成效十分显著。同时带动了地方和行业的投入,根据中央财政引导,地方投入为主,行业企业支持的要求,地方的主体责任得到落实,行业企业的积极性得到调动,杠杆效应巨大。国家骨干带动了省示范、部示范建设计划,促进了高职教育整体水平的提高。更重要的是,唤起了各级党委和政府、行业和企业对高等职业教育重要性的认识,提升了地方政府发展高职教育的热情,营造了高等职业教育发展的环境。

二、重特色、上水平:具有全局影响的战略抉择

党的十八大以来,党中央、国务院特别重视教育事业,尤其是职业教育和高等教育的发展。2014 年,习近平总书记对职业教育做出重要批示,国务院召开全国职业教育工作会议,并发布了《关于加快发展现代职业教育的决定》。参照"双一流"建设方案,高职教育高水平建设计划也可采用高水平学校和高水平专业两种类型的建设模式,这将是一个影响全局的战略抉择。

有利于确立高等职业教育在我国教育中的总体地位。2015 年,我国高等教育领域推出了三大重要举措,一是以国发〔2015〕64 号文件推出的《关于统筹推进世界一流大学和一流学科建设总体方案》,即"双一流"建设;二是以教发〔2015〕7 号文件推出的

由教育部、国家发改委、财政部联合发起的《关于引导部分普通本科高校向应用型转变的指导意见》，即"普通本科转型"；三是以教职成〔2015〕9号文件推出的由教育部实施的《高等职业教育创新发展行动计划（2015—2018年）》，即"高职教育创新发展"。

正因为如此，笔者认为，不失时机推出"中国特色高水平高职院校和高水平专业建设计划"，有利于确立高等职业教育在我国经济社会发展战略中的地位。

有利于巩固高等职业教育类型特征和办学格局。当前，高等职业教育发展情况总体良好，但社会上存在着"本科院校谈职色变，高职院校求本心切"的文化现象。因此实施"中国特色高水平高职院校和高水平专业建设计划"，培育和建设一批高水平学校和高水平专业，有利于巩固高等职业教育类型特征，给高职院校以鼓励和激励。

有利于发挥高水平学校引领高等职业教育发展的作用。建设一批高水平高职院校和高水平高职专业，不仅确立了高职教育的地位，稳定高职战线的"军心"，而且随着一批高水平学校和高水平专业的建成能发挥典型和榜样的作用，有利于引领1300多所高职院校发展，从而对现代职业教育体系建设发挥龙头作用，引领和带动我国中等职业教育发展，同时对优化我国高等教育结构也有重大意义。

有利于进一步发挥中央财政的杠杆和拉动效应。从历史发展看，为推动我国高职教育创新发展，国家在"十一五"和"十二五"时期分别实施了示范校建设、骨干校建设计划，既撬动了地方的支持，也带动了院校的发展，成效十分明显。因此，这样的项目将在"十三五"时期得以延续和提升，是对落实全面建成小康社会和加快发展现代职业教育的积极回应，而"中国特色高水平高职院校和高水平专业建设计划"应该是高职教育创新发展的应有之义。

三、高水平高职院校建设必须有中国自信

中国特色高水平高职院校建设，首先必须正确认识时代大势，提高政治站位，充分体现中国特色，确立文化自信。

必须坚持中国共产党的领导。中国共产党的领导是中国特色社会主义的基本特征，也是重要前提，在中国共产党领导下办学，这是办好高等职业教育的基本政治立场。为此，要加强党对高水平高职院校办学治校和建设工作的全面领导，坚持和完善党委领导下的院（校）长负责制，把党对学校工作的全面领导落到实处；我们要加强党的建设，完善校院及基层各级体系化党建工作，切实把党的政治建设放在首位，强化基层党组织政治功能，推进党建引领育人，成就事业发展，全面激发党建工作正能量。我们要积极推进全面从严治党，切实抓好学校党风廉政建设，建设清廉教育，营造风清气正的教书育人环境。

突出把握扎根中国大地办学。建设高水平高等职业院校，必须把握中国国情，适应新时代要求，从中国经济社会和产业发展要求出发，尊重中华民族优良传统，弘扬中华优秀文化，尤其是在教学内容、考核标准、评价机制等方面，都必须把中国国情、中国文化、中国特色放在重要位置，作为基本要求。在此基础上，体现为区域和经济社会和

行业发展服务,做到因地制宜,特色发展,着力在"四个服务"上下功夫、出成效。

着力培养中国特色社会主义建设者和接班人。衡量一个学校办学水平的高低,最重要的是人才培养质量,而衡量培养质量的基本前提是要培养出中国特色社会主义的合格建设者和可靠接班人。为此,必须坚持立德树人,实施素质教育,构建素质教育和文化育人体系。高等职业教育是高等教育大众化的产物,其标准不一定是高层次科研创新人才,但必须是德才兼备的高素质技术技能人才,是建设中国特色社会主义进程中具有正能量的基础性人才。

(本文原载于《光明日报》2018 年 3 月 22 日第 14 版)

建设中国特色高水平高职院校需要精准施策

为鼓励各类学校在各自领域安于定位、办出特色、办出水平、争创一流,"中国特色高水平高职院校和专业建设计划"(以下简称建设计划)被写入 2018 年教育部工作要点。如何确保建设计划按照正确的方向和目标前行,并取得预期成效,受到各方普遍关注。

一、坚持和加强党的领导是基本前提

中国特色社会主义最大的特征就是中国共产党的领导。如何确保党的领导落到实处,事关办学方向、办学目标和学校定位,必须牢牢把握。

在中国特色高水平高职院校建设过程中,有三点必须明确:一是必须坚持中国共产党的领导。要正确处理好党的全面领导、政治建设和党委领导下的校长负责制之间的关系,确保办学治校和建设计划在党的领导下进行。二是坚持办学的社会主义方向。落实立德树人根本任务,牢牢掌握意识形态工作领导权,增强主导权和话语权,培育和践行社会主义核心价值观。三是落实高职院校"四个服务"的工作要求,把"四个服务"作为办学治校和高水平建设带有方针性的要求落实。

二、重视思想政治教育是重要特点

坚持德才兼备、以德为先的人才培养方向。这里所说的德,是全方位德的概念,既有爱党、爱国、爱社会主义的大德,也有社会公德、职业道德、家庭美德等中德,还有个人修身养性、立身处世行为规范等小德。

重视和加强学生思想政治教育工作。引导教育学生正确认识世界和中国发展大势,正确认识中国特色和国际比较,正确认识时代责任和历史使命,正确认识远大抱负和脚踏实地,使青年学生朝着正确而又清晰的方向前进。

切实抓好教师思想政治教育工作。学校形成争做"四有"好教师的良好氛围,教师要做到坚持教书和育人相统一,坚持言传和身教相统一,坚持潜心问道和关注社会相统一,坚持学术自由和学术规范相统一,使教师成为学生锤炼品格、学习知识、创新思维、奉献祖国的引路人。

全面构建立体化育人体系。在做好全程、全面、全方位育人的基础上,在面向全体学生育人,动员和激发广大教师全心育人以及营造良好的全景、全境育人环境上下功夫,积极构建学校、家庭和社会互动育人机制。

三、具备内涵建设水准是基础条件

我国高等职业教育的发展已经有近 40 年的时间,院校数和办学规模都有了长足的发展,高等职业教育应该也必须进入内涵建设阶段。从高职院校实施重点建设的进程看,从新世纪教改项目,到 2006 开始的国家示范性高职院校和骨干院校建设项目,再到 2015 年启动的优质高职院校项目,应该说,进入改革发展新阶段的高职院校已经具备一定的内涵建设水准。

具体来说:一是系统化的办学理念已经形成。围绕办什么样的学校,怎样办学校,培养什么样的人,怎样培养人,为谁培养人,确定什么样的面向,怎样面向一线培养人等问题,应该有比较清晰的把握,既要有较高的政治站位,也要有科学的合理定位,更要有为有位。

二是具有一定数量的高水平专业。如果说内涵建设水准是高水平高职院校的基础,那么一定数量的高水平专业应该说是基础之基础。高水平院校不仅要有一个与产业背景和区域经济社会需要相适应的专业结构,更要有若干个产业有基础、市场有需求、社会能认可,招生受欢迎、毕业受青睐、学生好发展的名品专业,这才是学校可持续发展和实施高水平建设的基础。正因为如此,高水平建设实际上是高水平院校和高水平专业建设的结合。

三是学校具有高水平的服务能力。高水平专业建设为高水平服务创造了条件,高质量的毕业生在岗位上有着卓越发展和积极贡献。考察一所高水平学校,必须看其对区域社会发展和行业所做的贡献,或者说满足行业和区域经济社会发展急需的能力和水平,甚至是否能做到为行业和区域经济社会发展所不可或缺。

四是形成鲜明的文化特色。中国特色高水平高职院校必须具有鲜明的特色,包括中国特色、区域特色、行业特色和高职特色,尤其是学校特色,这一特色必须也应该体现在文化特色上,既要体现出大学精神引领,也要遵循职业教育规律,还要体现出跨界文化特征。

五是具备良好的内部治理体系。要考察一所学校能否适应整个体制建设要求,必须遵循高等职业教育办学规律,建设良好的治理体系,根据中国的国情和特征,在正确把握党委领导与校长负责、正确处理学术权力与行政权力、正确发挥教职工代表大会作用、明确把握校院(系)两级管理的力和度等方面形成良性机制,内部质量保障体系建设卓有成效,从而确保学校良性高效、高质量、高水平运行。

四、构建办学保障机制是现实要素

办好一所高职院校,理念和文化十分重要,专业结构和龙头专业更是不可或缺,但在全面建成小康社会的新时代,办学的物质技术等保障要素同样不可或缺。

一要有与办学规模、结构相匹配的现代化校园,包括校园基本占地面积,办公和教学实习实践、实验用房、图书资料和信息化条件等,这是最为基本的条件,必须作为考量因素。

二要有办学经费保障及筹资机制。财政部早在"十二五"时期就明确了高职院校必须在 2017 年前达到生均 12000 元的拨款标准,这也是一个基本条件。当然,遴选建设高水平院校不是比资金比投入,讲财大气粗,而是主要看产出,尤其是毕业生质量和社会服务能力,但基本保障必须到位,否则难以实现可持续发展。

三要建设学校支持机制。所在的地区和部门是否重视教育,重视高职教育的发展和建设,在推进产教融合校企合作、改善办学条件、增加办学投入等方面有否形成良好的氛围,这关乎学校的长期发展,更是中国特色高水平高职院校建设所不可或缺的。

总之,高水平高职院校的遴选需要系统化考量,推进建设更是一项大工程,必须把握方向、精准施策、持之以恒,以期久久为功。

（本文原载于《中国教育报》2018 年 6 月 26 日第 9 版）

中国特色高水平高职教育建设需要文化自信

随着我国高等教育"双一流"建设的深入开展和高等职业教育创新发展行动计划进入收官阶段,高等职业教育界的目光聚焦到了"中国特色高水平高职院校和专业建设计划"(以下简称"特高计划")上。

作为长期从事高等职业教育的理论研究和学校管理的一位基层工作者,首先关心和关注的问题是:中国特色高水平高职教育的文化基点在哪里?文化特征是什么?如果没有高职教育的文化根基和文化自信,如何建设中国特色高水平高职院校,进而推动高职教育高质量发展?

有着不长发展历史的高职教育,经受着来自教育界自身和社会各界"求本心切,谈职色变"文化现象的强烈考验和严峻挑战,其中有些院校经过多方努力,在教育主管部门和本科院校的支持下开启了"4+0"所谓本科层次职业教育的探索,这从另一侧面折射出高职教育的文化困惑,可谓高职文化建设之难。

其实,我们的发展过程是一个"谦虚"地向外学习的过程。我们非常认真地学习过澳大利亚的 TAFE 模式,十分虔诚地借鉴过德国的"双元制",还不断地学习考察过加拿大"能力为本"办学模式,学习参照过英国"三明治"人才培养模式,也常常派员去学习新加坡的教学工场模式,美国社区学院也曾被广泛推崇。直到后来,又有人告诉我们世界上真正使用"高等职业教育"这个词的只有两个国家,一个出现在 1996 年颁布的中国《职业教育法》里,另一个出现在 2004 年颁布的瑞士新《职业教育法》中。这就提出了一个十分尖锐的命题,中国高职教育的发展是参照模仿还是学习借鉴?中国特色高职教育的文化根基是什么,文化自信在哪里?这也是我国高职文化建设之根本。

笔者以为,积极借鉴世界各国乃至人类文明成果的做法非常重要,但扎根中国大地办学的指导思想必须明确坚持。高等职业教育发展必须立足中国国情,适应中国文化,按照"博采众长、融合提炼、以我为主、自成一家、中国特色"的方针,积极发展,并形成自身特有的文化,据此确立文化自信,实现文化自强。正因为如此,在研究中国特色高水平高职教育的当口,在文化建设上有以下三点必须坚持和重视。

首先,必须正确把握文化建设的方向。笔者认为,以下几点值得我们重视。第一,始终坚持和把握中国共产党领导这一根本原则,坚持加强并不断完善党委领导下的校长负责制这一办学治校体制机制,以此作为文化建设的根本前提。第二,坚持培育和践行社会主义核心价值观,并把核心价值观融入人才培养全过程,作为学校文化建设的根本遵循。第三,坚持立德树人根本,努力把培养社会主义合格建设者和接班人作为根本任务,以此作为文化建设的主线。

其次,必须科学理解文化建设重心。对此笔者以为,要抓住以下几个要点。第一,坚持高教性和职教性的统一,真正体现双重特征,发挥双重优势,聚力双重发展,以此作为"大学精神引领、职教规律办学、企业理念管理"的高职文化建设机制,彰显跨界教育的文化特征和优势。第二,把满足人民群众适龄子女接受高等教育作为推进教育事业发展的重要方略,把高等职业教育纳入高等教育发展总体战略,以此作为重要文化理念加以推进。第三,把发展三线城市等区域的高职教育作为推进高等教育大众化乃至普及化的重要抓手,进一步适度扩大高等职业教育规模和受益面。第四,要以办好专科层次为基础,积极探索本科层次高等职业教育,积极发展成人高等职业教育。第五,突出抓好立德树人,培养高素质技术技能人才,同时努力做好服务区域和行业经济以及构建多层次继续教育和培训体系两篇大文章。以上五点应作为高职教育文化建设的重要内涵。

最后,笔者要强调的是,高职院校要重视文化建设。高水平高职教育建设必须是在先进的办学理念和文化基础上开展;在培养什么样的人、怎么培养人、为谁培养人、办什么样的学校、怎样办学校等这些问题上应该在学校物质文化、制度文化,乃至在行为文化、精神文化等方面形成自身的价值观和鲜明的文化导向;要重视学校区域和行业特点的文化育人体系的积极探索;学校要不断从文化建设迈向文化育人,进而向文化治理新阶段前进,形成以文化建设推动学校治理和发展的新机制,真正使高职院校办学治校迈上高水平。

总之,我们要坚持立德树人,发展素质教育,要把职业精神与职业能力培养相结合的文章做到实处,把素质教育与专业建设有机结合。

（本文原载于《中国青年报》2018 年 8 月 27 日第 10 版）

专业群建设是高水平高职院校的基石

近年来,我国高职教育领域建设特色高水平院校和专业成为众望所归的大事。而如何遴选、认定和建设好高水平高职院校正成为学界和业界密切关注的热点。笔者认为,中国特色高水平高职院校建设,必须充分体现中国特色社会主义制度的本质特征和基本要求,把握高等职业教育的基本规律,并在关注和考量学生职业发展的同时,把高水平专业群建设作为基础之基、重中之重。

一、以专业建设为龙头是高职教育的基本特征

如果说基础教育主要是课程如语文、数学、英语、政治、物理、化学、历史、地理等,而普通高等教育强调学科如经济学、管理学、法学等,那么,高等职业教育最具区分度和典型意义的便是专业,比如金融专业、会计专业、旅游管理专业、铁道建设专业、远洋海运专业。专业既是职业教育的基本特征,也是职业院校教学管理活动的基本单元,更是职业院校划分教学资源,考核职业院校教学绩效的基点。

正因为如此,高职院校招考工作以专业为门类划分,日常管理工作以一个或若干个专业来划分,特别是教育行政主管部门在推进和引领、激励、评价职业院校内涵建设时,往往以专业来立项。从以往的实践来看,无论是新世纪教学改革试点专业、国家示范高职院校建设重点专业、国家骨干高职院校建设重点专业,还是教育部、财政部提升专业服务产业发展能力项目,甚至正在开展的优势专业、特色专业项目建设等,都将专业作为基本单元。特别是 2006 年启动实施的对高职教育战线影响最为深远的国家示范建设,其本质就是推进工学结合的专业人才培养模式改革,其验收的重点就是 500个重点专业人才培养方案。这充分体现了专业建设对高职院校的重要性。这一点,过去是,现在是,将来应该还是;业内是,业外是,社会上应该也是。

二、专业群是高职教育内涵建设的创新方向

尽管我国现代意义上的职业教育早已存在,有称从 1866 年福建船政学堂开始,已超过 150 周年。但职业教育中专业群的概念一直鲜有提及,国内较早在正式文件中提及的要数 2006 年《教育部、财政部关于实施国家示范性高等职业院校建设计划,加快高等职业教育改革与发展的意见》,它明确提出将在全国 100 所示范性高职院校中建设 500个左右专业群,以促进资源共享,并提高示范性院校对经济社会发展的服务能力。

一般地说,专业群是由一个或多个办学实力强、就业率高的重点建设专业作为核心专业,若干个工程对象相同、技术领域相近或专业学科基础相似的相关专业组成的一个集合。示范建设的实践证明,抓住专业群建设这个基础和重点,就等于抓住了高职院校发展的核心和要领。这是因为:

第一,专业群必须以核心专业为引领或牵引,而核心专业一般都有相应的学科基础、工程对象和技术领域,从而带动核心课程和教学内容的有序组合,促进教育教学质量的提高。第二,一个学校的专业群格局和分布,往往代表着学校办学的服务面向和技术服务领域,彰显了这所学校的产业背景和服务领域,也即显示了学校的特色和特征。第三,从专业转向专业群,有利于把以重点专业为核心,工程对象相同、技术领域相近的各个专业凝聚在一起,有利于资源综合利用,优势互为补充,有利于实现实验、实训、实践场所和技术设备的综合利用与同一专业群内不同专业的相互补充,也可以应对行业、企业生产经营状况变化对人才需求的波动,有利于推动高职学校提高人才培养适用性。第四,抓住了专业群,就凝聚起了以专业带头人为引领的专业教学团队,构建起专业教师队伍建设机制,制订好专业群人才培养方案,从而有利于提高专业建设水平和服务社会能力。正因为如此,无论从资源互补和综合利用,增强发展平衡协调性,还是提高教学组织管理效率看,开展专业群建设都是一种进步。从应对和适应技术进步和行业管理变革的要求看,以重点专业带动专业群建设更有现实和长远意义。

三、产教深度融合催生高水平专业群

十余年来,我国职业教育解放思想、吸收借鉴德国"双元制"等职业教育先进经验,一直在按照"博采众长、融合提炼、以我为主、自成一家、中国特色"的方略积极探索。在此基础上,我们已经形成了坚持产教融合、校企合作、工学结合、知行合一的"四合"新路子。特别是2017年国务院办公厅发布的《关于深化产教融合的若干意见》提出了产业链、人才链、教育链、创新链四链联动的战略格局,提出要构建政府、企业、学校、社会组织四位一体的协同体系,为高等职业院校专业和专业群建设指明了方向。实践已证明,高等职业教育要提高适应市场能力、满足市场急需,提高教育教学的适切性和人才培养质量,必须在构建良好的产教融合体制机制的同时,不断深化校企合作,深入开展工学结合,尤其是要根据不同教育层次与产业协同的分工,在丰富和壮大产业发展中主动作为。具体地说:第一,一定要树立主动对接、主动作为的理念,防止等、靠、要,主动发现有为时间、作为空间,以满足经济社会和产业变革需求和发展;第二,要根据不同专业群,构建有差别的产教融合体制机制;第三,在产教融合中深化教与学的结合、双师教学团队的建设、人才培养与科学研究的协同,争取资源与服务社会的良性运行,从根本上促进人才培养质量和办学治校水平的提高,彰显高等职业教育的不可替代性和旺盛生命力。

(本文原载于《光明日报》2018年7月26日第14版)

学生职业发展应是高职办学水平考量重点

一段时间以来,一个被称作中国特色高水平高职院校和专业建设的计划正受到业内外普遍关注,人们纷纷在琢磨、打听、关注其评审指标。眼下,四年一度的国家级教学成果奖评审活动正在热烈进行中,并成为各院校角逐和争取的焦点。同时,各种关于院校的排行榜或 TOP 几十强之类的说法正吸引着人们的眼球。大家在追逐、争取之余,也不乏评判、质疑之声,甚至有人不得不急切地呼吁,我们不应使高职院校为排名所绑架,而应为高职教育松绑,让高职院校静心办学,让老师潜心教学,让学生潜心问学。这其中,一个十分重要的逻辑是:究竟什么是衡量高职院校办学水平的核心指标?

高等职业教育是我国高等教育的重要类型,也是现代职业教育的一个重要层次。由于具有双重属性和双重身份,故为高等职业教育提供了很好的改革发展和教育创新的空间。无论是新世纪教学改革项目以及后来的示范、骨干院校建设,包括当前正在进行的高等职业教育创新发展行动计划,也包括其中的高等职业教育质量年报,高等职业教育适应社会能力评估,高职院校教学诊断与改进等,都在对高职教育做出评价、评估的同时,给各学校改革创新提供了机遇。可以说,高职人起点较低但不乏创新热情,"4433"人才培养模式有之,"2356"管理方略有之,在改革中确实呈现出一派热闹景象,教师取得了不少成果,学校也得到了不少赞誉。

我们有理由相信,以上这些对打造高职教育特色、提升高职教育人才培养质量水平、提高高职教育社会声誉和影响力一定会产生积极作用。如果没有高职院校的改革热情,没有高职教师的创新探索,高职教育也许仍然是本科的"压缩饼干"。但同时,我们也不禁要问,诸多所谓改革有没有"翻烧饼"现象? 或者不少人是否仍在做"无用功"? 这些改革对人才培养效率和质量、对学生就业创业、对学生职业发展究竟有多大正效应及促进作用,值得检讨和反思。

上述这些问题其实不是出在某个教师、某个学校身上,而是出现在办学治校的总体理念上。曾记否,不少人认为唯有中国的高职才能担负起建设世界一流的使命,或者说中国高职已经率先成为世界一流。更有甚者,把我国的本科教育尤其是潜心清静的教书育人说成故步自封和僵化保守。其实,我们高职人更应该找到自身的定位和价值观。

笔者认为,高职教育兼具高教性和职教性,其基点是高中后教育,其立足点是职业教育。因此,必须坚持以立德树人为根本,以优质就业为导向,以职业发展为引领。要坚持办好专业,注重学业,强化职业,重视就业,鼓励创业,成就事业,形成"六业贯通"

的人才培养体系,并把学生职业发展作为教育教学改革是否成功、办学治校是否高水平的衡量标准。

这是因为:首先,学生职业发展体现了高等职业教育的本质特征,即高中后专业教育、职业教育、就业教育。其次,学生职业发展与在校打下的专业基础、学习的专业知识、练就的专业技能直接正相关,具有紧密联系的特点。再次,学生的职业发展与学生职业素养融为一体,学生职业素养包括职业理想、职业情怀、职业道德、职业良心、职业责任、职业技能等,这些对学生的职业发展起着直接决定作用。最后,学生良好的职业发展集中体现了我们在中国共产党领导下扎根中国大地办学治校,培养中国特色社会主义建设者和接班人的内在要求。

综观新世纪以来我国高等职业教育的改革发展,如果说新世纪教改项目是为了打破"压缩饼干"式办学,国家示范建设是为了探索工学结合的人才培养模式改革,国家骨干高职建设是为了建立校企合作体制机制,优质高职院校建设的重点是深化教育教学改革,提高办学综合水平,那么,中国特色高水平高职院校和专业建设计划的考量重点应该放在学生职业发展上,因为抓住了学生职业发展,就抓住了立德树人的根本任务,就抓住了德才兼备、以德为先的根本要求。

当然,为了更好地实现学生职业发展,就必然要求很好地推进产教融合、校企合作,在产教融合中提高学生对产业、对行业、对企业的适应性;为了更好地推动学生职业发展,就必然要求我们注重职业技能与职业精神培养相结合,把家国情怀、工匠精神、修身养性教育融入其中;为了更好地促进学生职业发展,就要求我们积极探索职业素养培养发展之路,探索形成具有高职特色的职业素养教育之路,把职业素养的课程建设、师资队伍建设、评价体系建设抓细抓实。

当然,把学生职业发展作为核心考量指标,就必须关注在校生的职业养成和最大增值,关注毕业生(校友)的职业生涯发展和校友资源的综合开发利用,抓住了学生高质量职业发展,也就抓住了高水平人才培养体系。这正是习近平总书记所指出的"只有培养出一流的人才,才称得上世界一流大学"的应有之义。

(本文原载于《中国青年报》2018 年 7 月 2 日第 10 版)

建设高水平高职院校 教师是关键

当前,全国范围内的优质高职院校建设正在如火如荼地展开,各地把专业建设和师资队伍建设作为重要内容。但我们仍需自问的是,师资队伍建设究竟有没有找到有效方法? 高薪引进几个"帽子"人才是否实现了我们的政策初衷,即真正促进和推动了专业建设和人才培养? 高职院校教师队伍编制不足,数量不够的问题有没有得到落实? 一直以"双师"素质和"双师"结构教学团队为标志性特征的高职院校教师队伍建设机制究竟有没有形成?

然而,对这些问题的回答恐怕不容乐观。可以这么说,高职院校教师队伍数量不够,保障不力,高水平专业带头人不够强,"双师"素质教师不足依然是共性的问题。

当前,国家正在筹划启动中国特色高水平高职院校和专业建设计划。笔者以为,推动这个计划落"小"落"细"落实的措施当有许多,而加强教师队伍建设是重中之重,当视为关键。

首先,因为教师是办学的主体。也就是说,学校的一切工作最终都得由教师来完成,无论是专业建设、课程建设还是其他各项服务工作,尤其是班主任、辅导员等承担着教书育人、立德树人的具体工作,教师队伍的数量、素养尤其是教师的政治意识、政治觉悟、政治水平,世界观、人生观、价值观、责任心、能力和水平,直接影响和决定着学校办学治校和人才培养。

其次,因为当前教师队伍建设还存在许多明显不足。有些高职院校教师进入事业编制没有保障,相当比例教师还处在人事代理、劳务派遣的行列,有些高职院校教师待遇偏低,更有把教师节当成教师教育节而不是尊师重教节,许多问题需要切实加以解决。

再次,因为教师队伍自身存在一些问题。学历层次偏低,"双师"素养缺乏,"双师"结构教学团队没有有效形成等问题仍比较突出。教师开展课程建设动力不足、能力不够的现象也比较普遍。对此需要从政策和机制上加以解决。

加强教师队伍建设,必须落实中共中央、国务院工作总要求。《中共中央、国务院关于全面深化新时代教师队伍建设改革的意见》明确提出,要提高思想政治素质,弘扬高尚师德,加强教师党支部和党员队伍建设,并提出要在职业院校中建设一支高素质双师型的教师队伍,要在高等教育中建设一支高素质创新型教师队伍。对此,我们必须充分结合高等职业高教和职教的双重性要求,认真践行,狠抓落实。

加强高职院校教师队伍建设,必须在各学校内部营造良好的氛围。教师担任着教育人、培养人、引导人和塑造人的工作,必须有一个愉悦的身心和良好的环境。教师具有岗位和职业的特殊要求。

因此,学校党委一定要把教师队伍建设纳入重要大战略,要尊重教师个性,倚重教师德才,注重教师发展,要有爱的厚度、育的强度、引的力度、用的宽度、留的气度,真正做到尊重教师从学校开始,激励教师从机制开始,有效建立起"青年教师培养与成长的金翅膀机制,中年教师稳定发展的金台阶机制,老年教师幸福安康的金降落伞机制"。

加强高职院校教师队伍建设,必须在"双师型"和"双师"结构两方面双管齐下。要按照专兼结合、双师组合、机制融合的要求着力打造"双师"结构教学团队。与此同时,要创造各种可能有效的路径,推动在编在岗教师真正成为"双师型"教师,在挂职实践、轮岗培养、人员进出等方面畅通渠道,形成良性循环。

加强高职院校教师队伍建设,必须着力在专业带头人培养上下功夫。办好高等职业教育,专业和专业群建设是基石,而引领专业和专业群建设方向,形成高水平人才培养体系和质量建设的关键是专业带头人,高职院校必须用大投入、花大力气、筑大工程在培养高素质高水平专业带头人上下功夫,使专业带头人成为政治上最为鲜红、社会上最为尊重、经济上最为富裕的群体,推动和促进专业建设和人才培养水平的提升,推进高职教育高质量可持续发展。

(本文原载于《中国青年报》2018 年 7 月 2 日第 10 版)

在"双高计划"建设中加强党的领导

中国特色高水平高职学校和专业建设计划作为推进中国教育现代化的重要决策，已经写入《中国教育现代化2035》和《国家职业教育改革实施方案》，教育部、财政部《关于实施中国特色高水平高职学校和专业建设计划的意见》也正式发布。作为党中央、国务院的重大决策，必将对我国高等职业教育发展产生积极而重大的影响，为中国特色、世界水平的高职学校建设，为中国特色现代职业教育体系建设发挥引领作用。如何在"双高计划"建设进程中加强党的领导，是我们必须回答好的重大课题。

一、加强党的领导是"双高计划"建设的重大政治前提

党的十九大报告强调，中国共产党领导是中国特色社会主义最本质的特征和中国特色社会主义制度的最大优势。《中国共产党章程》规定："党政军民学，东西南北中，党是领导一切的。"上述论述既明确了在中国特色社会主义建设进程中坚持和加强党的领导的必要性和重要性，也明确了党的领导是全方位的，是全面的领导，覆盖经济、政治、文化、社会、生态等各个领域。党的领导是全过程的和全方位的，既包括党政机关、企事业单位以及各种社会团体，更包括制定法律法规和规章制度及治国理政的各方面和全过程，主要体现在总揽全局、协调各方，以此来落实强化"四个意识"、坚定"四个自信"、切实做到"两个维护"，始终与以习近平同志为核心的党中央保持高度一致。坚持在中国共产党领导下，扎根中国大地办学，培养中国特色社会主义建设者和接班人的鲜明立场，确保社会主义办学方向不动摇不偏航。

二、加强党对"双高计划"建设的领导必须聚力立德树人

一要深入推进习近平新时代中国特色社会主义思想进教材、进课堂、进头脑；培育和践行社会主义核心价值观，努力构建起全员、全过程、全方位育人体系，以价值引领为前提，抓好知识传授、能力培养，切实把立德树人根本任务落到实处。

二要切实办好思想政治理论课。认真贯彻全国高校思想政治工作会议精神和习近平总书记在学校思想政治理论课教师座谈会上的重要讲话精神，把思想政治理论课当作立德树人的关键课程来抓，努力按照"六项要求"建设高水平师资队伍，按"八个相统一"建设高质量思想政治理论课程，同时抓好课程思政的落实，各类课程与思想政治理论课同向同行，形成协同效应。

三要明晰高职学校服务国家战略和区域经济社会发展的定位。坚持高水平高职学校为人民服务、为中国共产党治国理政服务、为改革开放和社会主义现代化建设服务、为中国特色社会主义服务的方针，着力为区域经济社会发展培养高素质技术技能人才，发展高质量培训，服务区域经济和中小微企业转型升级，同时致力于服务制造强国建设、实体经济振兴、创新驱动发展、脱贫攻坚、乡村振兴、军民融合、区域协调发展等重大战略，以及"一带一路"倡议。

三、培养造就"双带头人"是"双高计划"建设中党建工作重点

"双高计划"采用高水平学校和高水平专业群相结合的"双高"模式。高水平专业群建设是"双高计划"的重要内容，并为高水平学校建设奠定基础。因此，高素质高水平专业带头人队伍建设将成为重中之重。

一要充分认识高素质高水平专业带头人建设的重要性。专业带头人是专业人才培养方案的制订者和实施者，往往也是专业重要课程的担纲者，更是专业教育的组织者、专业文化的培育者，还是专业学生就业和职业发展的引领者。因此，专业带头人影响乃至决定着专业建设的方向和内涵，专业带头人的地位和影响十分重要。

二要切实贯彻"双带头人"队伍建设工作总要求。专业带头人的重要性决定了"双带头人"培养的必要性。中共教育部党组《关于高校教师党支部书记"双带头人"培育工程的实施意见》明确要求在2020年底前基本实现"双带头人"全覆盖，使教师党支部书记普遍成为"双带头人"，在履行党的建设和专业建设双重责任中彰显"头雁效应"，这应当是"双高计划"对高水平专业带头人党建工作的基本要求。

三要培养和造就一批政治强、业务精的高水平专业带头人。要按照明确选任标准、规范选拔方式、聚焦重点任务、着力培养培育、加强示范引领的工作要求，通过高水平专业群建设，在高职战线培育和打造一大批德技双馨的"双带头人"，助推高职教育高质量发展。

四、把加强党的领导贯穿"双高计划"建设全过程

一要在"双高计划"项目方案设计时充分体现党的领导，各级教育行政部门和高职学校要认真学习习近平总书记关于教育工作的重要论述，将其作为设计和制订项目建设计划和任务的根本遵循，把党的领导和党的建设作为项目建设的重要内容，以一流党建引领高水平建设。

二要切实做到党建工作与项目建设同部署同落实。在项目实施过程中，要突出党的领导作用，坚持党的建设和专业建设、教育教学改革一起布置、一同落实，真正把党委领导作用、党支部战斗堡垒作用和党员先锋模范作用发挥在建设计划和项目实施全过程。根据工作需要，相关重大项目组可以成立临时党组织。

三要把党建工作成效作为衡量计划和项目成效的重要内容，考核评价"双高计

划"，必须把完成党建工作的重点任务、党组织领导作用的发挥作为重要内容，真正做到党建和业务两手抓、两手硬，并落实好建设过程中的党风廉政建设责任制，确保"双高计划"建设和学校各项工作沿着正确方向行稳致远。

（本文原载于《中国教育报》2014 年 4 月 30 日第 9 版）

中国特色高水平:新时代高职教育的美丽画卷

随着"双一流"建设进入全面施工期,地方新建本科高校向应用型转变的持续深化,作为具有高等教育和职业教育双重属性的高等职业院校的发展被提上了新的议程。党的十九大以后,中国特色社会主义进入新时代,为更好解决人民日益增长的美好生活需要和不平衡不充分的发展之间的矛盾,国家采取了更为扎实有力的措施来推进职业教育改革发展,实施高等职业教育高质量发展攻坚战,其中一个被称为中国特色高水平高职院校和专业建设计划呼之欲出,备受关注,值得期待。

中国特色高水平高职院校和专业建设计划是什么?其意义何在?我的理解是:

第一,从政治角度看,它是新时代高职教育发展的时代答卷。中国特色社会主义已进入新时代,高等职业教育须适应新时代、新技术、新经济的要求。回答好高职教育站在新的历史起点上,在中国共产党领导下,扎根中国大地,服务国家战略的时代之问而交出的时代答卷,从而更好地推动高职教育,落实立德树人根本任务,为实现"两个一百年"的中国梦和中华民族的伟大复兴提供坚实的人才保障。

第二,从教育角度看,它是基于类型特征的高等职业教育高质量发展之道。众所周知,高等职业教育是高等教育的一个重要类型。近年来的政策表明,国家正鼓励各级各类学校安于其位、办出特色、办出水平、争创一流。作为中国高等教育的"半壁江山",高等职业教育理应培养并打造一批高水平的高职院校,与北大、清华等一流大学一起走向世界,成为中国与国际合作交流、走向世界的重要名片。

第三,从社会角度看,它是基于全面建成小康社会的迫切需求。决胜全面建成小康社会,进而向富强、民主、文明、和谐、美丽的社会主义现代化强国迈进,迫切需要解决好发展不平衡不充分的问题。而高等职业教育以培养新一代大学生为基本使命,以农村地区、贫困地区和县以下家庭子女大学梦为实现路径,对推进社会结构优化、促进和谐社会建设意义重大,建设一批高水平高职院校的社会意义更为突出。

第四,从经济角度看,它以适应产业发展需要,面向市场、服务发展、促进就业为目标。高等职业教育对经济社会发展具有直接促进作用。具有跨界属性的职业教育,致力于为社会主义生产、建设、管理、服务第一线培养高素质技术技能人才,直接成为我国经济建设的主力军,为推动经济转型升级和可持续发展提供建设力量。

第五,从高职自身看,它是基于事物发展规律和内涵发展的必然要求。我国高职教育从无到有、从小到大,目前院校数已达 1388 所,在校生 1100 多万人,如何提升质量、丰富内容、提高水平,需要有一个明确的方向和抓手,而中国特色高水平高职院校建设以正确的政治方向为引领,以人才培养和技术服务为支点,以融合化、信息化、国际化为抓手,必将引领我国高职教育迈向更高水平。

中国特色高水平高职院校怎么建?应该建成什么样?教育部职成司司长王继平同志有一个形象的说法:业内都认可,地方离不开,国际能交流。专家学者从师资队伍、专业建设、技术服务、学生职业发展、学校治理等方面出发有诸多论述,近一年来报纸杂志不乏宏论或快评,相信读者也有所思有所想。本专题中,武汉职业技术学院教授李洪渠、浙江金融职业学院教授郭福春、宁波职业技术学院教授张慧波以及无锡商业职业技术学院教授杨建新的文章围绕高水平高职院校建设主题,从不同角度进行了论述,相信一定会给大家带来新的思想上的启发和工作上的启示。

(来源:《中国职业技术教育》2019 年第 5 期)

"双高学校"应淡化身份强调责任

随着中国特色高水平高职学校和专业建设计划（简称"双高计划"）建设名单的正式公布，业内外热盼已久的"双高计划"总算尘埃落定。疫情过后，相信各个学校将会热热闹闹、高规格地举行启动仪式。

"双高计划"建设名单落地，可谓几家欢喜几家愁。有位从事职业教育工作的高职学校领导非常遗憾地对笔者说：辛辛苦苦半辈子，一纸公示让我难受下半辈子（这所高职学校没入选"双高计划"建设名单——编辑注）。又一位转岗不久的高职学校领导对笔者说："我这人运气还是不错，换了单位且得了'双高学校'校长的好名。"

作为一名在业内工作已久的高职人员，笔者对此最为深刻的思考是，究竟什么是"双高计划"的指挥棒，是政绩，是荣耀，是标签，是责任，是担当，是使命？

一、强化责任意识，淡化过度的身份

"双高计划"建设名单一经公布，不少高职学校校长的名片上就加了一行：中国特色高水平高职学校；更有甚者进一步强调：A 档。这种标法符合国人的普遍心理，本身并没有错；但进一步深入的思考便是，"双高计划"究竟是责任还是身份，如果把它当作身份，甚至连开会排座次也要以此排队排序，那是不是身份意识过大了？殊不知，充其量现在还不过是一个立项建设单位而已，有道是："革命尚未成功，同志仍须努力。"

如果把立项建设当作建设结果，而过多强化了身份，把地位本来就不高的高职学校又分成三六九等，那岂更不利于带动职业教育高质量可持续发展，尤其是对于大量边远地区、贫困地区的高职学校，更是难以抓到发展机遇了？

笔者认为，"双高计划"首先要强化建设单位的责任，首要的是强化党委书记和校长的责任，强化责任才能推动建设、推进改革、促进发展，才能引领改革、支撑发展，才能使中国特色、世界水平的使命落到实处。

二、强化使命意识，淡化过分的优惠

高职"双高计划"建设项目作为党中央、国务院的重大战略决策，作为中央财政拉动的重大职业教育项目，在项目实施过程中给予必要的资金投入，出台相应的政策配套措施，是必要的。因为"双高计划"明确要求要建设中国高职教育的"样板房"，要建设中国特色、世界水平的高职教育，要探索形成国际先进水平的高职教育政策、制度和标准,形成中国特色职业教育发展模式。也就是说,为改革探索、创新发展,必须要有一定的政策倾斜和政策优惠。

但是,我们必须认识到,如果过度地依靠各种政策优惠,过于倾斜的专项资金,既无助于建设单位强化使命担当、创新思变,更不符合财政资金使用的公平和绩效原则。

因此,我们必须提倡建设单位立足现有条件,积极探索,大胆创新,锐意改革,尤其是在推进产教融合、校企合作上下功夫,在提高技术创新和社会服务能力上见成效,在教书育人、因材施教上有作为。

三、强化绩效意识,淡化过细的投入

高职教育办学治校是一项整体性工作。作为现代职业教育体系的重要环节,其核心任务是面向市场、服务发展、促进就业,而作为高等教育的一个类型,也承担着人才培养、科学研究、社会服务、文化传承与创新及国际交流合作的职能。

学校教育教学改革、人才培养及办学治校是一个整体,教师队伍建设、人才培养质量、"三教"改革等都是相互关联的,"双高计划"文件确定的 10 项改革发展任务之间也带有综合性。正因为如此,我们虽然需要编制预算、细化方案,但一定要有综合绩效意识,防止过分碎片化和凌乱化。更何况,"双高计划"与平时日常工作紧密连在一起,有时也难以截然区分。因此,过细的管理划分反而会把简单问题复杂化。

当然,作为一个重大建设项目,赋予"双高计划"建设学校更大的自主权也许更为重要,比如在机构设置调整上的自主权,在专业设置和调整上的自主权,在教师专业技术评聘上的自主权,包括财务资金使用,绩效分配奖励上的自主权等更加重要。也许自主权可能是更大的生命力、创造力和创新力,也是中国特色高职教育的发展原动力。

(本文原载于《中国青年报》2020 年 5 月 11 日第 6 版)

附　录

教育部、财政部关于实施中国特色高水平高职学校和专业建设计划的意见

教职成〔2019〕5 号

各省、自治区、直辖市教育厅(教委)、财政厅(局),新疆生产建设兵团教育局、财政局:

为深入贯彻落实全国教育大会精神,落实《国家职业教育改革实施方案》,集中力量建设一批引领改革、支撑发展、中国特色、世界水平的高职学校和专业群,带动职业教育持续深化改革,强化内涵建设,实现高质量发展,现就实施中国特色高水平高职学校和专业建设计划(以下简称"双高计划")提出如下意见。

一、总体要求

(一)指导思想

以习近平新时代中国特色社会主义思想为指导,牢固树立新发展理念,服务建设现代化经济体系和更高质量更充分就业需要,扎根中国、放眼世界、面向未来,强力推进产教融合、校企合作,聚焦高端产业和产业高端,重点支持一批优质高职学校和专业群率先发展,引领职业教育服务国家战略、融入区域发展、促进产业升级,为建设教育强国、人才强国做出重要贡献。

(二)基本原则

——坚持中国特色。扎根中国大地,全面贯彻党的教育方针,坚定社会主义办学方向,完善职业教育和培训体系,健全德技并修、工学结合的育人机制,服务新时代经济高质量发展,为中国产业走向全球产业中高端提供高素质技术技能人才支撑。

——坚持产教融合。创新高等职业教育与产业融合发展的运行模式,精准对接区域人才需求,提升高职学校服务产业转型升级的能力,推动高职学校和行业企业形成命运共同体,为加快建设现代产业体系,增强产业核心竞争力提供有力支撑。

——坚持扶优扶强。质量为先、以点带面,兼顾区域和产业布局,支持基础条件优良、改革成效突出、办学特色鲜明的高职学校和专业群率先发展,积累可复制、可借鉴的改革经验和模式,发挥示范引领作用。

——坚持持续推进。按周期、分阶段推进建设,实行动态管理、过程监测、有进有出、优胜劣汰,完善持续支持高水平高职学校和专业群建设的机制,实现高质量发展。

——坚持省级统筹。发挥地方支持职业教育改革发展的积极性和主动性,加大资金和政策保障力度。中央财政以奖补的形式通过相关转移支付给予引导支持。多渠道扩大资源供给,构建政府行业企业学校协同推进职业教育发展新机制。

(三)总体目标

围绕办好新时代职业教育的新要求,集中力量建设 50 所左右高水平高职学校和 150 个左右高水平专业群,打造技术技能人才培养高地和技术技能创新服务平台,支撑国家重点产业、区域支柱产业发展,引领新时代职业教育实现高质量发展。

到 2022 年,列入计划的高职学校和专业群办学水平、服务能力、国际影响显著提升,为职业教育改革发展和培养千万计的高素质技术技能人才发挥示范引领作用,使职业教育成为支撑国家战略和地方经济社会发展的重要力量。形成一批有效支撑职业教育高质量发展的政策、制度、标准。

到 2035 年,一批高职学校和专业群达到国际先进水平,引领职业教育实现现代化,为促进经济社会发展和提高国家竞争力提供优质人才资源支撑。职业教育高质量发展的政策、制度、标准体系更加成熟完善,形成中国特色职业教育发展模式。

二、改革发展任务

(四)加强党的建设

深入推进习近平新时代中国特色社会主义思想进教材进课堂进头脑,大力开展理想信念教育和社会主义核心价值观教育,构建全员全过程全方位育人的思想政治工作格局,实现职业技能和职业精神培养高度融合。落实党委领导下的校长负责制,充分发挥党组织在学校的领导核心和政治核心作用,牢牢把握意识形态主动权,引导广大师生树牢"四个意识"、坚定"四个自信"、坚决做到"两个维护"。加强基层党组织建设,将党的建设与学校事业发展同部署、同落实、同考评,有效发挥基层党组织战斗堡垒作用和共产党员先锋模范作用,带动学校工会、共青团等群团组织和学生会组织建设,为学校改革发展提供坚强组织保证。

(五)打造技术技能人才培养高地

落实立德树人根本任务,将社会主义核心价值观教育贯穿技术技能人才培养全过程。坚持工学结合、知行合一,加强学生认知能力、合作能力、创新能力和职业能力培养。加强劳动教育,以劳树德、以劳增智、以劳强体、以劳育美。培育和传承工匠精神,引导学生养成严谨专注、敬业专业、精益求精和追求卓越的品质。深化复合型技术技能人才培养培训模式改革,率先开展"学历证书+若干职业技能等级证书"制度试点。在全面提高质量的基础上,着力培养一批产业急需、技艺高超的高素质技术技能人才。

(六)打造技术技能创新服务平台

对接科技发展趋势,以技术技能积累为纽带,建设集人才培养、团队建设、技术服务于一体,资源共享、机制灵活、产出高效的人才培养与技术创新平台,促进创新成果与核心技术产业化,重点服务企业特别是中小微企业的技术研发和产品升级。加强与地方政府、产业园区、行业深度合作,建设兼具科技攻关、智库咨询、英才培养、创新创业功能,体现学校特色的产教融合平台,服务区域发展和产业转型升级。进一步提高专业群集聚度和配套供给服务能力,与行业领先企业深度合作,建设兼具产品研发、工艺开发、技术推广、大师培育功能的技术技能平台,服务重点行业和支柱产业发展。

(七)打造高水平专业群

面向区域或行业重点产业,依托优势特色专业,健全对接产业、动态调整、自我完善的专业群建设发展机制,促进专业资源整合和结构优化,发挥专业群的集聚效应和服务功能,实现人才培养供给侧和产业需求侧结构要素全方位融合。校企共同研制科学规范、国际可借鉴的人才培养方案和课程标准,将新技术、新工艺、新规范等产业先进元素纳入教学标准和教学内容,建设开放共享的专业群课程教学资源和实践教学基地。组建高水平、结构化教师教学创新团队,探索教师分工协作的模块化教学模式,深化教材与教法改革,推动课堂革命。建立健全多方协同的专业群可持续发展保障机制。

(八)打造高水平双师队伍

以"四有"标准打造数量充足、专兼结合、结构合理的高水平双师队伍。培育引进一批行业有权威、国际有影响的专业群建设带头人,着力培养一批能够改进企业产品工艺、解决生产技术难题的骨干教师,合力培育一批具有绝技绝艺的技术技能大师。聘请行业企业领军人才、大师名匠兼职任教。建立健全教师职前培养、入职培训和在职研修体系。建设教师发展中心,提升教师教学和科研能力,促进教师职业发展。创新教师评价机制,建立以业绩贡献和能力水平为导向、以目标管理和目标考核为重点的绩效工资动态调整机制,实现多劳多得、优绩优酬。

(九)提升校企合作水平

与行业领先企业在人才培养、技术创新、社会服务、就业创业、文化传承等方面深度合作,形成校企命运共同体。把握全球产业发展、国内产业升级的新机遇,主动参与供需对接和流程再造,推动专业建设与产业发展相适应,实质推进协同育人。施行校企联合培养、双主体育人的中国特色现代学徒制。推行面向企业真实生产环境的任务式培养模式。牵头组建职业教育集团,推进实体化运作,实现资源共建共享。吸引企业联合建设产业学院和企业工作室、实验室、创新基地、实践基地。

(十)提升服务发展水平

培养适应高端产业和产业高端需要的高素质技术技能人才,服务中国产业走向全球产业中高端。以应用技术解决生产生活中的实际问题,切实提高生产效率、产品质量和服务品质。加强新产品开发和技术成果的推广转化,推动中小企业的技术研发和产品升级,促进民族传统工艺、民间技艺传承创新。面向脱贫攻坚主战场,积极吸引贫困地区学生到"双高计划"学校就学。服务乡村振兴战略,广泛开展面向农业农村的职业教育和培训。面向区域经济社会发展急需紧缺领域,大力开展高技能人才培训。积极主动开展职工继续教育,拓展社区教育和终身学习服务。

(十一)提升学校治理水平

健全内部治理体系,完善以章程为核心的现代职业学校制度体系,形成学校自主管理、自我约束的体制机制,推进治理能力现代化。健全学校、行业、企业、社区等共同参与的学校理事会或董事会,发挥咨询、协商、议事和监督作用。设立校级学术委员会,统筹行使学术事务的决策、审议、评定和咨询等职权。设立校级专业建设委员会和教材选用委员会,指导和促进专业建设和教学改革。发挥教职工代表大会作用,审议学校重大问题。优化内部治理结构,扩大二级院系管理自主权,发展跨专业教学组织。

(十二)提升信息化水平

加快智慧校园建设,促进信息技术和智能技术深度融入教育教学和管理服务全过程,改进教学、优化管理、提升绩效。消除信息孤岛,保证信息安全,综合运用大数据、人工智能等手段推进学校管理方式变革,提升管理效能和水平。以"信息技术+"升级传统专业,及时发展数字经济催生的新兴专业。适应"互联网+职业教育"需求,推进数字资源、优秀师资、教育数据共建共享,助力教育服务供给模式升级。提升师生信息素养,建设智慧课堂和虚拟工厂,广泛应用线上线下混合教学,促进自主、泛在、个性化学习。

(十三)提升国际化水平

加强与职业教育发达国家的交流合作,引进优质职业教育资源,参与制订职业教育国际标准。开发国际通用的专业标准和课程体系,推出一批具有国际影响的高质量专业标准、课程标准、教学资源,打造中国职业教育国际品牌。积极参与"一带一路"建设和国际产能合作,培养国际化技术技能人才,促进中外人文交流。探索援助发展中国家职业教育的渠道和模式。开展国际职业教育服务,承接"走出去"中资企业海外员工教育培训,建设一批鲁班工坊,推动技术技能人才本土化。

三、组织实施

(十四)建立协同推进机制

国家有关部门负责宏观布局、统筹协调、经费管理等顶层设计,围绕经济社会发展和国家战略需要,适时调整建设重点,成立项目建设咨询专家委员会,为重大政策、总体方案、审核立项、监督评价等提供咨询和支撑。各地要加强政策支持和经费保障,动员各方力量支持项目建设,对接区域经济社会发展需求,构建以"双高计划"学校为引领、区域内高职学校协调发展的格局。"双高计划"学校要深化改革创新,聚焦建设任务,科学编制建设方案和任务书,健全责任机制,扎实推进建设,确保工作成效。

(十五)加强项目实施管理

"双高计划"每五年一个支持周期,2019 年启动第一轮建设。制定项目遴选管理办法,明确遴选条件和程序,公开申请、公平竞争、公正认定。项目遴选坚持质量为先、改革导向,以学校、专业的客观发展水平为基础,对职业教育发展环境好、重点工作推进有力、改革成效明显省(区、市)予以倾斜支持。制定项目绩效评价办法,建立信息采集与绩效管理系统,实行年度评价项目建设绩效,中期调整项目经费支持额度;依据周期绩效评价结果,调整项目建设单位。发挥第三方评价作用,定期跟踪评价。建立信息公开公示网络平台,接受社会监督。

(十六)健全多元投入机制

各地新增教育经费向职业教育倾斜,在完善高职生均拨款制度、逐步提高生均拨款水平的基础上,对"双高计划"学校给予重点支持,中央财政通过现代职业教育质量提升计划专项资金对"双高计划"给予奖补支持,发挥引导作用。有关部门和行业企业以共建、共培等方式积极参与项目建设。项目学校以服务求发展,积极筹集社会资源,增强自我造血功能。

(十七)优化改革发展环境

各地要结合区域功能、产业特点探索差别化的职业教育发展路径,建立健全产教对接机制,促进人才培养与产业需求有机衔接。加大"双高计划"学校的支持力度,在领导班子、核定教师编制、高级教师岗位比例、绩效工资总量等方面按规定给予政策倾斜。深入推进"放管服"改革,在专业设置、内设机构及岗位设置、进人用人、经费使用管理上进一步扩大学校办学自主权。建立健全改革创新容错纠错机制,鼓励"双高计划"学校大胆试、大胆闯,激发和保护干部队伍敢于担当、干事创业的积极性、主动性、创造性。

教育部　财政部

2019 年 3 月 29 日

教育部、财政部关于印发《中国特色高水平高职学校和专业建设计划项目遴选管理办法(试行)》的通知

教职成〔2019〕8号

各省、自治区、直辖市教育厅(教委)、财政厅(局),新疆生产建设兵团教育局、财政局:

根据《教育部 财政部关于实施中国特色高水平高职学校和专业建设计划的意见》(教职成〔2019〕5号),教育部、财政部研究制定了《中国特色高水平高职学校和专业建设计划项目遴选管理办法(试行)》,现印发你们,请遵照执行。

教育部 财政部

2019 年 4 月 16 日

中国特色高水平高职学校和专业建设计划项目遴选管理办法(试行)

第一章 总 则

第一条 为加强中国特色高水平高职学校和专业建设计划(简称"双高计划")项目管理,保证"双高计划"顺利实施,根据《教育部 财政部关于实施中国特色高水平高职学校和专业建设计划的意见》(教职成〔2019〕5号),制定本办法。

第二条 教育部、财政部(简称两部)联合组织管理,地方(包括项目学校举办方,下同)统筹推进项目建设,学校具体实施。

第三条 项目资金包括中央财政资金、地方财政资金和学校自筹资金。

第四条 "双高计划"每五年一个支持周期,2019年启动第一轮建设。实行总量控制、动态管理,年度评价、期满考核,有进有出、优胜劣汰。重点支持建设50所左右高水平高职学校和150个左右高水平专业群。

第二章 职责分工

第五条 两部负责总体规划、协调推进等重大事项的决策,主要职责包括:

(一)项目设计、审核立项、过程监管、绩效管理;

(二)规划阶段重点任务,统筹安排中央财政资金;

(三)组建项目建设咨询专家委员会(简称"专委会");

（四）审定项目遴选和考核标准；

（五）指导省级教育和财政部门管理区域绩效；

（六）委托第三方评价项目绩效。

教育部职业教育与成人教育司承担"双高计划"日常工作。

第六条　专委会由有关行业主管部门、学校、科研机构、行业企业专家组成，受两部委托主要承担以下工作：

（一）研制"双高计划"建设单位遴选标准和考核标准；

（二）评审建设方案和任务书；

（三）为项目建设提供咨询服务。

第七条　省级教育和财政部门主要履行以下职责：

（一）根据遴选条件，开展项目预审和推荐工作；

（二）指导监督本区域项目建设，协调解决有关问题；

（三）落实项目学校的相关支持政策和建设资金，并对项目实施监管。

第八条　项目学校举办方主要履行以下职责：

（一）发挥办学主体作用，在政策、资金、资源等方面提供支持，营造良好的项目建设环境；

（二）指导项目建设工作，协调解决有关问题。

第九条　项目学校主要履行以下职责：

（一）编制报送项目建设方案和任务书；

（二）按照批复的建设方案和任务书开展项目建设；

（三）确保项目资金使用规范、安全、高效；

（四）完成项目绩效目标，按要求报送项目建设报告，并接受监控、审计和评价。

第三章　项目遴选

第十条　"双高计划"遴选坚持质量为先、改革导向、扶优扶强，面向独立设置的专科高职学校（包括社会力量举办的专科高职学校），分高水平学校和高水平专业群两类布局。在高职学校年生均财政拨款水平达到国家统一要求且逐年增长的前提下，对职业教育发展环境好、重点工作推进有力、改革成效明显、"双高计划"政策资金保障力度大的省份予以倾斜支持。

第十一条　学校须具备以下基本条件：

（一）学校办学条件高于专科高职学校设置标准，数字校园基础设施高于《职业院校数字校园建设规范》标准。

（二）学校人才培养和治理水平高，在产教融合、校企合作方面成效显著，对区域发展贡献度高，已取得以下工作成效：被确定为《高等职业教育创新发展行动计划（2015—2018 年）》省级及以上优质高职学校建设单位；已制定学校章程并经省级备案，设有理事会或董事会机构，成立校级学术委员会，内部质量保证体系健全；财务管理规范，内部控制制度健全；牵头组建实体化运行的职业教育集团，合作企业对学校支持投入力度大;成立应用技术协同创新中心、技能大师工作室;非学历培训人数不低于全日制在校生数;近三年招生计划完成率不低于90%,毕业生半年后就业率不低于95%;配合"走出去"企业开展员工教育培训、有教育部备案的中外合作办学项目或招收学历教育留学生。

(三)学校坚持职业教育办学定位和方向,干事创业的积极性、主动性、创造性高,教育教学改革、校企合作和专业建设基础好,人才培养质量和师资队伍水平高,学生就业水平高,社会支持度高。

(四)学校在以下9项标志性成果中有不少于5项:

1.近两届获得过国家级教学成果奖励(第一完成单位);

2.主持国家级职业教育专业教学资源库立项项目且应用效果好;

3.承担国家级教育教学改革试点且成效明显(仅包括现代学徒制试点、"三全育人"综合改革试点、教学工作诊断与改进工作试点、定向培养士官试点);

4.有国家级重点专业(仅包括国家示范、骨干高职学校支持的重点专业);

5.近五年学校就业工作被评为全国就业创业典型(仅包括全国毕业生就业典型经验高校、创新创业典型经验高校、创新创业教育改革示范高校);

6.近五年学生在国家级及以上竞赛中获得过奖励(仅包括世界技能大赛、全国职业院校技能大赛、中国"互联网+"大学生创新创业大赛、"挑战杯"全国大学生课外学术科技作品竞赛和中国大学生创业计划竞赛);

7.教师获得过国家级奖励(仅包括"万人计划"教学名师、全国高校黄大年式团队、全国职业院校教学能力比赛获奖);

8.建立校级竞赛制度,近五年承办过全国职业院校技能大赛;

9.建立校级质量年报制度,近五年连续发布《高等职业院校质量年度报告》且未有负面行为被通报。

在满足以上条件的基础上,学校近五年在招生、财务、实习、学生管理等方面未出现过重大违纪违规行为。学校未列入本省升本规划。

第十二条 专业群须具备以下基本条件:

(一)专业群定位准确,对接国家和区域主导产业、支柱产业和战略性新兴产业重点领域。专业群组建逻辑清晰,群内专业教学资源共享度、就业相关度较高,形成优势互补、协同发展的建设机制。专业特色鲜明,行业优势明显,有较强社会影响力。

(二)专业群有高水平专业带头人和教学创新团队,校外兼职教师素质优良。实践教学基地设施先进、管理规范,基地建设与实践教学项目设计相适应、相配套。校企共同设计科学规范的专业群课程体系,反映行业领域的新技术、新工艺、新规范,信息技术深度融入教育教学,线上线下课程资源丰富。

(三)专业群生源质量好,保持一定办学规模。建立毕业生就业跟踪调查机制,学生就业对口率、用人单位满意度、学生就业满意度高。与行业企业深入合作开展科技研发应用,科研项目、专利数量多。

第十三条 项目遴选包括学校申报、省级推荐、遴选确定等3个环节。

（一）学校申报。满足第十条、第十一条、第十二条的学校自愿申报，按要求向省级教育部门提交申报材料（包括申报书、学校总体建设方案、不超过两个专业群的建设方案、真实性声明、承诺书等）。

（二）省级推荐。省级教育部门会同财政部门依据基本条件择优遴选，学校申报材料及遴选结果公示无异议后，出具推荐函（包括推荐院校顺序名单、真实性声明等），与推荐学校申报材料一并报两部。

（三）遴选确定。两部委托专委会依次开展高水平学校、高水平专业群项目遴选。专委会根据高水平学校和专业群遴选标准，分别对学校和专业群评价赋分。依据学校和两个专业群赋分综合排序，确定高水平学校推荐单位，推荐结果分为三档，A 档 10所、B 档 20 所、C 档 20 所左右；依据学校和 1 个专业群赋分综合排序，考虑产业布局和专业群布点，确定高水平专业群推荐单位，推荐结果分为三档，A 档 30 所、B 档 60所、C 档 60 所左右。两部对推荐结果进行审核、公示并公布结果。根据年度资金安排，中央财政通过相关转移支付引导支持建设一批，地方和学校自筹资金建设一批。

第四章 项目实施

第十四条 项目学校根据建设任务和预算安排，确定绩效目标，编制项目任务书。省级教育、财政部门核准后报两部审定。

第十五条 项目学校根据审定意见修订完善建设方案和任务书，报两部备案并启动建设。

第十六条 项目学校按照备案的建设方案和任务书实施建设，原则上不作调整。建设过程中确需调整，须经省级教育、财政部门核准并报两部备案。

第十七条 每个支持周期结束，项目学校按要求提交验收报告，经省级验收后报两部复核。复核结果予以公布，并作为下一周期遴选的重要依据。

第五章 项目管理

第十八条 制定绩效评价办法，全面实施预算绩效管理、落实管理责任、改进管理方式，提高经费使用绩效。

第十九条 绩效评价结果作为调整项目资金支持额度的重要依据。对资金筹措有力、建设成效显著的项目，加大支持力度；对资金筹措不力、实施进展缓慢、建设实效有限的项目，提出警告并酌减资金支持额度。出现重大问题，经整改仍无改善的项目，中止项目建设。中止建设的项目学校不得再次申请"双高计划"项目。

第二十条 有下列行为视其情节轻重给予警告、限期整改、中止项目等处理：

（一）编报虚假预算，套取国家财政资金；

（二）项目执行不力，未开展实质性建设；

（三）擅自调整批复的建设方案和任务书内容；

（四）项目经费使用不符合国家财务制度规定；

（五）其他违反国家法律法规和本办法规定的行为。

第六章　附　则

第二十一条 本办法自发布之日起施行。各地应根据本办法制订实施细则。

第二十二条 本办法由两部负责解释和修订。

教育部办公厅、财政部办公厅关于开展中国特色高水平高职学校和专业建设计划项目申报的通知

教职成厅函〔2019〕9 号

各省、自治区、直辖市教育厅（教委）、财政厅（局），新疆生产建设兵团教育局、财政局：

为贯彻落实《国家职业教育改革实施方案》，根据《教育部 财政部关于实施中国特色高水平高职学校和专业建设计划的意见》（教职成〔2019〕5 号）和《中国特色高水平高职学校和专业建设计划遴选管理办法（试行）》（以下简称《遴选管理办法》），现就项目申报有关事项通知如下。

一、范围和数量

围绕国家重大战略和区域支柱产业，首轮立项建设 50 所左右高水平高职学校和 150 个左右高水平专业群，重点布局在现代农业、先进制造业、现代服务业、战略性新兴产业等技术技能人才紧缺领域。

二、申报条件

申报学校须同时满足《遴选管理办法》第十条、第十一条、第十二条要求，每所学校申报两个专业群，每个专业群一般包含 3—5 个专业。相关条件和数据来源以国家有关部门发文和"高等职业院校人才培养工作状态数据采集与管理平台"为主要依据。

三、工作流程

（一）学校申报。符合申报条件的学校自愿申报，按要求向省级教育行政部门提交申报材料。

（二）省级推荐。省级教育行政部门会同财政部门对学校申报资格进行审核并择优遴选，公示无异议后报教育部、财政部（简称两部）。

（三）遴选确定。两部委托项目建设咨询专家委员会开展项目遴选推荐，对推荐结果进行审核、公示并公布结果。

四、有关要求

（一）申报学校须于 2019 年 4 月 29 日至 5 月 15 日登录教育部官网职成司主页（http：//www.moe.gov.cn/s78/A07/）"中国特色高水平高职学校和专业建设计划"专栏"双高计划项目管理系统"，按要求填写《中国特色高水平高职学校和专业建设计划申报书》（简称《申报书》，见附件），并上传建设方案及佐证材料电子版。学校用户名和初始密码另行通知省级教育行政部门。

（二）省级教育行政部门会同财政部门须于 2019 年 5 月 31 日前完成省级推荐工作，通过"双高计划项目管理系统"提交推荐信息，并将省级推荐函（包括推荐学校顺序名单、材料真实性审查情况等）和学校申报材料纸质版一并报送至教育部职业教育与成人教育司。省级教育行政部门用户名和初始密码另行通知。

（三）学校申报材料包括：《申报书》（须通过"双高计划项目管理系统"打印并签章，15 份）、建设方案（学校总体建设方案和两个专业群建设方案合并装订，不超过 120 页，15 份）、佐证材料（不超过 200 页，5 份），材料双面打印，A4 纸装订。

（四）各省级教育行政部门须按规定程序审核、公示相关申报材料，保证材料公开、真实、有效。

教育部办公厅 财政部办公厅

2019 年 4 月 18 日

教育部、财政部关于公布中国特色高水平高职学校和专业建设计划建设单位名单的通知

教职成函〔2019〕14 号

各省、自治区、直辖市教育厅(教委)、财政厅,各计划单列市教育局、财政局,新疆生产建设兵团教育局、财政局:

根据《教育部、财政部关于实施中国特色高水平高职学校和专业建设计划的意见》(教职成〔2019〕5 号)和《中国特色高水平高职学校和专业建设计划项目遴选管理办法(试行)》(教职成〔2019〕8 号),经高职学校自愿申报,省级教育行政部门、财政部门审核推荐,中国特色高水平高职学校和专业建设计划(简称"双高计划")项目建设咨询专家委员会评审,教育部、财政部审定并公示,现对"双高计划"第一轮建设单位名单予以公布。

各地要将"双高计划"作为落实《国家职业教育改革实施方案》的"先手棋",优化改革发展环境,加强政策支持和经费保障,动员各方力量支持项目建设。项目学校要按照备案的建设方案和任务书实施建设,教育部、财政部将适时开展项目绩效评价,评价结果作为下一周期遴选的重要依据。

附件:中国特色高水平高职学校和专业建设计划建设单位名单

教育部　财政部

2019 年 12 月 10 日

中国特色高水平高职学校和专业建设计划建设单位名单

（同一档次内按国务院省级行政区划顺序及校名拼音排序）

第一类

高水平学校建设单位（A 档）

学校名称	专业群名称
北京电子科技职业学院	汽车制造与装配技术、药品生物技术
天津市职业大学	眼视光技术、包装工程技术
江苏农林职业技术学院	现代农业技术、园林技术
无锡职业技术学院	数控技术、物联网应用技术
金华职业技术学院	机械制造与自动化、学前教育
浙江机电职业技术学院	机械制造与自动化、智能控制技术
山东商业职业技术学院	市场营销、云计算技术与应用
黄河水利职业技术学院	水利水电建筑工程、测绘地理信息技术
深圳职业技术学院	通信技术、电子信息工程技术
陕西工业职业技术学院	机械制造与自动化、材料成型与控制技术

第二类

高水平学校建设单位（B 档）

学校名称	专业群名称
北京工业职业技术学院	机电一体化技术、工程测量技术
天津医学高等专科学校	护理、药学
河北工业职业技术学院	黑色冶金技术、电气自动化技术
辽宁省交通高等专科学校	道路桥梁工程技术、汽车运用与维修技术
常州信息职业技术学院	软件技术、信息安全与管理

续 表

学校名称	专业群名称
江苏农牧科技职业学院	畜牧兽医、食品药品监督管理
南京信息职业技术学院	通信技术、电子产品质量检测
杭州职业技术学院	电梯工程技术、服装设计与工艺
宁波职业技术学院	应用化工技术、模具设计与制造
浙江金融职业学院	金融管理、国际贸易实务
日照职业技术学院	水产养殖技术、建筑工程技术
淄博职业学院	电气自动化技术、新能源汽车技术
长沙民政职业技术学院	现代殡葬技术与管理、老年服务与管理
广东轻工职业技术学院	精细化工技术、产品艺术设计
广州番禺职业技术学院	艺术设计、珠宝首饰技术与管理
深圳信息职业技术学院	软件技术、移动通信技术
顺德职业技术学院	家具设计与制造、制冷与空调技术
重庆电子工程职业学院	物联网应用技术、信息安全与管理
重庆工业职业技术学院	模具设计与制造、汽车检测与维修技术
杨凌职业技术学院	农业生物技术、水利工程

第三类

高水平学校建设单位（C 档）

学校名称	专业群名称
北京财贸职业学院	会计、连锁经营管理
天津轻工职业技术学院	模具设计与制造、光伏发电技术与应用
山西省财政税务专科学校	会计、市场营销
内蒙古机电职业技术学院	电力系统自动化技术、机械制造与自动化
长春汽车工业高等专科学校	汽车制造与装配技术、新能源汽车技术
哈尔滨职业技术学院	机电一体化技术、电子商务
上海工艺美术职业学院	工艺美术品设计、产品艺术设计
常州机电职业技术学院	工业机器人技术、模具设计与制造
江苏经贸职业技术学院	电子商务、老年服务与管理
温州职业技术学院	鞋类设计与工艺、电机与电器技术
芜湖职业技术学院	机电一体化技术、食品营养与检测

续　表

学校名称	专业群名称
福建船政交通职业学院	航海技术、安全技术与管理
九江职业技术学院	船舶工程技术、物联网应用技术
滨州职业学院	护理、机械制造与自动化
武汉船舶职业技术学院	船舶工程技术、轮机工程技术
湖南铁道职业技术学院	铁道机车车辆制造与维护、铁道机车
南宁职业技术学院	建筑室内设计、软件技术
海南经贸职业技术学院	旅游管理、国际经济与贸易
四川工程职业技术学院	数控技术、焊接技术与自动化
贵州交通职业技术学院	道路桥梁工程技术、汽车运用与维修技术
昆明冶金高等专科学校	有色冶金技术、测绘工程技术
陕西铁路工程职业技术学院	高速铁道工程技术、城市轨道交通工程技术
西安航空职业技术学院	飞机机电设备维修、无人机应用技术
兰州资源环境职业技术学院	应用气象技术、金属精密成型技术
宁夏职业技术学院	畜牧兽医、机电一体化技术
新疆农业职业技术学院	种子生产与经营、畜牧兽医

高水平专业群建设单位（A档）

学校名称	专业群名称
北京农业职业学院	园艺技术
北京信息职业技术学院	信息安全与管理
天津电子信息职业技术学院	软件技术
天津现代职业技术学院	无人机应用技术
邢台职业技术学院	汽车检测与维修技术
山西工程职业学院	黑色冶金技术
辽宁农业职业技术学院	园艺技术
长春职业技术学院	计算机网络技术
黑龙江农业经济职业学院	作物生产技术
黑龙江建筑职业技术学院	市政工程技术
江苏建筑职业技术学院	建筑装饰工程技术
浙江建设职业技术学院	工程造价

续　表

学校名称	专业群名称
安徽机电职业技术学院	工业机器人技术
安徽商贸职业技术学院	电子商务
福建信息职业技术学院	物联网应用技术
江西应用技术职业学院	国土资源调查与管理
山东科技职业学院	服装设计与工艺
黄冈职业技术学院	建筑钢结构工程技术
武汉职业技术学院	光电技术应用
湖南工业职业技术学院	数控技术
湖南工艺美术职业学院	刺绣设计与工艺
湖南汽车工程职业学院	汽车智能技术
重庆城市管理职业学院	老年服务与管理
成都航空职业技术学院	飞行器制造技术
四川交通职业技术学院	道路桥梁工程技术
兰州石化职业技术学院	石油化工技术

高水平专业群建设单位（B 档）

学校名称	专业群名称
北京劳动保障职业学院	老年服务与管理
天津交通职业学院	物流管理
石家庄铁路职业技术学院	铁道工程技术
唐山工业职业技术学院	动车组检修技术
山西机电职业技术学院	数控技术
山西职业技术学院	大数据技术与应用
内蒙古化工职业学院	煤化工技术
黑龙江职业学院	数控技术
黑龙江农业工程职业学院	农业装备应用技术
常州工程职业技术学院	应用化工技术
江苏工程职业技术学院	现代纺织技术
江苏海事职业技术学院	航海技术
江苏食品药品职业技术学院	食品加工技术

续　表

学校名称	专业群名称
南通航运职业技术学院	航海技术
苏州工艺美术职业技术学院	工艺美术品设计
苏州农业职业技术学院	园林工程技术
浙江交通职业技术学院	道路桥梁工程技术
浙江经济职业技术学院	物流管理
浙江经贸职业技术学院	电子商务
浙江旅游职业学院	导游
安徽水利水电职业技术学院	水利水电建筑工程
福州职业技术学院	软件技术
黎明职业大学	高分子材料加工技术
漳州职业技术学院	食品加工技术
江西财经职业学院	会计
江西环境工程职业学院	林业技术
江西交通职业技术学院	道路桥梁工程技术
济南职业学院	机电一体化技术
青岛职业技术学院	服装与服饰设计
山东畜牧兽医职业学院	畜牧兽医
山东交通职业学院	汽车运用与维修技术
威海职业学院	建筑工程技术
潍坊职业学院	电气自动化技术
烟台职业学院	模具设计与制造
河南工业职业技术学院	机电一体化技术
河南农业职业学院	种子生产与经营
河南职业技术学院	数控技术
许昌职业技术学院	机电一体化技术
郑州铁路职业技术学院	铁道机车
武汉铁路职业技术学院	动车组检修技术
襄阳职业技术学院	特殊教育
长沙航空职业技术学院	飞行器维修技术
湖南化工职业技术学院	应用化工技术

学校名称	专业群名称
广东科学技术职业学院	软件技术
广东水利电力职业技术学院	水利水电建筑工程
广州铁路职业技术学院	铁道供电技术
广西职业技术学院	茶树栽培与茶叶加工
柳州职业技术学院	机电设备维修与管理
重庆电力高等专科学校	发电厂及电力系统
重庆工程职业技术学院	机电一体化技术
重庆工商职业学院	物联网应用技术
成都纺织高等专科学校	服装设计与工艺
成都职业技术学院	软件技术
四川建筑职业技术学院	建筑工程技术
铜仁职业技术学院	畜牧兽医
陕西国防工业职业技术学院	机电一体化技术
陕西职业技术学院	旅游管理
酒泉职业技术学院	风力发电工程技术
宁夏工商职业技术学院	应用化工技术

第四类

高水平专业群建设单位（C 档）

学校名称	专业群名称
北京交通运输职业学院	城市轨道交通运营管理
天津渤海职业技术学院	环境工程技术
沧州医学高等专科学校	临床医学
承德石油高等专科学校	石油工程技术
河北化工医药职业技术学院	药品生产技术
秦皇岛职业技术学院	审计
石家庄邮电职业技术学院	邮政通信管理
石家庄职业技术学院	建筑工程技术
内蒙古建筑职业技术学院	供热通风与空调工程技术
渤海船舶职业学院	船舶工程技术

学校名称	专业群名称
辽宁机电职业技术学院	工业过程自动化技术
辽宁经济职业技术学院	物流管理
沈阳职业技术学院	机械设计与制造
吉林交通职业技术学院	道路桥梁工程技术
吉林铁道职业技术学院	铁道机车
哈尔滨铁道职业技术学院	城市轨道交通工程技术
南京铁道职业技术学院	铁道交通运营管理
南通职业大学	建筑工程技术
苏州工业职业技术学院	智能控制技术
无锡商业职业技术学院	市场营销
徐州工业职业技术学院	高分子材料工程技术
浙江工贸职业技术学院	光电制造与应用技术
浙江警官职业学院	刑事执行
浙江商业职业技术学院	电子商务
浙江艺术职业学院	戏曲表演
安徽医学高等专科学校	护理
江西外语外贸职业学院	电子商务
东营职业学院	石油化工技术
青岛酒店管理职业技术学院	酒店管理
山东职业学院	城市轨道交通车辆技术
湖北交通职业技术学院	新能源汽车技术
湖北职业技术学院	护理
武汉电力职业技术学院	发电厂及电力系统
长沙商贸旅游职业技术学院	餐饮管理
湖南交通职业技术学院	道路桥梁工程技术
湖南生物机电职业技术学院	种子生产与经营
岳阳职业技术学院	护理
东莞职业技术学院	电子信息工程技术
广东工贸职业技术学院	测绘地理信息技术
广东机电职业技术学院	数控技术

学校名称	专业群名称
广东食品药品职业学院	中药学
广州民航职业技术学院	飞机机电设备维修
中山火炬职业技术学院	包装策划与设计
广西建设职业技术学院	建筑工程技术
重庆航天职业技术学院	智能控制技术
重庆三峡医药高等专科学校	中药学
重庆三峡职业学院	畜牧兽医
重庆医药高等专科学校	药学
成都农业科技职业学院	休闲农业
四川邮电职业技术学院	通信技术
贵州轻工职业技术学院	大数据技术与应用
昆明工业职业技术学院	物流管理
云南机电职业技术学院	机电一体化技术
陕西能源职业技术学院	煤矿开采技术
咸阳职业技术学院	学前教育
新疆轻工职业技术学院	应用化工技术

作者的话

　　《论中国特色高水平高职学校建设》的写作和出版本来会再晚一些，倒是因为新冠疫情给了我更多集中写作的时间。当然，时间是挤出来的，本书大部分内容是两个多月轮班时间中在较少打扰的情况下写出来的。

　　我关注高水平高职学校建设始于 2016 年，主要受《国务院关于印发统筹推进世界一流大学和一流学科建设总体方案的通知》的启发。我在想，本科有"双一流"，高职为什么就不能有"双高"呢？但真正驱使我为此研究乃至呼吁的，则源于 2017 年 7 月的一次调研座谈会。在随后的日子里，我先后为《光明日报》《中国教育报》《中国青年报》《中国职业技术教育》《现代教育管理》《职教论坛》写过一些文章，甚至还上书过中央领导。因此，对于高水平高职学校建设，我算是较早呼吁并研究者之一。但在 2017 年 9 月至 2019 年 12 月两年多时间里，我主要忙于高职教育高质量发展研究，当然，我也没有忘记高水平高职教育和高水平高职院校建设的研究。2019 年 6 月，我还把我撰写的相关论文汇编成《高水平高职院校建设导引》（浙江工商大学出版社 2019 年 7 月版）一书。

　　2020 年 2 月—4 月间，由于受新冠疫情影响，学校正常教学秩序被迫调整，我的任务主要是在岗在位、指导防疫、值班在校。在这一情形下，我坚守岗位，认真履职，在抓好疫情防控各项工作的基础上，把余下来的时间全部放在研究"双高"文本和解读"双高"政策上，并围绕改革发展任务等 15 个专题写成大约 18 万字的文稿，内容涉及指导思想、基本原则、政策理解，尤其是建设任务等方方面面，连同前几年写过的一些东西，形成了比较完整的框架和内容。为便于和大家共享，现汇总成书自费出版，请广大读者批评、指正。

　　与过去我出版的诸多著作一样，本书也是采用先单篇写作后汇合成书的方式。有所不同的是，本书不再用总撰成篇章节专著型模式，而直接按类归集，保留了各篇原味，这可能更便于读者阅读和理解。需要特别说明的是，由于作者学识浅薄，时间精力十分有限，对《中国特色高水平高职学校和专业建设计划》等文件的把握也不一定准确和全面，尤其是关于信息化、国际化两个问题还没有专门研究，恳请同志们原谅，但希望本书对推动中国特色高水平高职学校建设有所促进。

　　其实，我是学经济学的，学过财政学，更学过金融学。从 1986 年开始，围绕金融理论与实践、金融改革与发展等问题，发表过 200 余篇文章，20 余篇发表在《金融研究》上，也有 20 余篇被人大复印资料《金融与保险》全文收录，其中也有被《新华文摘》全文收录的。从 21 世纪初开始，我试图金融和教育两边兼顾，但不知不觉已基本偏向教育方向了,从 2002 年开始以平均每月一篇的速度,迄今已超过 200 篇,数量较多,但质量可能达不到人们的期待,但我已尽心尽力,恳请大家给予理解和支持。

本书在撰写过程中,吸收了陈子季、谢俐、任占营等领导同志的思想,受到了国内同行的学术启迪,更得益于浙江金融职业学院全面建设高品质幸福金院,精心打造新时代高职教育标杆校的实践。从更深层次看,养分是非常重要的,而土壤则更为重要。

在本书即将合成之际,恰逢习近平总书记赴浙江调研指导工作。习近平总书记对浙江作出了努力建设成为新时代中国特色社会主义制度优越性的重要窗口的指示。我校党委认真学习习近平总书记重要讲话精神,结合总书记在时任浙江省委书记时对我校提出努力办好有特色国家示范性高职院校的要求,大家一致认为,必须努力把浙江金融职业学院建设成为中国特色高水平高职教育的重要窗口。

请同志们指导。

周建松

2020 年 4 月 8 日